법, 미술을 품다

법, 미술을 품다

김영철 지음

muʃintree
뮤진트리

차례

법과 예술의 행로를 탐구하며

"검사님이 미술법을 강의하세요?" 검사로서 20여 년간 근무했던 내가 법과대학도 아닌 미술대학에서 강의한다는 얘기를 하면 사람들이 이구동성으로 하는 첫마디였다. 아마 검사라는 차갑고 냉정한 이미지가 감성적 이미지인 미술과 어울리지 않는다는 생각에서 하는 반응이었던 것 같다. 검사로 재직할 당시 사법연수원 교수로 근무했고, 변호사를 하는 틈틈이 이화여자대학교 법학전문대학원 겸임교수로서 학생들에게 형사법을 강의해 왔지만 미술 분야가 나의 둥지가 되리라고는 전혀 생각하지 못했다.

그런데 "기회는 우연처럼 온다"는 말이 내게도 일어났다. 2012년 봄, 서울대학교로부터 미술경영 석·박사과정 중 '미술법' 강의를 제안 받은 것이다. 고민이 앞섰지만 평소 관심 있던 미술을 깊게 연구하고 싶어 용기를 냈고, 강의는 뜻밖의 호응을 얻어 한 학기만 하고 끝날 것이라는 예상과 달리 현재까지 7년째 지속되고 있다.

짧지 않은 세월 동안 강의를 진행하게 되니 처음에는 의아하게 보던 주위 사람들도 점차 관심을 보이면서 "강의 내용을 그대로 사장시키는 것 보다는 책으로 만들어 미술에 관심 있는 모두에게 전달해주는 것이 좋지 않겠느냐"는 조언을 했다. 곰곰이 생각하니 미술에 대한 관심이 점점 높아지고 있는 현 시점에서 의미 있는 작업이겠다는 판단과 함께 사명감까지 들었다. 그동안 강의를 들었던 학생들 중 상당수가 미술관·박물관·갤러리 등 현업에 종사하는 실무자들이라 자연스럽게 미술계의 현황을 접할 기회를 가지게 되었는데, 미술 관련 법적 분쟁이 계속 늘어나고 있고, 그러한 분쟁을 해결하는 데 필요한 법률지식을 알고자 하는 사람들이 많다는 것도 이 책 발간의 계기가 되었다.

이 책은 강의 내용을 틈틈이 보완하여, 보다 쉽고 재미있게 법률을 이해할 수 있도록 국내·외 사례를 중심으로 서술한 것이다. 강의 초기 당시 우리나라의 실정은 '미술법'이란 용어 자체가 생소했다. 따라서 기본 강의안을 토대로 학생들의 주제 발표와 대화를 통해 내가 미처 생각하지 못했던 쟁점에 대하여 해마다 조금씩 보완해 나가게 되었다. 그러니 이 책은 나 자신이 독자적으로 집필한 것이라기보다는 내가 마련한 미술법 체계에 학생들과 나눈 대화와 의견이 축적된 자료라 할 것이다.

이 책의 내용은 다음과 같이 구성하였다.

첫째, 미술법도 근본적으로 일반 법률과 체계를 같이한다. 다시 말해 미술법을 이해하기 위해서는 기본적인 법률체계를 이해하는 것이 필요하다. "기초가 없는 전문지식은 없다"는 생각을 바탕으로 둘째 장에서 기본 법률체계를 다루었으며, 그 내용으로써 미술과 관련된 소송절차, 소송요건, 입증책임 등 미술법의 기본 원칙을 설명하였다. 이 과정에서 어렵고 무미건조한 법률을 설명하는 데 예술의 힘을 빌리는 것이 가장 효과적이라고 생각하여 미술과 영화 등의 사례를 들어 기본 원칙을 설명하였다.

둘째, 미술과 법률의 역사적 관계를 살펴보면 과거 미술과 법률은 상호 갈등과 규제의 구조를 빚어오다 현대에 들어오면서 협조 혹은 후원의 구조로 그 경향이 바뀌고 있다. 그러므로 미술법에 대해서도 이러한 순서대로 설명하는 것이 바람직하다고 생각한다. 이런 취지에서 미술 창작의 자유와 국가보안법 위반, 사회상규 위반, 미술과 명예훼손, 음란, 도난, 위작 등 미술과 법률의 갈등 구조를 먼저 설명하고, 그 다음에 현대에 들어와 강조되고 있는 미술과 저작권, 미술시장 관련법, 미술과 보험, 세법, 국제관련법 등 협조 구조를 설명하였다.

셋째, 학생들 대부분이 미술 전문가이지만 법률 분야는 생소한 사람들이므로 강의에서는 딱딱한 법률이론을 추상적으로 설명하기보다는 국내·외 사건 위주로 설명하는 것이 훨씬 효과적이었다. 법학은 의학과 마찬가지로 실생활과 떨어져서 생각할 수 없는 학문이기 때문에 법률 강의도 막연한 이론보다는 실제로 발생한 사건을 중심으로 한 실정법적 접근이 바람직하다고 본다. 이러한 연유에서 사건과 관련된 판례와 법조항은 간단한 설명 뒤에 원문을 그대로 수록하였다. 이는 이 책을 읽는 분들이 다양한 사건에 대한 행정부·입법부·사법부의 입장을 직접 느껴보는 것이 필요하다는 생각에서이다. 따라서 미술법에 대한 전반적인 교양도서로서 읽기를 원하는 분은 상자 안에 든 판례와 법조항은 일단 건너뛰고 읽어나가는 것이 수월할 것이다.

이 책은 기본적으로 미술 분야 전공자들을 위한 것이지만 미술에 관심 있는 누구나 쉽게 접근할 수 있기를 고려했기 때문에 교양서로서의 역할에 중점을 두고 이해하기 쉽게 설명하려고 노력하였다. 그럼에도 이 책이 법률 관련 사건에 대한 설명을 하는 이상 어려운 법률서라는 한계는 존재할 수밖에 없기 때문에 이 점에 대해 양해를 부탁드린다.

세상을 살면서 결정하기 어려운 선택 중 하나가 자신이 평생 종사해야 할 일의 선택인 것 같다. 자신이 좋아하는 일을 해야 할까? 아니면 자신이 잘하는 일을 해야 할까? 물론, 좋아하면서 잘하는 일을 하는 것이 가장 행복한 일이라 하겠지만 그러한 행운은 잘 오지 않으며, 대부분 자신이 꿈꾸던 일보다는 잘하거나 자신을 필요로 하는 일을 하게 된다. 나 역시 그렇다. 긴 세월 동안 내가 좋아하던 미술을 가슴 한편에 깊숙이 접어 두고 줄곧 법률가로서의 일을 하며 살았다. 그러다가 7년 전 우연히 찾아온 새로운 도전의 기회는 평생 논리적이며 지루한 법률가로 살아온 나에게 활력과 행복을 가져다주었다. 그런 의미에서 상상의 진리를 탐색하는 미술과 현실의 진리를 좇는 법률을 접목시켜 이 책을 만들어나가는 여정은 커다란 보람과 의미를 가져다준 작업이었고 즐거운 마음으로 그 행로를 탐구했다.

이 책이 미술과 미술법에 대한 관심과 이해를 높이는 데 조금이나마 도움이 되었으면 한다. 더불어 이 책의 출간을 계기로 장차 미술과 법률 양쪽 세계의 조화로운 발전에 일조할 것을 버킷리스트의 우선 항목으로 삼아 미술계에 공정한 법률문화를 정착시키는 데 최선을 다하고자 한다.

끝으로 이 책이 나오기까지 전 과정에 걸쳐 꼼꼼하게 교정과 편집을 도와주신 강민주 선생님께 특별히 감사의 마음을 전하고 싶다. 그리고 물심양면으로 도와주신 주위 여러분께 감사의 인사를 드린다.

법이 정의하는 미술

1. 미술의 정의와 한계

(1) 미술이란 무엇인가

키프로스 섬의 왕 피그말리온은 섬 안의 여자들에게 환멸을 느끼고 조각에만 몰두하다가 스스로 가장 이상적으로 생각하는 여인을 조각해낸다. 그는 자신이 만든 백설처럼 하얀 상아 조각상을 밤낮으로 어루만지며 사랑하게 되고, 키프로스 섬의 수호신 아프로디테 여신에게 조각상과 같은 여인을 아내로 맞게 해달라고 간절히 빈다. 기도를 마친 피그말리온이 집으로 돌아와 사랑하는 조각상에게 입을 맞추자 온기가 느껴지고 마침내 조각상은 기적처럼 사람으로 태어난다.

이처럼 고대에 미술이란 이상(Idea)에 대한 모방이자 재현이었다. 이때의 모방은 단순한 베끼기를 넘어, 피그말리온의 조각상처럼 '진

[그림 1] 장 레옹 제롬, 〈피그말리온과 갈라테이아〉, 1890.

짜'와 같은 존재를 창작할 수 있는 마술에 가까운 것이었다. 그래서 〈다비드상〉이나 〈비너스상〉과 같은 신화적 인물을 모방한 고대 그리스 로마의 조각상은 인간의 신체 비례와 맞지도 않을뿐더러 따라하기 불가능한 포즈를 하고 있지만 굉장히 아름답게 보인다. 얼마나 이상적인 아름다움을 실제에 가깝게 재현해냈는가가 작품을 평가하는 가장 중요한 기준이었던 것이다. 그래서 플라톤은 미술을 "모방(mimesis)의 기술(techne)"이라고 정의하였다.

　그러나 오늘날의 미술은 더이상 무언가를 모방하거나 재현하는 것처럼 보이지 않는다. 다음의 작품들이 무엇을 모방하고 있는지 알

[그림 2] 제임스 맥닐 휘슬러, 〈검은색과 금색의 야상곡: 떨어지는 불꽃〉, 1875.

[그림 3] 콩스탕탱 브란쿠시, 〈공간 속의 새〉, 1924.

수 있겠는가?

[그림 2]는 불꽃놀이 장면을, [그림 3]은 날아가는 새를 형상화한 미술작품이다.

1950년에 접어들자 저명한 미술사학자 E. H. 곰브리치(Ernst Hans Josef Gombrich, 1909~2001)는 급기야 "미술(Art)이라는 것은 사실상 존재하지 않는다. 다만 미술가들이 있을 뿐이다"라고 단정하기에 이른다. 그에 따르면, "우리들이 미술이라 부르는 말은 시대와 장소에 따라서 전혀 다른 것을 의미하기도 하였으며, 고유 명사의 미술이라는 것은 실제로 존재하는 것이 아니라는 점을 이해하는 한 이러한 모든 행위를 미술이라고 불러도 무방할 것"이라는 것이다[1]. 특히 동시대 미술에 접어들면서 미술의 범위와 경계는 점점 더 모호해지고, 심지어 미술의 경계에 대한 질문 자체가 작품이 되기도 한다. 이처럼, 미술을 정의하기란 쉽지 않다. 그럼에도 현실에서는 미술에 대한 정의를 내리는 것이 중요하고, 또 불가피한 상황이 발생하기 마련이다. 특히 현대미술은 점점 더 난해해지는데도 투자의 대상으로 여겨지는 경우가 많아저, 세금 부과 등의 현실적인 문제를 해결하기 위해 미술의 정의가 더욱 절실해지고 있다. 그렇다면 무엇이 미술작품으로 인정받을 수 있는가? 이 질문이 가장 처음 공론화된 것은 1878년 영국에서 열린 휘슬러와 러스킨의 재판에서였다.

(2) 미술의 정의를 둘러싼 논의

1) 휘슬러와 러스킨의 명예훼손 사건(1878년, 영국)[2]

런던 그로스브너 갤러리(Grosvenor Gallery)에서 전시된 제임스 맥닐 휘슬러(James McNeill Whistler, 1834~1903)의 〈검은색과 금색의 야상곡: 떨어지는 불꽃(Nocturne in Black and Gold – The Falling Rocket, 1875)〉[그림 2]에 대하여 당대의 저명한 평론가 존 러스킨(John Ruskin, 1819~1900)은 자신이 발행하는 월간지 〈포스 클라비게라(Fors

---

1) E. H 곰브리치,《서양미술사》, 백승길·이종숭 옮김, 예경, 2003, p.15.
2) Merrill, L.,《A Pot of Paint: Aesthetics on Trial in Whistler vs Ruskin》, Smithsonian Institutin Press, 1992 참고.

Clavigera)〉에 "지금까지 경솔한 영국인들을 수없이 보아왔지만, 대중의 얼굴에 물감 한 통을 끼얹은 대가로 200기니를 요구하는 거만한 사람은 처음 본다"라는 혹평을 남긴다. 이에 휘슬러는 러스킨을 상대로 명예훼손 소송을 제기하고 재판에서 승소하지만, 배상액은 역설적이게도 겨우 1파딩(farthing, 1/4페니에 해당하는 당시의 최소 화폐단위)에 불과했다. 휘슬러는 법정 심문에서 그의 그림이 크레몬 정원(Cremorne Gardens)에서의 불꽃놀이와 이를 바라보는 군중을 표현한 그림이라고 진술했지만, 당시 재판에서는 작품의 의미, 완결성, 노동력을 기준으로 과연 이 그림이 미술작품으로 인정받을 수 있는가에 대해 팽팽한 논쟁이 있었다. 휘슬러의 그림이 "구성과 묘사를 결여하고 있다", "존경할 만한 시작, 즉 스케치에 불과하다"는 러스킨 측의 주장에 휘슬러는 "야상곡이라는 작품 제목이 암시하듯이 이 그림은 선·형태·색의 편곡이며 귀가 없는 사람에게는 화음의 아름다움을 설명할 수 없다", "이 그림의 가격은 2일의 노동의 대가가 아닌, 그 작품을 창작하기 위한 지식을 얻는 일생의 노동의 대가"라고 반박하였다.

재판이 열렸던 19세기 영국 빅토리아 시대는 사회적으로나 미술사적으로 급격한 변화가 일어난 시기였다. 19세기 이전에는 작품의 의미·완결성·노동력이 작품성을 측정하는 기준이었던 반면, 그 이후부터는 이러한 세 가지 기준이 깨졌을 때 비로소 예술이 되는 진기한 현상이 일어나게 된다. 또한 러스킨은 사회적 역할이나 도덕적 역할을 수행하지 못하는 그림은 미술작품으로 인정하지 않았던 반면, 휘슬러는 주관적 해석이 들어간 그림은 그 자체만으로 의미가 있기 때문에 미술작품으로 인정받을 수 있다고 강조하였다. 그러한 휘슬러의 기준은 20세기로 이어져, 현대미술에서 작품을 판가름하는 중요한 기준으로 자리 잡았다. 휘슬러의 〈검은색과 금색의 야상곡〉은 재판 이후 14년간 팔리지 않았지만, 지금은 디트로이트 미술관(Detroit Museum)에 소장되어 있으며, 수많은 예술가들과 대중에게 창조적 영감을 주는 명화가 되었다.

2) 브란쿠시의 〈공간 속의 새〉 관세 사건(1926년, 미국)[3]

19세기 휘슬러와 러스킨의 재판 이후, 20세기에도 미술작품의 정의를 둘러싼 또 하나의 유명한 재판이 열렸다. 사진작가 에드워드 스타이컨(Edward Steichen, 1879~1973)은 뉴욕의 아방가르드 갤러리인 브루머 갤러리(Brummer Gallery)에서 전시하기 위해 콩스탕탱 브란쿠시(Constantin Brancusi, 1876~1957)의 〈공간 속의 새(Bird in Space)〉(1924) [그림 3]를 구입해 미국으로 들여오는 과정에서 230달러(현재 기준 약 2,300달러)의 관세를 부과 받는다. 수입 미술품은 면세인데, 당시 세관에서 이 작품을 원자재(부엌용 가정용품)로 분류하여 세금을 부여한 것이다. 이에 스타이컨은 아방가르드 미술의 대표적인 옹호자 마르셀 뒤샹(Marcel Duchamp, 1887~1968)과 거트루드 밴더빌트 휘트니

---

3) Margit Rowell, 〈Brancusi vs. United States, the Historic Trial, 1928〉, Paris Adam Biro, 1999 참고.

(Gertrude Vanderbilt Whitney, 1875~1942)의 도움을 받아 소송을 제기하였다. 브란쿠시는 "〈공간 속의 새〉가 새처럼 보이지 않더라도, 작가가 새라는 개념을 부여했기 때문에 새를 형상화한 작품으로 여겨져야 한다"고 주장하였다. 이에 판사는 "새라고 판단하기 어려운 점은 있지만, 대상물이 새의 형상으로서 아름답고 대칭을 이루고 있어, 보는 이를 즐겁게 하는 매우 장식적인 작품이며, 전문적인 조각가가 만들어낸 독창적인 생산품이고, 미술작품으로서의 자격을 부여받았음"을 인정하여 면세 판결을 내렸다. 현재 브란쿠시의 〈공간 속의 새〉는 필라델피아 미술관(Philadelphia Museum of Art)에 소장되어, 금세기 미술의 대표작품으로 자리매김하고 있다.

(3) 미술작품의 인정 범위에 대한 법률 규정

그렇다면 우리나라 현행법에서는 무엇을 미술로 정의하고 있을까? 국내 미술관련법에서 미술의 범위를 어디까지 보고 있는지 살펴보자. 먼저 미술작품과 직결되는 「박물관 및 미술관 진흥법」과 「문화예술진흥법」에서는 다음과 같이 정의하고 있다.

「박물관 및 미술관 진흥법」에서는 '학문적·예술적 가치'를 미술을 정의하는 가장 중요한 요소로 보고 있으며, 「문화예술진흥법」은 그에 따른 장르를 나열하고 있다. 문제는 현대미술이 법에서 정의하는 '학문적·예술적 가치'를 극명하게 드러내지 않거나, 때로 어떠한 장르에 속하지 않는 것처럼 보이는 경우가 많다는 것이다.

그렇다면, 작품의 진위를 따지는 기준으로 가장 많이 언급되는 「저

박물관 및 미술관 진흥법[시행 2016. 11. 30.] [법률 제14204호]

제2조(정의) 이 법에서 사용하는 용어의 뜻은 다음과 같다.

1. "박물관"이란 문화·예술·학문의 발전과 일반 공중의 문화향유 및 평생교육 증진에 이바지하기 위하여 역사·고고(考古)·인류·민속·예술·동물·식물·광물·과학·기술·산업 등에 관한 자료를 수집·관리·보존·조사·연구·전시·교육하는 시설을 말한다.

2. "미술관"이란 문화·예술의 발전과 일반 공중의 문화향유 및 평생교육 증진에 이바지하기 위하여 박물관 중에서 특히 서화·조각·공예·건축·사진 등 미술에 관한 자료를 수집·관리·보존·조사·연구·전시·교육하는 시설을 말한다.

3. "박물관자료"란 박물관이 수집·관리·보존·조사·연구·전시하는 역사·고고·인류·민속·예술·동물·식물·광물·과학·기술·산업 등에 관한 인간과 환경의 유형적·무형적 증거물로서 학문적·예술적 가치가 있는 자료 중 대통령령으로 정하는 기준에 부합하는 것을 말한다.

4. "미술관자료"란 미술관이 수집·관리·보존·조사·연구·전시하는 예술에 관한 자료로서 학문적·예술적 가치가 있는 자료를 말한다.

문화예술진흥법[시행 2016. 2. 3.] [법률 제13962호]

제2조(정의) ①이 법에서 사용하는 용어의 뜻은 다음과 같다.

1. "문화예술"이란 문학, 미술(응용미술을 포함한다), 음악, 무용, 연극, 영화, 연예(演藝), 국악, 사진, 건축, 어문(語文), 출판 및 만화를 말한다.

「저작권법」에서는 보다 구체적으로 미술의 정의를 유추해볼 수 있을까?

「박물관 및 미술관 진흥법」에서는 사회적인 가치를 기준으로 미술을 정의하는데 비하여, 「저작권법」에서는 작품을 만드는 작가의 입장에서 '사상과 감정'을 기준으로 저작물을 정의하고 있다. 이는 작가의 생각만으로도 미술작품이 될 수 있다는 현대미술의 정의를 보다 포괄적으로 아우를 수 있는 뜻으로 보인다. 아울러 「문화예술진흥법」에서 완성된 특정 장르를 나열하고 있다면, 「저작권법」에서는 건축물뿐만 아니라 건축을 위한 모형 및 설계도를 포함하는 등 해당 장르의 완성품이 되기 위한 과정도 저작물로 인정하고 있다는 점이 눈여겨볼 만하다.

지금까지 살펴보았듯이, 법률이 존재함에도 불구하고 법적으로 미술의 정의를 내리는 것은 여전히 한계가 있다. 결국 개별 사례에 대한 해석과 전체 맥락의 파악을 통해 종합적으로 판단해야 할 필요성이 요구되는 것이다.

(4) 국내 사례: 김수자의 〈바늘여인〉 관세 사건(2004년, 한국)[4]

[그림 4] 김수자, 〈바늘여인〉, 1999~2000.
4채널 퍼포먼스 비디오 설치 중 델리(Delhi) 채널, 6:33 무음.

국내에서도 무엇이 미술작품으로 인정받을 수 있는가에 대한 법적 논쟁이 있었다. 서울세관이 A재단에서 수입한 김수자(1957~)의 대표작 〈바늘여인〉(1999~2000)[그림 4]을 '음성 또는 기타 이와 유사한 영상이 기록된 레코드 · 테이프와 기타 매체'로 분류하여 관세와 부

---

4) 서울행정법원, 2004. 1. 30. 선고, 2002구합39200 판결문 참고.

가세 등 약 1,700만 원을 부과한 것이다.[5] 김수자는 캔버스·물감·붓으로 대변되는 서양화의 한계를 넘어 바늘로 꿰매는 행위를 통해 자신만의 독특한 예술관을 확립하고, 1999년 베니스비엔날레 한국 대표 작가로 초청받는 등 국제적으로 지명도 높은 작가이다.

그녀는 1992년부터 인간의 삶과 밀착된 소재인 천을 이용한 보따리를 주제로 하여, 그 작업이 널리 알려지면서 일명 '보따리 작가'로 일컬어지기도 했다. 특히 1997년 보따리를 싸서 트럭에 싣고 전국을 돌며 행한 퍼포먼스 기록물인 비디오 작품 〈보따리 트럭-2727킬로미터〉와 1999년부터 중국과 인도 등의 주요 도시를 순례하면서 퍼포먼스를 하고 이를 기록한 〈바늘여인〉은 세계적인 주목을 받았다. 〈바늘여인〉은 군중이 밀집해 있는 도쿄·상하이·델리·뉴욕 4개 도시 한복판에서의 퍼포먼스를 담은 영상으로, 작가가 자신의 몸을 바늘로 여기고 여러 장소들의 사회적 맥락을 관통하는 의미를 담고 있는 작품이다. 영상 속에서 검은 생머리를 단정하게 묶고 등을 돌린 채 서 있는 작가는 도시가 변하고 사람들이 변하고, 때로는 그녀를 스쳐 지나가면서 힐끗거리거나 부딪혀도 묵묵히 그 자리에 서 있다. 바늘이 천을 통과해 오가는 움직임 속에서 들숨과 날숨, 음과 양, 삶과 죽음을 떠올린 작가는 스스로 바늘이 되어 세상을 엮는 '바늘여인'이 되고자 이 작품을 만든 것이다. 이러한 영상작품이 미술작품으로 인정받지 못하고 관세 대상으로 여겨진 것이다. 미술작

---

5) 관세심사위원회, 〈제2002-33호 결정서〉, 2002. 8. 27.

관세법[시행 2017. 4. 1.] [법률 제14379호]

제90조(학술연구용품의 감면세) ① 다음 각 호의 어느 하나에 해당하는 물품이 수입될 때에는 그 관세를 감면할 수 있다.

2. 학교, 공공의료기관, 공공직업훈련원, 박물관, 그 밖에 이에 준하는 기획재정부령으로 정하는 기관에서 학술연구용·교육용·훈련용·실험실습용 및 과학기술연구용으로 사용할 물품 중 기획재정부령으로 정하는 물품

부가가치세법[시행 2017. 1. 1.] [법률 제14387호]

제26조(재화 또는 용역의 공급에 대한 면세) ① 다음 각 호의 재화 또는 용역의 공급에 대하여는 부가가치세를 면제한다.

16. 예술창작품, 예술행사, 문화행사 또는 아마추어 운동경기로서 대통령령으로 정하는 것

17. 도서관, 과학관, 박물관, 미술관, 동물원, 식물원, 그 밖에 대통령령으로 정하는 곳에 입장하게 하는 것

부가가치세법 시행령[시행 2017. 4. 1.] [대통령령 제27838호]

제43조(면세하는 예술창작품 등의 범위) 법 제26조제1항제16호에 따른 예술창작품, 예술행사, 문화행사 또는 아마추어 운동경기는 다음 각 호의 것으로 한다.

1. 예술창작품: 미술, 음악, 사진, 연극 또는 무용에 속하는 창작품. 다만, 골동품(「관세법」 별표 관세율표 번호 제9706호의 것을 말한다)은 제외한다.

2. 예술행사: 영리를 목적으로 하지 아니하는 발표회, 연구회, 경연대회 또는 그 밖에 이와 유사한 행사

3. 문화행사: 영리를 목적으로 하지 아니하는 전시회, 박람회, 공공행사 또는 그 밖에 이와 유사한 행사

품은 관세법 제90조 및 부가가치세법 제26조에 따라, 박물관 등의 기관에서 학술연구 및 교육을 목적으로 수입되는 물품일 경우 면세 대상으로 정하고 있다.

〈바늘여인〉은 DVD 4장, TV 모니터 4대, DVD 플레이어 4대로 구성되어 있었으나 당시 현대미술계에서 김수자의 작가적 위상을 감안하였을 때, 이 영상이 작품으로 인정되지 않고 관세 부과 대상이 된 것은 이해하기 힘든 상황이었다.

A재단은 〈바늘여인〉이 설치미술작품이자 비디오아트임을 주장했지만, 관세심사위원회 심의에서는 "예술가에 의해 조각되거나 성형된 오리지널 조각 또는 조상의 형태로 제시되지 않았고, 완성품의 구성내용 중 일부만이 수입신고"된 점을 들어 기각했다.

관세심사위원회 〈결정서〉의 '판단' 부분(2002. 8. 27.)

(1) 쟁점물품은 (중략), 국가기관에서 예술작품으로 인정한 것에 대하여는 이의가 없다 할 것이다. 그렇다 하더라도 관세법상 품목분류는 그 성격을 달리한다 할 것으로, 관세법 제16조에 "관세는 수입신고를 하는 때의 물품의 성질과 그 수량에 의하여 부과한다"고 규정하고 있는 바, 수입물품이 HS 97류의 예술작품으로 분류될 수 있는지 여부에 대하여는 수입신고시 제시된 수입물품의 성상에 따라 판단하여야 할 것이다. 쟁점물품은 수입시 예술가에 의해 조각되거나 성형된 오리지널 조각 또는 조상의 형태로 제시되지 않았고, 완성품의 구성내용중 일부만이 수입신고되었으며, TV 모니터와, DVD 플레이어, Disk 등 각각의 물품이 개별 포장되어 수입신고서상에 각기 다른 란으로 분류하여 제시된 점으로 비추어 보아, 쟁점물품을 HS 97류로 분류하기는 어렵고, 각각의 구성품이 해당하는 호에 분류하는 것이

타당하다고 판단된다.

(2) 쟁점물품이 감면 대상물품인지 여부에 대하여 판단하여 보면, 쟁점물품은 수입신고당시 청구인이 A박물관에 전시를 목적으로 수입된 물품임이 관련자료에 의해 인정된다. 관세법에서는 관세 감면을 받고자 할 경우에는 관세법시행령 제112조의 규정에 의거 당해 수입신고 수리전(법 제39조 제2항의 규정에 의하여 관세를 징수하는 때에는 당해 납부고지를 받은 날로부터 5일 이내)에 그 신청서를 세관장에게 제출하도록 되어 있는 바, 동 규정은 강행규정으로서 비록 청구인이 관세 감면을 받을 수 있는 물품이라 하더라도, 수입신고 수리전까지 관세감면 신청서를 세관장에게 제출한 사실이 없고, 쟁점물품의 경정처분을 받고 5일 이내에 감면신청을 하지 않았으므로, 세관에서 쟁점물품에 대하여 관세를 감면하였어야 한다는 청구인의 주장은 이유 없다고 판단된다.

위 〈결정서〉에서 언급된 HS 97류는 예술작품의 분류기준으로, 다음와 같다.

세계HS(국제통일상품분류제도: Harmonized Commodity Description and Coding System)

제21부 예술품·수집품·골동품

제97류 예술품·수집품·골동품

- 9701호: 회화·데생·파스텔(손으로 직접 그린 것으로 한정하며, 제4906호의 도안과 손으로 그렸거나 장식한 가공품은 제외한다), 콜라주(collage)와 이와 유사한 장식판
- 9702호: 오리지널 판화·인쇄화·석판화
- 9703호: 오리지널 조각과 조상(彫像)(어떤 재료라도 가능하다)
- 9704호: 우표·수입인지·우편요금 별납증서·초일(初日)봉투·우편 엽서

류와 이와 유사한 것(이미 사용한 것이나 제4907호의 것은 제외한

사용하지 않은 것을 포함한다)

– 9705호: 수집품과 표본[동물학·식물학·광물학·해부학·사학·고고학·

고생물학·민족학·고전학(古錢學)에 관한 것으로 한정한다]

– 9706호: 골동품(제작 후 100년을 초과한 것으로 한정한다)

주: (중략)

2. 제9702호에서 "오리지널 판화·인쇄화·석판화"란 한 개나 여러 개의 원

판에 예술가의 손으로 직접 제작한 흑백이나 원색의 판화를 말하며, 어떤

제작공정과 재질이라도 상관없다. 다만, 기계적 방법이나 사진제판법으로

한 것은 포함하지 않는다.

3. 제9703호에는 비록 이들 작품이 예술가가 디자인하였거나 창작하였다

하더라도 대량생산에 따른 복제품이나 상업적 성격을 지닌 판에 박힌 기교

의 작품은 분류하지 않는다.

이러한 처분에 반발한 A재단은 행정소송을 제기했고 소송에서 "해당 작품이 비록 작가가 직접 육필로 그린 것은 아니지만 영상수록 매체라는 새로운 소재를 통해 작가가 직접 촬영한 영상을 담아내는 방식으로 작가의 정신을 표현해낸다는 점에서는 회화나 데생, 파스텔과 크게 다르지 않다"고 주장했다.

더불어 A재단이 1995년부터 1997년까지 무관세로 수입한 작품들을 근거로 제시하였는데, 그중 백남준의 〈라인골드(Rheingold)〉(1995)는 네온관·소니 TV·워크맨 세트 등으로 구성되어 있었지만 '비디오 조각'으로 분류되었으며, 마르셀 브로타에스(Marcel Broodthaers, 1924~1976)의 〈소스팬과 닫힌 홍합들(Casserole and Closed Mussels)〉(1964)

서울행정법원 2002구합39200 판결문(2004. 1. 30. 선고) 중 '원고의 주장' 부분이 사건 수입물품은 아래와 같은 이유로 관세율표상의 예술품으로 구분되므로 무관세 대상 및 부가가치세의 면제대상이 된다.

(1) 이 사건 수입물품은 전통적인 소재 즉 종이나 천 등에 작가가 육필로 써 그린 것과는 구별되지만, 영상수록매체라는 새로운 소재를 통하여 작가가 직접 촬영한 영상을 담아내는 방식으로 작가의 정신을 표현해낸다는 점에서는 회화나 데생, 파스텔과 크게 다르지 않으므로, 관세율표 HSK 9701호에 해당한다.

(2) 관세율표 HSK 9703호에서 열거하고 있는 '조각'이란 예술가가 주어진 재료를 특정한 모양으로 성형하는 방법으로 작품을 만드는 것인데 설치미술도 여러 가지 소재를 매체로 삼아 현장에서 이를 일정한 방법으로 설치·조립하여 형태를 완성하는 것이므로, 이 사건의 수입물품은 위 '조각'에 해당한다고 볼 수도 있다.

은 홍합 껍데기가 담긴 가방 전체를 미술작품으로 인정받아 무관세로 수입되었다. 동시에 국립현대미술관이 문화예술 발전을 위한 목적으로 수입하는 설치작품이 면세인 점 역시 무관세를 입증하는 근거로 받아들여졌다.

그리고 작품의 설치 방식과 관람 방식도 판결에 영향을 주었다. 전통적인 조각 작품을 설치하고 감상하는 방법과 달리, 비디오 설치작품들은 관람객이 작가의 퍼포먼스를 직접 경험하는 느낌이 들도록 커다란 스크린으로 전시장 벽면을 둘러싸는 방식의 세팅을 하는 경우가 많다. 이러한 설치 매뉴얼 역시 작가의 의도가 담긴 작품의 일부인 것이다.

결국, 서울행정법원은 김수자의 〈바늘여인〉을 '예술가가 디자인하고 창작한 전시공간에서 예술가의 감각과 사상이 깃든 영상이 특정한 형태로 성형된 설치미술작품'으로 인정하고 면세 대상으로 판결하였다.

서울행정법원 2002구합39200 판결문(2004 .1. 30. 선고) 중 '판단' 부분

(2) 이 사건 수입물품은 (중략), 원고가 1995.10.경 백남준 작품 "Beuy's Car(+30) I am Eskimo, Khazaks are Korean, 1995"를 수입한 적이 있는데 이 작품은 버스·모니터·CD 플레이어로 구성된 비디오아트 분야의 설치미술이었고, 수입당시 HSK 9703으로 분류되어 무관세로 수입되었으며, 원고가 1996. 9.경 "RHEINGOLD, 1995" 및 "Brandenburgisches Konzert No.6, 1995"라는 백남준의 비디오아트 작품을 수입한 적이 있는데 이들 작품도 비디오 조각, 네온튜브 등의 혼합 재료, TV 세트, 레이저 디스크 플레이어, 레이저 디스크로 구성되어 있고, 각 부분이 해체되어 수입된 후 국내에서 조립되어 로봇 머리처럼 재구성되도록 구성되어진 것이며, 수입당시 HSK 9703으로 분류되어 무관세로 수입된 사실, 원고가 1997. 3. 경 "MARCEL BROODTHAERS"라는 예술작품을 수입한 적이 있는데, 위 작품은 검정색 여행용 가방과 'MOULES'라고 씌여진 페인팅, 홍합 껍데기로 구성되어 있고, 홍합 껍데기를 담은 여행용 가방이 그 자체로 예술작품으로서 설치되는 것이었으며, 수입당시 HSK 9703으로 분류되어 무관세로 수입된 사실, 국립현대미술관이 국가와 국민의 문화예술발전을 위한 목적으로 수입하는 설치작품 등 모든 작품은 HSK 9701, 9702, 9703으로 분류되어 관세 및 부가가치세를 부담하지 않은 사실을 인정할 수 있다.

(3) 위 〈바늘여인〉이라는 설치미술작품은 (중략) 비디오아트 분야의 설치미술작품으로서 예술품인 점은 인정되고, 설치미술이란 여러 가지 소재를 매체로 삼아 현장에서 이를 일정한 방법으로 설치·조립하여 형태를 완성하는 것으로서 전시공간을 환경화하는 방법 등으로 공간을 조형한다는 점에서 입체를 수단으로 공간에 표현하는 조형미술인 조각에 가장 유사하다고 할 수 있다. 또한, 위 인정사실과 같이 이 사건 〈바늘여인〉과 유사한 설치

미술작품이 HSK 9703호로 분류되어 수입되고 있다.

따라서, 예술가가 디자인하고 창작한 전시공간에서 예술가의 감각과 사상이 깃든 영상이 특정한 형태로 성형되어 제시되고 있는 위 〈바늘여인〉이라는 작품은 관세율표의 해석에 관한 통칙 제4호에 따라 이와 가장 유사한 오리지날 조각이 포함된 관세율표 HSK 9703호로 분류함이 상당하다. 그렇다면 이 사건 수입물품을 HSK 8524호로 분류하여 부과한 이 사건 관세부과처분은 위법하다.

(5) 어디까지를 법적 미술작품으로 인정할 것인가

19세기 휘슬러와 러스킨의 사건을 시작으로 21세기 김수자의 사건에 이르기까지, 미술계가 지속적으로 법정에서 주장하고 있는 미술작품의 정의는 비슷하다. 작가의 '생각과 관념' 자체만으로도 예술작품으로 인정받을 수 있다는 것이다. 휘슬러는 자신만의 표현방식으로 불꽃놀이를 그렸고, 브란쿠시는 새의 개념을 부여한 조각을 만들었으며, 김수자는 자신의 몸을 바늘 삼고 도시를 캔버스 삼아 작품을 만들어냈다. 그리고 약 120년이 넘는 시간 동안 다양한 논의를 거쳐, 결국 법은 이 작가들의 생각과 관념을 미술작품으로 인정해주었다.

지난 2006년, 영국에서 또 한 번 미술작품의 정의가 법정에 오른 사건이 있었다. 댄 플래빈(Dan Flavin, 1933~1996)의 형광등 설치작품이 그중 하나였다. 영국 세관에서는 이 형광등을 조명장치로 분류하여 관세를 부과하였으나, 소송을 통해 결국 조각작품으로 판결이 내려졌다.[6] 만일 댄 플래빈이 형광등에 작품으로서의 의미를 부여하지 않았더라면, 그리고 그의 라이트아트(Light Art)가 현대 개념미술에서 큰 역할을 차지하고 있지 않았다면, 이 형광등은 그저 공장에서 생산된 조명장치에 지나지 않았을 것이다. 마르셀 뒤샹이 소변기를 전시실에 놓고 〈샘〉이라 명명하고, 하랄트 제만(Harald Szeemann, 1933~2005)이 〈태도가 형식이 될 때(When Attitudes Become Form)〉(1969) 전시를 통해 개념 자체가 미술작품이 될 수 있다는 것을 보여준 이후로, 미술의 정의와 범위는 더욱더 예측하기 어렵게 되었다. 이처럼 새로운 것을 찾아 시대를 탈피하려는 작가정신은 무한한 가능성을 열어두었고, 사조(~ism)개념이 사라진 컨템포러리 아트로 진화를 거듭하며 미술의 정의 또한 변화하고 있다. 한편 변화하는 미술이 인정받기 위해서 법의 적절한 해석이 요구되는 것도 사실이다. 게다가 매력적인 투자의 대상이 될수록 법의 인정을 더욱더 필요로 할 것이다.

2. 예술가의 법적 지위

(1) 르네상스 이전과 이후의 예술가

다음 페이지에 나오는 [그림 5]는 고대 로마 조각가의 모습이다. 고대는 예술가를 기술을 가진 육체노동자로 여겼다. [그림 7]은 르네상스를 대표하는 화가 라파엘로(Sanzio Raffaello, 1483~1520)의 작품

---

6) 〈The Gardian〉, 'Call that art? No, Dan Flavin's work is just simple light fittings, say EU experts', 2010년 12월 20일.

[그림 5]

[그림 6]

[그림 7]

〈아테네 학당(School of Athens)〉(1510~1511)인데, 중앙의 플라톤에는 레오나르도 다빈치의 얼굴을, 팔꿈치를 계단에 괴고 사색에 잠겨 있는 헤라클레이토스에는 미켈란젤로의 얼굴을, 그리고 우측에서 정면을 바라보고 있는 검은 모자의 청년에는 바로 라파엘로 본인의 얼굴을 그려 넣었다. 유명한 지식인들의 초상이 예술가들의 얼굴을 모델로 하고 있는 것을 보아, 당시 예술가들의 지위가 상당히 높았음을 알 수 있다. [그림 6]은 근대의 가난한 미치광이 천재 예술가 이미지를 대표하는 반 고흐의 〈파이프를 물고 귀에 붕대를 한 자화상(Self Portrait with Bandaged Ear and Pipe, 1989)〉이다.

위에서 보는 바와 같이 고대에는 예술가를 손과 육체를 사용한다는 외형적 이유로, 기능공이나 육체노동자로 여겼다. 예술가는 정신작용에 의한 창작이 아니라 손재주에 의지하는 육체노동을 하여 원하는 조형물을 만들어주고 돈을 받는 기능공 정도로 여겨졌던 것이다. 그러나 르네상스에 들어서면서 예술가는 물질에 정신을 부여하여 작품을 완성하는 장인이나 전문가로서 인정받기 시작한다. 그리고 이때 비로소 우리가 오늘날 익히 알고 있는 미켈란젤로나 레오나르도 다빈치 같은 '천재' 예술가가 탄생한다. 이들은 더이상 후원자에게 의존하지 않고 독자적으로 작품 활동을 하기 시작하며, 사회적으로도 귀족계급과 같은 위치에서 부와 권력을 누리게 된다. 하지만 근대로 접어들면서 이러한 '천재' 예술가의 이미지는 소수의 부를 누리는 천재와, 가난 속에서 결핵·에이즈와 같은 질병을 앓으면서도 혼자만의 길을 가는 소외된 천재의 이미지로 이분화된다.

[문화체육관광부의 〈2015 예술인 실태조사〉 통계 자료]

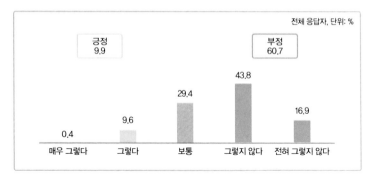

[그림 8-1] 예술정책 및 지원 (예술인의 사회적 평가)

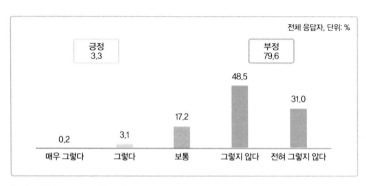

[그림 8-2] 예술정책 및 지원(예술활동의 경제적 보상 수준)

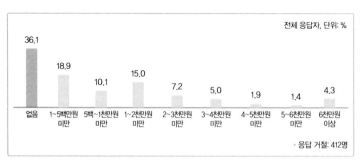

[그림 8-3] 예술활동 수입

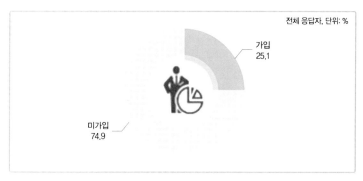

전체 응답자, 단위: %

가입
25.1

미가입
74.9

[그림 8-4] 4대 보험 가입 형태(고용보험)

문화체육관광부의 〈2015 예술인 실태조사〉에 따르면, 예술인의 사회적 평가에 대해서는 60. 7퍼센트가 부정적으로 답변하였고, 더 많은 79. 6퍼센트가 예술활동의 경제적 보상 수준에 대해 부정적으로 답했다. 또한, 예술활동 수입은 연평균 1,255만원 이었으며, '예술활동 수입이 없다'는 대답이 36. 1퍼센트로 전체 응답률 중 가장 높았다. 4대보험 가입 여부 역시 74. 9퍼센트가 미가입자로 조사되었다.

오늘날 사회는 예술가를 '천재'의 맥락에서 기이하거나 특별한 존재로 인식하고 있지만, 이처럼 실제 기본 생활을 유지하기 위한 직업인으로서의 예술가에 대한 인식은 부족한 실정이다.

(2) 예술가의 법적 지위에 대한 논의

"예술가는 별난 종족이 아니다. 다른 모든 인간들처럼 먹고 살 돈이 필요하다. 이런 필요에 대한 요구가 예술을 천박하게 만들지 않는다. "

－김사과, 〈무엇을 할 것인가〉에서

그렇다면, 왜 예술가만 특별하게 인식하고 대우하며 보호해야 하는가? 예술가가 노약자나 사회 취약계층도 아닌데 왜 예술가의 복지를 위해 특혜를 주어야 하느냐는 반론이 가능하다. 하지만 유네스코에서 발표한 '예술가의 지위에 관한 권고'에 따르면, 예술가가 특별하기 때문에 존중받아야 하는 것이 아니라, 다른 시민들과 마찬가지로 자기 효능감을 갖고 스스로 맡은 일에 충실하기 때문에 다른 시민만큼의 보장이 주어져야 한다는 것이다. 또한, 예술은 표현의 자유 및 창작 여건을 보호받아야 창의적으로 활동을 펼칠 수 있는 특성이 있다. 따라서 이 권고에서는 예술의 분야나 형식에 구애되지 않고 모든 예술인에 대한 창작과 표현의 자유, 창작활동의 여건 보장, 사회보장 등의 혜택을 보장해야 함을 강조한다.

> **유네스코의 '예술가의 지위에 관한 권고(Recommendation concerning the Status of the Artist)'**(1980년 10월 27일 제21차 유네스코 총회에서 채택)[7]
>
> Ⅲ. 총 칙
>
> 1. 예술이 다양한 사회의 문화적 주체성과 정신적 유산을 반영·보존·풍요롭게 하고 표현과 의사전달의 보편적 형식을 구성하며 인종적·문화적·종교적 차이에 대한 공통분모로서 모든 사람들에게 인류 사회에의 소속감을 절실히 느끼게 해준다는 점을 인정하여, 회원국은 당연히 그리고 이러한 취지를 살리기 위하여 인류가 전반적으로 예술에 접근하도록 보장해주어야 한다.

2. 회원국은 문화 발전과 문화적 목적의 여가 선용을 위한 예술가들의 행동에 관심을 집중시키기 위해 의도된 모든 활동을 장려해야 하며 이에는 특히 매스미디어와 교육기관에 의해 이루어지는 활동이 포함되어야 한다.

3. 회원국은 개인의 생활과 발전 및 사회에 미치는 예술의 역할이 필수적임을 인정, 그에 따라 예술가와 그의 창작의 자유를 보호·방위·조력해 줄 의무를 갖는다. (중략)

4. 회원국은 필요하다면 적절한 입법수단을 통하여 예술가들에게 노동조합과 직업단체를 선택, 결성하고 또 그들이 원한다면 그러한 단체의 회원이 될 수 있는 자유와 권리가 있음을 보장해주어야 하며, 또한 예술가를 대표하는 조직체들이 예술가의 직업훈련을 포함한 문화정책과 고용정책의 형성 및 예술가의 작업 여건 결정에 참여할 수 있도록 해주어야 한다.

(3) 예술인의 법적 지위에 관한 국내 사례

1) 동양화가 A의 손해배상 사건(1997년)

1997년 한 동양화가가 보험회사를 상대로 손해배상소송을 제기한 사건이 있었다. 그 화가는 대한민국 미술대전 등에 입상한 경력이 있고 5년 이상 창작활동을 해온 점을 들어, 스스로 경력 10년 이상에 해당하는 수입으로 일실수입(사고가 없었다면 피해자가 장래 얻을 수 있었으리라고 예측되는 이익)손해에 대한 배상액을 청구했지만, 보험사는 예술직종에 종사하는 모든 경력자의 평균수입을 기준으로 일실수입을 산정한 것이다. 원심에서는 화가의 경력을 인정하지 않았

---

7) 이상정,《미술과 법》, 세창출판사, 2010, p. 17. 위 권고의 자세한 내용은 유네스코 한국위원회 홈페이지(https://www.unesco.or.kr/)에서 확인할 수 있다.

다. 하지만, 대법원은 화가의 다양한 활동을 근거로 하여 경력 5년 내지 9년인 '조각가, 화가, 사진사 및 관련 창작예술가'의 수입으로 원고의 일실수입을 산정할 수 있음을 인정하고 원심판결을 파기하는 판결을 내렸다.

대법원 96다53642(1997. 3. 11. 선고) 판결문 중

기록에 의하면, 원고는 자기가 동양화가로서 10년 이상 창작활동을 하였다고 주장하여 노동부 발간의 임금구조 기본통계조사 보고서상의 경력 10년인 '조각가, 화가, 사진사 및 관련창작예술가'의 수입으로 일실수입손해의 배상을 구하였음이 명백한데, 원심은 원고의 주장과 같은 창작경력을 인정할 증거가 없다는 이유로 위 직종에 종사하는 모든 경력자의 평균수입(전 경력자의 수입)으로 원고의 일실수입을 산정하였다.

그러나 원고가 1986. 11. 3. 대한민국 미술대전의 한국화부문에서 입선한 사실이 인정되고, 1990. 5. 26. 한국예술문화협회가 주최한 제8회 예술대전 작품공모전에 추천작가로 추대되었으며, (중략) 원고가 위 대한민국 미술대전에 입선한 이후 이 사건 사고를 당할 때까지 적어도 5년 이상 동양화가로서 지속적으로 창작활동을 하여 온 사실을 충분히 인정할 수 있다 할 것이다.

그렇다면 원심으로서는 원고가 적어도 5년 이상 동양화가로서 활동하여 온 경력을 인정하여 위 임금구조 기본통계조사 보고서상의 경력 5년 내지 9년인 '조각가, 화가, 사진사 및 관련창작예술가'의 수입으로 원고의 일실수입을 산정하였어야 할 것임에도 불구하고, 단지 원고에게 10년 이상의 경력이 인정되지 않는다는 이유만으로 원고의 일실수입을 전경력 화가의 수입으로 산정하고 말았으니, 원심판결에는 일실수입산정에 관한 법리를 오해하였거나 채증법칙을 위반하여 판결에 영향을 미친 사실을 잘못 인정한 위법이 있다고 할 것이므로, 이 점을 지적하는 논지는 이유가 있다.

이 사건은 일실수입 손해배상 사건과 관련하여 예술가의 경력 산정에 대한 판단의 기준을 제시하였고, 이후 관련된 사건에서 참고로 할 수 있는 판례였다는 점에서 의의를 가지게 되었다.

2) 조각가 B의 손해배상 사건(2003년)[8]

B는 MBC 한국구상조각대전 대상 등 다수의 수상 경력과 개인전 이력 등으로 주목받는 조각가로 활동하고 있었다. 그런 그가 2003년 보행 중 교통사고로 사망하여 유가족이 가해자의 보험사에 손해배상을 청구하였으나 모두 기각되는 사건이 발생한다. 유족은 B의 예술가 경력 10년 이상, 정년 70세 기준의 통계소득에 따른 일실소득을 주장하며 소송을 제기했다. 1심에서는 B의 예술경력 5~9년, 정년 65세, 과실 25퍼센트를 기준으로 배상금 지급 판결을 내렸지만, 보험회사 측은 B가 예술계에 10년 이상 종사했음을 증명할 구체적인 근거가 없고, 통계소득에 상응하는 소득 근거가 전혀 없음을 들어, 인부와 같은 도시일용 노임을 적용한 정년 60세를 주장하며 항소했다. 보험회사 측의 주장은 B가 대학 시간강사 재직 당시 받은 월급은 도시일용노임에 미치지도 못하며, 대형 주조물을 조각하는 조각가는 육체노동을 필요로 하는 직업이라는 논리에 따른 것이었다.

분노한 미술계는 예술인 대책위원회 성명을 발표하고 보험회사

---

8) "예술인 대책위원회 카페(http://cafe.naver.com/gubonjuartright.cafe)"의 관련 게시글 참고.

조각가 B의 법적 지위에 대한 논의	
조각가 B 유족 측 주장	보험회사 측 주장
– 1992년 홍대 조소과 졸업 이후 주요 전시 및 수상 경력, 강사 경력으로 미루어 예술직에 10년 이상 종사 – 한국미술협회 조각분과 회원등록자 중 60대 104명, 70세 이상 20명이므로 정년 70세 설정이 적합	– 통계소득에 해당하는 예술직 10년 이상 종사에 대한 구체적인 근거 부족, 시간 강사 월소득은 도시일용노임에 미치지 못함 – 조각가는 육체노동을 필요로 하는 직업이므로 일용직 노동자 혹은 실내장식 인테리어 업자의 노동가치로 산정하여 정년 60세 설정이 적합

건물 앞에서 1인 시위를 진행하는 등 이 사건을 예술가의 법적 지위의 문제로 여기고 목소리를 높이기 시작했다. 결국 이 사건은 2심소송 중 보험회사와 유족 간 조정을 통해 원래의 1심 판결을 그대로 인정하는 조건에서 종결이 되었지만, 사회적으로 예술가의 법적 지위와 지원방안에 대한 논쟁에 불을 붙이는 계기가 되었다.

(4) 예술가의 지위에 대한 법률 규정

2011년 시나리오 작가 C가 시신으로 발견되었다. "그동안 너무 도움 많이 주셔서 감사합니다. 창피하지만 며칠째 아무것도 못 먹어서 남는 밥이랑 김치가 있으면 저희 집 문 좀 두들겨 주세요"라는 쪽지가 마지막 유언이 되었고,[9] 그녀의 절실함에 대한 무응답은 사회적 파장을 일으켰다. 조각가 B의 손해배상 사건에 이어 이 사건은 예술인의 최소한의 생계유지를 위한 사회안전망의 필요성을 인지하게 하는 결정적인 계기가 되었다. 예술가를 어디까지 법적으로 인정

> **예술인 복지법**[시행 2016. 5. 4.] [법률 제13970호]
> 제2조(정의) 2. "예술인"이란 예술 활동을 업(業)으로 하여 국가를 문화적,
> 사회적, 경제적, 정치적으로 풍요롭게 만드는 데 공헌하는 사람으로서 문
> 화예술 분야에서 대통령령으로 정하는 바에 따라 창작, 실연(實演), 기술지
> 원 등의 활동을 증명할 수 있는 사람을 말한다.
> 제3조(예술인의 지위와 권리) ① 예술인은 문화국가 실현과 국민의 삶의 질
> 향상에 중요한 공헌을 하는 존재로서 정당한 존중을 받아야 한다. ② 모든
> 예술인은 자유롭게 예술 활동에 종사할 수 있는 권리가 있으며, 예술 활동
> 의 성과를 통하여 정당한 정신적, 물질적 혜택을 누릴 권리가 있다. ③ 모
> 든 예술인은 유형·무형의 이익 제공이나 불이익의 위협을 통하여 불공정
> 한 계약을 강요당하지 아니할 권리를 가진다.

할 것인가에 대한 문제도 제기되어, 같은 해 예술인의 지위를 보장
하기 위한 「예술인 복지법」이 제정되기에 이르렀다. 헌법 제22조 2항
에는 "저작자, 발명가, 과학기술자와 예술가의 권리는 법률로 보호
한다"고 명시되어 있었으나 이전까지 예술가의 법적 지위를 보호하
고 강화하기 위한 법률은 제정되지 못한 상태였다.

다시 말하면, 「예술인 복지법」은 예술인의 직업적 지위와 권리를
법으로 보호하고 복지 지원을 통해 예술인의 창작활동을 증진시킬
목적으로 제정된 법률이다. 이 법은 처음으로 예술가에 대한 정의를
명확히 한 법률로서, 현역에서 활동하고 있는 많은 예술가들에게 큰

---

9) '"남는 밥좀 주오"시나리오 작가, 생활고로 요절', 동아일보, 2011년 2월 8일.

예술인 복지법[시행 2016. 5. 4.] [법률 제13970호]

제5조(표준계약서의 보급) ① 국가는 예술인의 복지 증진을 위하여 「문화예술진흥법」 제2조제1항1호에 따른 문화예술 분야 중 문화체육관광부령으로 정하는 문화예술 영역에 관하여 계약서 표준양식을 개발하고 이를 보급하여야 한다.

② 국가와 지방자치단체는 제1항에 따른 계약서 표준양식을 사용하는 경우 「문화예술진흥법」 제16조에 따른 문화예술진흥기금 지원 등 문화예술 재정 지원에 있어 우대할 수 있다.

③ 제1항에 따른 계약서 표준양식의 내용 및 보급 방법 등에 관하여 필요한 사항은 문화체육관광부령으로 정한다.

제6조(예술인의 경력 증명 등에 관한 조치 마련) 문화체육관광부장관은 예술인이 고용, 임금, 그 밖의 근로조건 등에 있어서 합리적인 이유 없이 불리하게 처우받지 아니하도록 예술인의 경력 증명 등에 필요한 별도의 조치를 마련하여야 한다.

제6조의2(금지행위 등) ① 예술 창작·실연·기술지원 등의 용역에 관한 기획·제작·유통업에 종사하는 자로서 예술인과 계약을 체결하는 자(이하 이 조에서 "문화예술기획업자 등"이라 한다)는 예술인의 자유로운 예술창작활동 또는 정당한 이익을 해치거나 해칠 우려가 있는 다음 각 호의 어느 하나에 해당하는 행위(이하 이 조에서 "금지행위"라 한다)를 하거나 제3자로 하여금 이를 하게 하여서는 아니 된다.

1. 우월적인 지위를 이용하여 예술인에게 불공정한 계약 조건을 강요하는 행위
2. 예술인에게 적정한 수익배분을 거부·지연·제한하는 행위
3. 부당하게 예술인의 예술창작활동을 방해하거나 지시·간섭하는 행위
4. 계약과정에서 알게 된 예술인의 정보를 부당하게 이용하거나 제3자에게 제공하는 행위

버팀목이 되어주는 의미를 가진다. 무엇보다도, 최초로 예술가의 표준계약서(「예술인 복지법」 제5조)와 경력증명에 대한 조치(「예술인 복지법」 제6조)를 마련한 법률이다. 이에 따라 서면계약 체결이 의무화되었으며, 서면계약에는 계약금액, 계약기간·갱신·변경 및 해지에 관한 사항, 계약 당사자의 권리 및 의무에 관한 사항, 업무·과업의 내용, 시간 및 장소 등 용역의 범위에 관한 사항, 수익의 배분에 관한 사항, 분쟁해결에 관한 사항이 반드시 포함되어야 한다. 만일 서면계약을 체결하지 않을 경우에는 문화예술사업자에게 500만 원 이하의 과태료가 부과된다.

예술인 복지법상의 예술활동증명과 관련하여 자료 입증이 어려운 이들은 포함되지 않는다는 한계가 있었으나, 2014년 개정을 통해 예술활동증명기준 일부를 변경하고, '예술활동증명 운영지침'을 공고하였다. 문학, 사진, 건축, 미술(미술일반, 디자인·공예, 전통미술), 국악, 무용, 연극, 음악(음악일반, 대중음악), 영화, 만화, 연예(방송, 공연) 분야의 창작, 실연, 기술지원 및 기획 활동을 예술활동으로 인정하고 있으며, 예술인 경력정보시스템(www.kawfartist.kr)을 통해 신청이 가능하다. 증명 방법으로는 공개 발표된 예술활동(예술분야, 직군별 기준) 및 예술활동 수입을 근거로 증명이 가능하며, 앞의 2가지 방법으로 증명이 어려운 경우, 지금까지의 예술활동을 근거로 인정이 가능하도록 규정하였다.

이같이 예술인 복지법과 예술활동증명 운영지침에서는 예술활동증명과 관련해 상세한 기준을 두고 있다. 여기서 우리는 앞서 예술

예술활동증명 운영지침 [시행 2017. 3. 16.] [문화체육관광부예규 제42호]

제1조(목적) 이 지침은 예술인 복지법(이하 "법"이라 한다) 제2조제2호에서 규정하고 있는 "예술인"의 인정에 필요한 기본원칙을 설정하고 동법 시행령 제2조제2항에 따른 "심의위원회"의 운영에 관한 사항을 정하는 한편, 동법 시행규칙 제2조 [별표]에서 규정하고 있는 「예술활동증명에 관한 세부 기준」을 보다 명확히 규정함으로써 예술인 복지 지원이라는 법 제정의 취지가 실현되도록 하는 데 그 목적이 있다.

제11조(예술 활동의 기준) 어느 분야의 기준을 적용할지는 작품을 근거로 정하는 것을 원칙으로 한다.

제15조(기술지원 인력 또는 기획 인력의 기준) ① '기술지원 인력 또는 기획 인력'이란 '스태프(제작진)'에 해당하는 사람으로서, 창조력과 숙련도를 전제로 하며 행위의 결과가 저작물의 일부로 포함되거나 저작물 공표에 반영되어 의미 표출에 상당한 정도로 기여하는 경우를 망라한다.

제17조(미술, 사진, 건축 분야 인정기준) ① '미술'은 공간 및 시각의 미를 표현하는 예술로 공간 예술, 조형 예술 등으로 부르기도 하며, '응용미술'은 실제적인 효용에 목적을 둔 미술로 도안, 장식 따위가 있다.

② 미술 분야 범주로는 그림, 판화, 조각, 공예, 서예, 디자인, 미디어아트, 설치미술, 프랙탈 아트, 행위예술 등의 세부 장르와 미술 비평이 있으며, 대표적인 직종으로는 창작, 비평, 기술지원(조명, 음향, 장치, 도구 등), 기획 등이 있다.

③ 공공미술은 전시회에 준하는 것으로 간주한다.

④ '사진'은 (중략)

⑥ '건축'은 (중략)

제24조(소득 기준) 보조금 및 기부금은 해당 예술 활동의 완료를 전제로 소득으로 볼 수 있으며 예술인 개인에게 귀속된 액수에 한하여 인정된다.

에 대한 법적 정의가 미술법 분야에서 중요한 쟁점으로 떠오른 것과 같은 맥락에서 '예술가를 어디까지 법적으로 인정할 것인가?'라는 문제가 예술인 복지법상의 핵심 쟁점으로 대두되었음을 알 수 있다. 특히 예술과 예술인에 대한 지원이 확대되고 강화될수록 논란은 계속될 것으로 예상된다. 예술인 복지법에서 예술인의 정의를 위한 객관성을 확보하기 위해 위에서 본 바와 같은 예술활동증명 운영지침을 상세하게 제정, 운용하고 있긴 하지만 법이 구체적인 사안을 모두 망라할 수 없기 때문에 예술인의 정의에 관한 법해석을 둘러싸고 발생하는 사건은 늘어날 것이다.

예술인 복지법의 핵심은 예술가를 사회적 보호와 지원이 필요한 존재라고 보기보다는, 예술가의 예술활동 역시 엄연한 노동의 대가를 필요로 하는 직업이라는 인식이다. 중요한 것은 예술가와 그들을 바라보는 시선 양측 모두 예술에 대한 지원이 사회적 약자들에게 주어지는 무조건적인 보호와 지원이 아니라는 점을 인정해야 한다는 사실이다. 여타 산업 분야에서와 마찬가지로, 예술을 향유할 때에는 그에 대한 대가를 지불하는 것이 당연시되어야 한다는 점을 성문화된 법률로써 규정하고 있는 것이다. 최소한의 권리를 보호받으며 안전한 환경 속에서 예술활동이 이루어질 수 있도록 법의 도움이 필요하다는 것은 어떻게 보면 예술가와 향유자 모두의 입장에서 안타까운 일이다. 가장 이상적인 예술가의 이미지는 배고픈 고흐도, 작품 값이 수억에 달하는 피카소도 아닌, 자부심을 갖고 우리의 상상을 현실로 실현하며, 영혼 저 너머까지 울림을 주는 열정적인 순

레자의 모습일 것이다. 결국 '예술 그 자체'를 하는 바로 '그들'이다.

3. 문화예술 진흥 방안

(1) 르네상스의 배후, 메디치가의 문화예술 지원

메디치 가문의 지원 아래 미켈란젤로·레오나르도 다빈치·보티첼리 등 오늘날 우리가 익히 알고 있는 르네상스의 거장들이 탄생한 것을 보면, 르네상스는 메디치 가문이 있었기에 가능했다고 해도 과언이 아니다. 특히 피렌체 문화예술의 황금기를 이끈 로렌초 데 메디치(Lorenzo de' Medici, 1449~1492)는 10대의 미켈란젤로를 양아들로 삼

[그림 9] 보티첼리의 〈마니피카트의 성모〉에 그려진 잉크병을 들고 있는 로렌초 데 메디치.

고 아낌없는 후원을 하였고, 레오나르도 다빈치를 외교대사로 타국에 파견하는 등 당대로서는 파격적인 문화예술 지원 방식을 보여주었다. 메디치 가문이 이렇게까지 문화예술 지원에 특별한 관심을 보인 이유는, 예술을 후원함으로써 가문의 위상을 높일 수 있다고 믿었기 때문이다. 실제로, 신화나 종교화의 모델로 메디치 가문 사람들의 얼굴이 그려졌고, 메디치 가문은 교황과 왕비를 배출하는 명문가로 자리매김하였다. 메디치 가문은 문화예술의 정치적·재정적 파급력을 신뢰했기 때문에 대대로 후원을 아끼지 않았던 것이다. 오늘날 국가가 문화예술을 지원하는 이유도 과거 메디치가와 별다르지 않다. 때문에 아직도 메디치 가문은 문화예술 지원의 대명사로 여겨지며 그 명성을 유지해 오고 있다.

(2) 문화예술 진흥에 대한 관점의 변화

법과 예술의 관계는 시대와 사회가 바뀌어감에 따라 변화하였다. 과거에 법이 공공의 이익과 안보를 근거로 예술을 검열의 대상으로 바라보는 입장을 취하고 국가 권력이 예술과 대립하여 국가의 지향점에 반하는 예술을 규제하였다면, 20세기 들어 자본주의가 확산되면서 법과 예술의 관계도 달라지기 시작했다. 특히 20세기 후반부터는 거대한 미술시장이 형성되고, 미술작품은 감상의 가치를 넘어 투자와 재산증식의 가치까지 가지게 되었다. 뿐만 아니라 예술이 국가적인 차원에서 문화선진국으로서의 위상을 확보하기 위한 주요 성장 동력으로 여겨지면서, 예술작품과 예술가의 권리 보호와 예술 활동의 진흥이 더욱 주목받게 되었다. 더이상 법이 예술을 제약하는 존재가 아니라 예술활동을 도와주는 지원자이자 후원자로서 역할을 하게 된 것이다.

(3) 외국의 문화예술 진흥 정책[10]

외국의 문화예술 진흥 정책은 크게 정부의 소극적 지원과 적극적 개입으로 나누어 볼 수 있다. 영국·미국·일본은 문화예술에 정부가 직접적으로 개입하지 않고 어느 정도 거리를 둔 지원 정책을 펼치고 있으며, 프랑스는 특이하게 국가가 주도적으로 개입하여 문화예술을 지원하고 있다.

먼저, 영국의 문화예술 지원 정책을 살펴보면, 20세기 초반까지의 지원 대상은 대다수가 오페라·발레 등 우수한 소수의 고급예술이었고, 이러한 엘리트주의에 대한 반발로 대안문화를 지원해야 한다는 움직임이 일어났다. 그래서 영국의 문화예술 지원 정책은 엘리트

	영국	프랑스	미국	일본
원칙	'팔길이 원칙'에 따른 거리두기 지원	중앙과 지방의 협력적 지원	국가 지원의 공정성과 표현의 자유 확보	문화예술의 경제적 효율성 강조
방향	고급예술의 증진과 대중성 향상	공공성과 예술 자율성의 조화	문화적 다양성 증진과 접근성 향상	민간 주도의 문화예술 지원

10) 한국문화관광연구원, 〈문화예술 지원정책의 진단과 방향 정립〉, 2015 참고.

주의와 대중성의 이분법적 개념 사이에서 균형잡기를 가장 큰 목표로 두고 있다. 영국 문화부는 '팔길이 원칙(Arm's length principle)'을 예술 지원 정책에서 최우선으로 삼고, 정권의 변화와 관계없이 문화예술을 위한 지원금의 대상과 사용에 대해서 간섭하지 않고 예술위원회에 전적으로 맡긴다는 암묵적인 합의를 유지하고 있다. 예술위원회는 문화부에서 지원금을 받아 문화부가 설정한 예술정책의 목표에 부합하게 사업을 추진하되, 독자적으로 예산을 분배하고, 매년 예술위원회 사업과 집행예산에 대해 연간보고서를 작성하여 보고함으로써 지원금 사용에 대해 책임을 지고 있다. 따라서 중앙정부와 예술위원회는 상하관계가 아니라 서로 시너지 효과를 줄 수 있는 횡적 구조를 이루고 있다. 또한, 예술위원회는 문화예술 기관에 대한 소규모의 부분적 지원만을 제공하여 문화예술 기관들이 자생할 수 있도록 장려하는 정책을 펴고 있으며, 이러한 소극적 지원 역시 영국 정부와 예술위원회의 '팔길이 원칙'에 기반한 것이라고 볼 수 있다.

반면, 프랑스의 문화예술 지원 정책은 중앙집권적 성격이 뚜렷하며 정부의 개입이 강한 체계로 이루어져 있다. 하지만 문화예술에 대한 지식과 관심이 높은 국가 통치자들 덕분에 정치적 성향과 무관하게 안정적인 지원이 이루어져왔다. 프랑스에서 문화예술은 국민의 자존심과 직결되는 중요한 요소로, 문화예술의 지원이 국가의 정체성과 동등하게 여겨지는 역사·사회적 배경이 있었기 때문에 안정적인 지원이 가능할 수 있었다. 특히 16세기부터 프랑스의 문화예술 지원 정책은 사회복지정책과 마찬가지로 국가가 반드시 수행해야 할 의무로 여겨져 왔고, 그 결과 문화예술을 국가의 공적 서비스 차원으로 다루고 있다. 국가 주도하에 문화재 복구 사업을 추진하거나, 사회경제에 관련한 중장기 계획에 문화시설 건립 예산을 반영하는 등 국가가 적극적으로 관여하여 예술 창작을 지원·육성하고 있다.

　귀족들이 예술을 후원하던 유럽과는 달리 미국은 예술을 사치로 간주하는 강한 청교도적 믿음이 지배적이었기 때문에 문화예술에 대한 국가의 지원은 후원자들에 대한 세금 감면 및 공제가 전부였으며, 예술에 대한 지원은 공적인 의무가 아닌 민간의 책임으로 여겨졌다. 이러한 배경 속에서 ① 문화예술에 대한 국가 지원이 공정한 것인가? ② 국가로부터 공공지원을 받는 문화예술 콘텐츠의 표현의 자유 및 창의성 보장이 국가의 의무인가? 라는 두 가지 문제가 거론되었다. 예술의 본질적인 가치는 자유와 창의성이라는 점에서, 국가의 지원은 자칫 표현의 자유를 통제하는 정책적 수단이 될 수 있다는 우려를 드러내는 것이다. 하지만 1930년대부터 문화민주주의 논의를 바탕으로 문화적 다양성 보호와 대중화를 지향하는 문화예술 지원 정책이 대두되었다. 경제대공황 당시, 뉴딜 정책의 일환으로 실업 상태의 문화예술인 지원프로젝트를 설립하였고, 문화예술 접근성을 높이기 위한 정책과 고급예술 보급을 위한 교육정책, 문화의 산업화정책에 초점을 맞추어 지원을 활성화하였다. 더

붙어 국가 정책의 모든 방면에서 정부의 개입을 최소화한 작은 정부를 지향한다는 차원에서 1965년에 미국국립예술진흥기금(National Endowment for the Arts: NEA)이 설립되었다. NEA는 정부로부터 독립적인 지위를 가지고 있어 법적 의무를 지고 지원을 하거나 기관의 운영비를 지원하지 않으며, 소극적인 지원방식을 통해 지역의 문화예술 활동이 자생적으로 지속될 수 있는 발판을 마련하는 것을 주요 목적으로 하고 있다.

일본은 국가보다는 민간기업에서 문화예술을 적극적으로 지원하고 있다. 기업의 문화예술 지원이 경제적으로 효율적이라고 판단하기 때문이다. 특히, 지역 전통예능이나 축제를 지속적으로 지원하는 일본 민간기업이 많은데, 이들 기업의 여러 세대에 걸친 메세나 활동 자체가 지역 문화가 되는 현상이 특징이다. 기업은 메세나 활동을 중요한 소통의 기회로 인식하여, 문화예술의 지원을 통해 지역기업으로서 신뢰를 높이는 모습을 보여준다. 그 대표적인 예로, 일본의 유명 기업 베네세 홀딩스가 추진한 '나오시마 섬 예술프로젝트'를 들 수 있다. 나오시마는 쇠퇴해가던 섬 마을이었지만, 베네세 홀딩스가 1985년부터 20년 넘는 시간 동안 구체적으로 계획을 세워, 지금은 일본을 대표하는 관광명소가 되었다. 베네세 홀딩스는 안도 다다오와 같은 세계적 건축가에게 설계를 의뢰하여 나오시마의 자연환경과 어우러지는 여러 미술관을 세웠고, 기업이 수집한 세계적인 미술품 컬렉션을 선보였다. 구사마 야요이와 같은 유명 작가의 고가의 작품은 물론이고, 버려진 마을 공중목욕탕을 폐자재로 리모 델링 하는 등 황폐한 섬마을에 활력을 불어넣어 민간기업의 문화예 술 프로젝트로서 성공적이었을 뿐만 아니라, 기업의 이미지 제고에 도 긍정적 작용을 하였다. 이처럼 일본사회에서 민간주도의 문화예 술 지원이 확산된 이유는 정부가 하드웨어적인 시설 건립이나 운영 자금 지원 등에 한하는 소극적인 문화예술 지원정책을 펼쳤기 때문 이라고 볼 수 있다.

(4) 국내 문화예술 진흥 방안

우리나라의 문화예술 지원에는 직접적인 지원과 간접적인 지원의 성격이 모두 포함되어 있다. 먼저 직접적인 지원으로는 외국의 지원 정책과 유사하게 정부 예산을 통한 재정 지원이나 문화예술진흥기 금을 통한 지원 등이 있다. 주로 문화체육관광부에서 문화예술 관 련 시설 건립에 대한 평가를 거쳐 국비지원을 하고 있으며, 문화예 술위원회에서 사업공모 및 프로그램 운영 등을 통해 문예진흥기금 을 보조금으로 지원하고 있다.

간접적인 지원으로는 국립현대미술관 미술은행 운영과 건축물 미 술작품제도 등이 있다. 국립현대미술관 미술은행은 미술작품을 구 입·보존·대여함으로써 보다 많은 사람들에게 작품 감상을 향유할 기회를 제공하고자 2005년 설립되어 공공기관이나 박물관 및 미술 관, 민간단체, 기업 등에 작품을 대여하고 있다. 한국화·문인화·서 양화·조각·공예·판화·사진 작품 등 약 3,231점을 소장하고 있으

문화예술진흥법[시행 2016. 2. 3.] [법률 제13962호]

제9조(건축물에 대한 미술작품의 설치 등) ①대통령령으로 정하는 종류 또는 규모 이상의 건축물을 건축하려는 자(이하 "건축주"라 한다)는 건축 비용의 일정 비율에 해당하는 금액을 회화·조각·공예 등 미술작품의 설치에 사용하여야 한다.

② 건축주(국가 및 지방자치단체는 제외한다)는 제1항에 따라 건축 비용의 일정 비율에 해당하는 금액을 미술작품의 설치에 사용하는 대신에 제16조에 따른 문화예술진흥기금에 출연할 수 있다.

③제1항 또는 제2항에 따라 미술작품의 설치 또는 문화예술진흥기금에 출연하는 금액은 건축비용의 100분의 1 이하의 범위에서 대통령령으로 정한다.

④ 제1항에 따른 미술작품의 설치 절차 및 방법 등에 관하여 필요한 사항은 대통령령으로 정한다.

문화예술진흥법[시행 2016. 2. 3.] [법률 제13962호]

제1조(목적) 이 법은 문화예술의 진흥을 위한 사업과 활동을 지원함으로써 전통문화예술을 계승하고 새로운 문화를 창조하여 민족문화 창달에 이바지함을 목적으로 한다.

제5조(문화예술 공간의 설치 권장) ①국가와 지방자치단체는 문화예술 활동을 진흥시키고 국민의 문화 향수 기회를 확대하기 위하여 문화시설을 설치하고 그 문화시설이 이용되도록 시책을 강구하여야 한다.

②국가와 지방자치단체는 대통령령으로 정하는 대형 건축물에는 문화시설을 설치하도록 권장하여야 한다.

며, 매년 200여 점의 작품을 신규로 구입한다. 또한, 「문화예술진흥법」 제9조에 명시된 '건축물 미술작품제도'는 미술에 대한 정부의 간

접적인 지원을 조장하는 조항으로 볼 수 있다.

일반적으로 '건축물 1퍼센트법' 혹은 '예술품 1퍼센트법'으로 알려진 '건축물 미술작품 제도'는 문화예술 진흥과 도시문화 환경 개선을 위해 연면적 1만 제곱미터 이상인 건축물을 신축, 또는 증축할 때 건축비용의 1퍼센트 이하 범위에서 미술작품을 설치하도록 한 규정이다. 미술작가들에게 일거리를 제공하는 동시에 도시미관 향상에 도움을 줄 것을 기대하고 시행한 규정이었으나, 현실적으로는 작가 선정 과정에서 정치적 이권이 개입되거나 사회 환경이나 지역적 소통을 전혀 고려하지 않고 양산된 조각작품이 의무적으로 설치되어 공공미술에 대한 여러 가지 법적 문제로 이어지기도 했다(공공미술과 법적논의에 대해서는 3장에서 살펴보도록 하겠다).

지금까지 살펴본 직·간접 문화예술진흥방안은 주로 「문화예술진흥법」에서 규정하고 있다. 이 법에서는 문화예술 공간의 설치, 전문인력 양성 등 정부의 직접적인 지원을 의무화하여 명시하고 있을 뿐만 아니라, 문예기금의 쓰임과 문화예술위원회의 운영에 대한 규정도 두고 있다.

이러한 문화예술 진흥 정책은 점차 특정된 예술분야로 세분화되는 경향이 나타나고 있는데, 예를 들면 최근 문화예술의 특정 분야인 공예문화 사업과 관련하여 제정된 「공예문화산업진흥법」이 있다. 「공예문화산업진흥법」은 공예와 관련된 창업과 전문 인력의 양성을 지원하여 예술이 산업으로 이어지는 기반을 만들고자 한다. 뿐만 아니라, 문화산업에 무게를 두어 실태 조사, 공예품의 품질 향상 및 기

> **공예문화산업 진흥법**[시행 2015. 11. 19.] [법률 제13299호]
>
> 제1조(목적) 이 법은 공예문화산업의 지원 및 육성에 필요한 사항을 규정함으로써 공예문화산업 발전의 기반을 조성하고, 이를 통하여 국민의 문화적 삶의 질 향상과 국민경제의 발전에 이바지하는 것을 목적으로 한다.
>
> 제2조(정의) 이 법에서 사용하는 용어의 뜻은 다음과 같다.
>
> 1. "공예"란 문화적 요소가 반영된 기법·기술·소재(素材)·문양(文樣) 등을 바탕으로 기능성과 장식성을 추구하여 수작업(부분적으로 기계적 공정이 가미된 것을 포함한다)으로 물품을 만드는 일 또는 그 능력을 말한다.
>
> 2. "공예품"이란 공예의 결과물로서 실용적·예술적 가치가 있는 물품을 말하며, 우리 민족 고유의 전통적인 기술·기법이나 소재 등에 근거하여 제작한 전통공예의 제품과 현대적인 소재나 기술·기법을 활용하여 제작한 현대공예의 제품을 포함하여 말한다.
>
> 제8조(창업 및 제작 지원) ① 문화체육관광부장관은 공예문화산업에 관한 창업을 촉진하고 창업자의 성장·발전을 위하여 필요한 지원을 할 수 있다.(중략)
>
> 제9조(전문인력의 양성) ① 국가나 지방자치단체는 공예문화산업을 진흥하기 위하여 관련 분야 전문인력의 양성에 관한 사업을 지원할 수 있다. (중략)

술 개발, 공예문화산업 기반시설 확충, 유통 활성화 및 투자 촉진, 국제 교류 및 해외시장 진출 활성화 등 공예문화산업 진흥을 위한 본격적인 제도라고 볼 수 있다.

우리 사회의 선진화·세계화는 예술의 고급화·다양화를 촉진했고 이에 따라 법도 세분화되고 큰 역할을 하게 되었다. 문화예술진흥법이 처음으로 제정된 것은 1972년이다. 다소 늦은 시기에 국가가 문화예술 진흥에 관한 시책을 강구하고, 국민의 문화예술 향유에 책임이 있다는 것을 법으로 명시한 셈이다. 문화예술진흥법은 국가 차원에서 문화예술에 대한 지원이 필요하다는 것을 인정했기 때문에 제정되기도 했지만, 문화예술이 국가의 위상과 경제성 증진에 지대한 영향을 미친다는 것을 깨달았기 때문이기도 하다.

따라서 국가의 법률과 정책은 예술을 보호하고 진흥하기 위해 점점 더 세분화된 분야를 구체적으로 언급하며 규정하고 있다. 사회적으로 예술에 대한 인식이 변화하면서 예술과 관련된 다양한 사건과 변수가 생겨났고, 그러한 가운데 법의 역할이 늘어나고 있기 때문이다. 이처럼 법과 예술은 정반대의 속성을 가지고 있지만 양측 모두 선한 의지로서 서로에 대한 이해와 책임을 갖추어야 한다. 그러한 의지가 내재되어 있을 때 진정한 가치를 창출할 수 있을 것이다.

1. 예술의 자유성, 법의 구속성

우리 사회의 중요한 구성요소인 예술과 법은 어떤 관계가 있을
까? 진보성과 자유성이 강한 예술과 보수성과 구속성이 강한 법은
서로 다른 세계에 존재하는 것처럼 보인다. 예전부터 예술과 법은
서로 관련이 없는 별개의 분야이며 다소 적대적인 관계라고 여겨온
것이 사실이고 현재도 그러한 생각이 지배적이다. 특히 '법은 예술의
자유를 제약하는 존재'라고 많이들 생각했다. "법과 예술이 만나면
서로 피하는 것이 최선이다(When law and art chance a meeting, they should
do their best to avoid each other)"라는 말이 있듯이, 예로부터 안정적이
고 보수적인 법률을 창의적이고 역동적인 미술에 맞추는 것이 쉽지
않았다.[1) 실제 과거 사례를 보더라도 법률은 사회 안전을 위한다는
명분으로 예술 활동에 개입하고 처벌하는 등 법과 예술이 우호적인

관계보다는 적대적인 관계를 유지해온 것이 사실이다.

그런데 근대로 넘어오며 자본주의와 민주주의가 강화됨에 따라 과거와는 사뭇 다른 양상이 전개되었다. 법이 예술을 제약하는 존재가 아니라 '예술활동을 도와주는 후원자 또는 보호자'의 역할을 떠맡게 된 것이다. 이제 예술과 법이 서로 맞물려 시대의 축을 함께 쌓아가고 있다.

특히 최근 미술품에 대한 인식의 변화를 주목할 필요가 있다. 오늘날 미술품은 단순한 감상·보존의 대상에서 투자·재산증식의 대상으로 변모하고 있다. 사단법인 한국미술시가감정협회에 의하면 2018년 국내 미술품 경매시장 거래액은 약 1,030억 원을 넘어서고 있다. 이와 같은 미술시장의 급속한 확대 현상에 '미술 발전'이라는 바람직한 측면만 있는 것은 아니다. 무수한 위작과 도난품들이 난무하며 미술시장을 교란하고 있는 실정이다. 게다가 미술품의 가격이 천정부지로 치솟아 오름에 따라 미술품 관련 분쟁은 점차 법률 분쟁으로 나아가고 있으며, 이에 대한 해결 없이는 미술시장의 건전한 발전을 기대하기 어려워 법의 개입이 점차 확대되고 있다.

결국 미술품은 시장에서 유통되고 평가 받는 과정에서 가치가 늘어나고, 그 과정에서 필연적으로 법률의 개입이 증가하게 된다. 그리고 이러한 법률의 개입은 과거와 같이 규제와 제약을 위해 예술에 강제적으로 개입하는 양상에서 벗어나 미술계에 도움을 주는 후원

---

11) 김형진,《미술법》, 메이문화, 2011. p. 4.

적 양상으로 바뀌고 있는 것이 핵심이다.

2. 예술 관련 소송절차

일상생활에서는 법적으로 문제가 발생하면 사건의 성격에 따라 그에 맞는 소송절차를 통해 법적 구제를 받게 된다. 마찬가지로 예술 관련 분야에서도 어떤 성격의 사건이 발생하는지에 따라 그에 적합한 소송절차를 통해 구제를 받게 됨은 물론이다. 일반적으로 예술 관련 분야에서의 소송절차는 크게 민사소송절차·형사소송절차·행정소송절차 등으로 나뉜다.

(1) 민사소송절차

민사소송절차는 개인 사이에 일어나는 사법상의 권리, 또는 법률관계에 대한 다툼을 법원이 재판권을 행사하여 법률적·강제적으로 해결하기 위한 절차로서 공법상의 형사소송·행정소송과 구별되며 예술 관련 분야에서도 가장 많이 발생하는 소송절차이다. 민사사건이 발생한 경우 민사소송 외에 개인 사이의 분쟁을 해결하는 다른 제도로서 조정·중재제도 등이 있지만, 이들은 강제적 요소가 따르지 않으며 국가재판권의 행사가 아니라는 점에서 민사소송과는 다르다.

문화가 발달하지 못했던 과거 국가에서는 개인의 사적(私的)권리의 침해에 대한 해결을 권리자 자신의 자력구제에 의존하였다. 그러나 이는 강자에게만 유리하고 약자에게는 불리할 뿐 아니라 사회적 불안을 가져올 우려가 있다. 따라서 근대 국가는 사회질서를 유지하기 위해 자력구제를 인정하지 않고, 국가기관인 법원에 개인의 사적권리 보호를 일임함으로써 민사소송이 시작되었다.

민사소송절차는 '보통절차'와 '특별절차' 및 '부수절차'로 크게 나뉜다.

① 보통절차는 재판절차와 강제집행절차로 구분된다. 재판절차는 다시 제1심·항소심·상고심으로 3심제를 채택하고 있으며, 강제집행절차는 그 채권의 종류와 집행목적물에 따라 세분된다. 특히, 재판절차는 민사소송의 기본이 되는 가장 중요한 절차로서 사법(私法)상 법률관계를 확정하는 절차이다. 이는 원고의 소의 제기로부터 시작되어, 변론절차를 통해서 당사자의 주장·입증·부인·증거신청 등 여러 가지 절차를 거쳐 법원이 최종적으로 판결하는 절차이다. ② 특별절차에는 제소 전 화해절차·독촉절차·파산절차가 있고, ③ 부수절차에는 소송비용액 확정절차·증거보전절차·집행문 부여절차·가압류절차·가처분절차가 있는데, 특히 재산 보전을 위한 가압류절차와 가처분절차는 재판절차의 실효성을 위해서 빈번하게 이용되는 절차이다.

(2) 형사소송절차

현대 국가는 어떠한 행위를 범죄로 하고, 또 거기에 어떠한 형벌

(刑罰)을 가할 것인가에 대하여 반드시 미리 법률로써 규정해야 한다 (죄형법정주의). 그러나 실제로 어떤 범죄가 행해졌는가의 여부, 또는 그 범죄를 어떻게 처벌해야 하는가는 법원의 재판을 받아야만 구체화되기 때문에 반드시 공정하고 객관적인 법원의 재판을 거친 후에 비로소 처벌할 수 있다.

이 형사재판의 절차를 형사소송이라 하며, 형사소송절차를 정하는 방식은 형사소송법에 규정되어 있다. 형사재판에서는 범죄가 행해진 경우 반드시 범인을 발견하여 처벌해야 한다는 이념(실체적 진실발견)과 혐의를 받아 재판에 회부된 자라도 그의 인권은 충분히 보장되어야 한다는 이념(피고인의 인권 보장)이 상호 대립하고 있으며, 이 충돌을 어떻게 조화시키는가는 역사적인 배경에 따라 여러 가지 형태로 나타난다. 현재 우리 형사소송법은 영미법으로부터 많은 영향을 받아 성립되었는데, 그 경향은 제2차 세계대전 전의 인권경시(人權輕視) 경험에 대한 반성에서 피의자 또는 피고인의 인권 보장에 보다 큰 비중을 두고 있다고 할 수 있다.

형사소송절차는 '공소 전 절차'와 '공소 후 절차'로 크게 분류된다.

① 공소 전 절차는 수사절차와 공소절차로 나눌 수 있고, 수사절차는 강제수사절차와 임의수사절차로 나눌 수 있다. 특히 강제수사절차는 인권 옹호를 위하여 구속·압수·수색에 대한 영장제도, 진술거부권·고문금지 등 특별한 적법절차가 요구된다. 수사가 끝나면 공소 또는 불기소절차가 행해지며, 공소가 제기되면 재판절차가 개시된다. ② 공소 후의 소송절차는 재판절차와 집행절차로 나뉜다.

재판절차는 민사소송의 재판절차와 크게 다르지 않지만, '법원에 의한 직권주의'가 민사소송보다 강하게 작용한다. 집행절차는 판결에 따라 행형법에 의하여 집행된다.

(3) 행정소송절차

행정소송은 공법(公法)상의 권리에 관한 국민의 권리구제 차원에서 그 손실을 보상하기 위하여 개별 국민들에게 보장하고 있는 소송절차이다. 행정소송 대상이 되는 행정처분은 행정청 또는 그 소속기관이나 법령에 의하여 행정권한의 위임, 또는 위탁을 받은 공공단체 등이 국민의 권리·의무에 관계되는 사항에 관하여 직접 효력을 미치는 공권력을 발동하여 하는 공법상의 행위를 말한다. 따라서 그 행위가 상대방의 권리를 제한하는 행위라 하더라도 행정청 또는 그 소속기관이나 권한을 위임받은 공공단체 등의 행위가 아닌 한 이를 행정처분이라고 할 수 없다.

행정소송절차와 유사한 개념으로서 '행정심판절차'가 있는데, 행정소송은 행정쟁송이라는 점에서 행정심판과 같지만, 위법한 처분만을 소송의 대상으로 한다는 점과 법원에서 정식 소송절차로 진행되어야 한다는 점에서 행정심판과 구별된다. 행정소송은 법률에 특별한 규정이 없는 한 처분을 행한 행정청을 피고로 하여 제기한다. 행정소송의 예로는 각종 세금의 부과처분에 대한 취소소송, 운전면허취소·정지처분에 대한 취소소송, 공무원 징계처분에 대한 취소소송, 영업허가취소·정지처분에 대한 취소소송, 각종 거부처분에 대한 취소소송 등을 들 수 있다.

행정소송절차와 관련해서 종전에는 행정소송을 제기하려면 반드시 먼저 행정심판을 거치도록 되어 있었으나(행정심판전치주의), 1998년부터는 개정된 행정소송법에 따라 원칙적으로 당해 법률에 다른 규정이 있는 경우를 제외하고는 행정심판 제기 유무 및 전후에 관계없이 행정소송을 제기할 수 있다. 즉, 현행 행정소송법은 행정소송을 제기할 때 "취소소송은 법령의 규정에 의하여 당해 처분에 대한 행정심판을 제기할 수 있는 경우에도 이를 거치지 아니하고 제기할 수 있다. 다만, 다른 법률에 당해 처분에 대한 행정심판의 재결을 거치지 아니하면 취소소송을 제기할 수 없다는 규정이 있는 때에는 그러하지 아니하다"(제18조 제1항)라고 규정함으로써 행정심판을 거치지 않고도 곧바로 행정소송을 제기할 수 있도록 행정심판을 임의절차화 하였다.

행정소송법절차는 행정소송법이 규정한 것 외에는 민사소송법이 준용되나 민사소송에서보다는 직권주의가 강하다. 또한 행정소송에 대한 심급도 1심법원은 행정법원(독립된 행정법원이 없는 경우 관할지방법원 행정부)이며, 1심 판결에 불복할 때에는 고등법원·대법원에 항소·상고가 가능하도록(3심제) 하여 3심제를 채택하고 있다.

이와 같은 소송절차 중에서 예술관련 분야에서의 소송절차는 사건의 성격에 따라 대부분 민사소송절차·형사소송절차로 이루어지는데, 이 경우 뒷장에서 설명하는 바와 같이 민사소송절차만 가능한 경우도 있고, 민사소송과 형사소송절차 모두 가능한 경우도 발생한다. 그리고 행위를 한 주체가 행정기관일 경우에는 행정소송 절차를 진행할 수 있다. 그러므로 사건이 발생하였을 때 그 사건의 성격을 파악하여 어떤 형태의 소송을 제기할지 여부를 결정하는 것이 실무상 대단히 기초적이면서도 중요한 일이다.

1. 담벼락 낙서는 예술인가, 범죄인가?

일상에서 발생하는 사건과 관련된 법적 책임은 크게 민사책임과 형사책임이 있다는 것은 앞에서 설명한 바와 같다. 미술과 관련된 사건도 마찬가지이다. 이해를 돕기 위해 실제 사례를 들어보자. 예컨대 다른 사람 소유의 건물 벽이나 담벼락에 그려진 낙서 또는 그림은 과연 예술작품으로 볼 수 있을까? 아니면 이 역시 범죄에 해당할까? 이미 널리 알려진 작가들 중에는 벽에 낙서나 그래피티 작업을 하는 이름 없는 거리예술가였다가 갤러리의 눈에 띄어 유명한 예술가가 된 신화의 주인공들이 있다. 장 미셸 바스키아(Jean-Michel Basquiat, 1960~1988), 키스 해링(Keith Haring, 1958~1990), 뱅크시(Banksy, 1974~)는 모두 대도시의 거리예술가였지만 독창적인 그림 스타일과 사회적 메시지 전달력으로 주목을 받아 세계적인 작가 반열에 올랐다. 반면, 이들의 성공 신화를 뒤이으려는 수많은 거리예술가들의 늘어나는 낙서들을 지우느라 뉴욕 시가 골머리를 앓기도 했다. 이처럼 낙서화는 세계적인 작가의 작품이 될 수도, 타인의 기물을 훼손하는 행위가 될 수도 있다. 바스키아는 '검은 피카소'라는 극찬을 받은 요절한 천재 아티스트이기 때문에 낙서가 작품이 되지만, 그가 만약 앤디 위홀이나 컬렉터의 눈에 띄지 않았다면 그의 작품 역시 그저 다음날 지워져야 하는 길거리 낙서에 불과했을지도 모른다. 그렇다면 예술가의 담벼락 낙서가 법적으로 문제가 될 경우, 과연 현행 법률에서 어떤 법적 책임을 지게 되는지 민·형사로 나누어 살펴보도록 하겠다.

2. 민사책임의 요건

먼저 타인의 건물에 낙서를 한 경우, 민사적으로 어떤 책임을 지게 되는지 알아보자. 이 경우 건물이나 담의 주인은 민법 제214조에 따라 낙서를 한 자에게 직접 낙서를 지우고 원상태로 회복시켜달라는 방해제거청구를 할 수 있다. 또한 방해제거청구와 별개로 재산에 금전적 손해가 발생한 경우 민법 제750조에 따라 원상회복에 필요한 비용 또는 낙서로 인하여 건물의 가치가 하락한 만큼의 금전적 손해배상청구를 할 수 있다.

그런데 이러한 민사소송을 제기하려면 법률상 ① 상대방의 고의

> **민법**[시행 2017. 6. 3.] [법률 제14278호]
> 제214조(소유물방해제거, 방해예방청구권) 소유자는 소유권을 방해하는 자에 대하여 방해의 제거를 청구할 수 있고 소유권을 방해할 염려있는 행위를 하는 자에 대하여 그 예방이나 손해배상의 담보를 청구할 수 있다.
> 제750조(불법행위의 내용) 고의 또는 과실로 인한 위법행위로 타인에게 손해를 가한 자는 그 손해를 배상할 책임이 있다.

또는 과실에 의한 행위, ② 손해의 결과발생, ③ 상대방의 행위로 인하여 손해가 발생했다는 인과관계 등 세 가지 요건이 모두 충족되어야 한다.

이 요건을 차례로 살펴보자.

(1) 고의 또는 과실

민사소송을 제기하려면 상대방의 고의 또는 과실에 의한 행위가 있어야 한다. 법률상 고의와 과실의 가장 큰 차이는 자신의 행위가 타인에게 손해를 발생시킬 것이라는 것을 인식하는지의 여부이다. 고의는 손해발생을 인식하면서도 그것을 감히 행하는 것, 즉 위법성의 인식을 의미한다. 특히 가해자가 자신의 행위를 통하여 손해의 결과가 발생할지도 모른다는 것을 인식하면서도 감히 가해행위를 하였을 경우를 '미필적 고의'라고 한다. 반면, 자신의 행위로 인한 손해발생을 인식하지 못하고 행하게 되는 것을 과실이라고 하며, 특히 손해발생을 인식하였지만 자신의 능력이나 기술로 손해발생의 결과를 피할 수 있다고 믿는 경우를 '인식 있는 과실'이라고 한다. 형법에서는 일부 예외적인 경우를 제외하고, 고의의 경우에만 처벌이 가능하기 때문에 고의와 과실의 차이가 중요한 의미를 지니지만, 민법에서는 고의와 과실을 구분하지 않고 손해배상 책임을 지도록 규정하고 있다. 따라서 바스키아의 담벼락 낙서를 예로 들자면, 타인의 건물 벽에 낙서를 하는 행위는 손해발생의 결과를 인식하면서도 감행된 것이기 때문에 고의에 의한 행위에 해당하므로 민사책임의 첫 번째 요건을 충족한다.

(2) 결과발생

민사책임의 두 번째 요건으로서 피해자에게 손해라는 결과의 발생이 있어야 한다. 담벼락 낙서의 경우 낙서로 인해 담의 훼손 등 재산적 가치하락이라는 손해가 발생했기 때문에 두 번째 요건을 쉽게 충족한다.

(3) 인과관계

민사책임의 세 번째 요건으로서, 가해행위로 인하여 피해자의 손해가 발생했다고 볼만한 인과관계가 있어야 한다. 인과관계란 가해자의 가해행위가 없었더라면 피해자에게 손해라는 결과가 발생하지 않았으리라고 인정되는 관계를 말한다. 여기서 중요한 것은 인과관계의 입증책임이 누구에게 있는가인데, 이때 입증책임은 가해자가 아닌 피해를 입었다고 주장하는 피해자에게 있다. 다시 바스키아 낙서를 예로 들자면, 낙서된 건물 주인은 낙서행위로 인해 손해가 발생했다는 인과관계를 쉽게 증명할 수 있을 것으로 보이며, 결국 민사책임의 세 번째 요건 역시 간단하게 충족된다.

앞서 언급했듯이 민사상 손해배상은 고의와 과실을 구별하지 않고 배상하도록 규정하고 있다. 하지만 형법에서는 고의로 범죄를 저지른 경우만 형사처벌을 하며, 법률에 특별한 규정이 있는 경우에 한해서만 과실에 의한 경우도 형사책임을 지도록 하고 있다. 이를테면 미술관에서 실수로 작품을 훼손한 관람객에 대해 손해배상을 요구해야 한다면, 고의가 아닌 과실에 의한 결과발생이기 때문에 형사상이 아닌 민사상의 소송만을 제기해야 할 것이다. 바스키아 낙서화의 경우로 돌아가자면, 이 사건은 고의에 의한 가해행위에 해당하므로 민사상의 손해배상 청구도 가능하고 일정한 요건이 갖추어 진다면 행위자에 대해 형사상의 책임도 물을 수 있다.

3. 형사책임의 요건

이처럼 예술가의 낙서화가 민사책임을 질 수 있다는 것은 명확해졌다. 그렇다면 낙서행위에 대한 형사책임도 가능할까? 민사책임과 같이 형사책임 역시 세 가지 요건을 충족해야만 형벌을 부과할 수 있다. ① 형벌법규에서 규정하고 있는 구성요건에 해당하고, ② 그 행위에 위법성이 있어야 하며, ③ 자신의 행위에 대한 비난을 감수할 수 있는 책임성이 있어야 한다. 이 요건을 차례로 검토해보자.

(1) 구성요건 해당성

"법률이 없으면 범죄가 없고 형벌도 없다"는 '죄형법정주의'는 근대형법의 가장 기본적인 원칙이라 할 수 있다. 따라서 오늘날 개인에게 형벌을 가하려면 '어떠한 행위를 하면 어떻게 처벌한다'는 내용이 미리 법률에 규정되어 있어야 하는데, 이와 같이 형벌법규에서 범죄라고 규정하고 있는 특정 행위를 '구성요건'이라 한다. 예를 들어 바스키아의 낙서화의 경우 형법 제366조는 '타인의 재물, 문서 또는 전자기록 등 특수매체기록을 손괴 또는 은닉 기타 방법으로 그 효용을 해한 자는 3년 이하의 징역 또는 700만 원 이하의 벌금에 처한다'고 규정하고 있는데, 이때 '타인의 재물을 손괴한 행위'가 재물손괴죄의 구성요건이다. 따라서 만약 벽면이나 담에 낙서를 하여 미관을 해친 것이 그 건물이나 담의 효용을 해치는 것으로 인정되면 재물손괴죄가 성립한다.

> **형법**[시행 2016. 12. 20.] [법률 제14415호]
> 제366조(재물손괴등) 타인의 재물, 문서 또는 전자기록등 특수매체기록을 손괴 또는 은닉 기타 방법으로 기 효용을 해한 자는 3년 이하의 징역 또는 700만 원 이하의 벌금에 처한다.

(2) 위법성

그렇지만 구성요건에 해당하는 행위를 했다고 해서 모두 처벌되는 것이 아니며, '위법성'이 존재해야 한다. 위법성이란 가해행위가 법질서에 반하는 것을 의미하며, 가해행위로 인하여 타인에게 손해가 발생한 경우 그 가해행위는 원칙적으로 위법성을 지닌다. 다만 위법성이 예외적으로 성립되지 않는 경우가 있다. 형법 제20조~제24조에서는 정당행위, 정당방위, 긴급피난, 스스로를 지키기 위한 자구행위, 피해자의 승낙이 있는 경우에는 위법성이 없다고 규정하여 처벌하지 않는데 이를 형법상 '위법성 조각사유'라 한다. 예컨대 권투경기 중 선수가 상대방 선수를 때리거나 칼을 들고 달려드는 강도에 맞서서 때리는 행위들은 각각 정당행위 내지 정당방위에 해당하므로 처벌하지 않는다. 그런데 타인 소유의 건물에 허락도 없이 낙서를 한 행위는 이것이 형법 제20조~제24조에 전혀 해당하는 바가 없기 때문에 위법성이 있다고 볼 수 있다.

형법[시행 2016. 12. 20.] [법률 제14415호]
제20조(정당행위) 법령에 의한 행위 또는 업무로 인한 행위 기타 사회상규에 위배되지 아니하는 행위는 벌하지 아니한다.
제21조(정당방위) ①자기 또는 타인의 법익에 대한 현재의 부당한 침해를 방위하기 위한 행위는 상당한 이유가 있는 때에는 벌하지 아니한다.
②방위행위가 그 정도를 초과한 때에는 정황에 의하여 그 형을 감경 또는 면제할 수 있다.
③전항의 경우에 그 행위가 야간 기타 불안스러운 상태하에서 공포, 경악,

흥분 또는 당황으로 인한 때에는 벌하지 아니한다.

제22조(긴급피난) ①자기 또는 타인의 법익에 대한 현재의 위난을 피하기 위한 행위는 상당한 이유가 있는 때에는 벌하지 아니한다.

②위난을 피하지 못할 책임이 있는 자에 대하여는 전항의 규정을 적용하지 아니한다.

③전조 제2항과 제3항의 규정은 본조에 준용한다.

제23조(자구행위) ①법정절차에 의하여 청구권을 보전하기 불능한 경우에 그 청구권의 실행불능 또는 현저한 실행곤란을 피하기 위한 행위는 상당한 이유가 있는 때에는 벌하지 아니한다.

②전항의 행위가 그 정도를 초과한 때에는 정황에 의하여 형을 감경 또는 면제할 수 있다.

제24조(피해자의 승낙) 처분할 수 있는 자의 승낙에 의하여 그 법익을 훼손한 행위는 법률에 특별한 규정이 없는 한 벌하지 아니한다.

(3) 책임성

법률상 책임성이란 스스로의 행위가 가져올 결과를 깨닫고 책임질 수 있는 것을 의미한다. 따라서 구성요건과 위법성을 갖춘 경우라도 형법 제9조~제11조에 따라 행위자가 자신의 행위에 대하여 스스로 책임을 질 수 없는 어린아이나 정신병자는 처벌하지 않는데 이를 형법상 '책임조각사유'라 한다. 이같이 형법이 범죄성립에 엄격한 요건을 내세운 것은 인간의 존엄과 자유를 보장하기 위한 것이다.

하지만 바스키아의 낙서화의 경우는 책임성을 면제받을 수 있는 사유가 없다. 결론적으로 말하면 타인 소유의 건물이나 담벼락에 함부로 낙서를 하여 미관을 해친 경우 ① 구성요건 해당성, ② 위법

형법[시행 2016. 12. 20.] [법률 제14415호]
제9조(형사미성년자) 14세 되지 아니한 자의 행위는 벌하지 아니한다.
제10조(심신장애인) ①심신장애로 인하여 사물을 변별할 능력이 없거나 의사를 결정할 능력이 없는 자의 행위는 벌하지 아니한다.
②심신장애로 인하여 전항의 능력이 미약한 자의 행위는 형을 감경한다.
③위험의 발생을 예견하고 자의로 심신장애를 야기한 자의 행위에는 전2항의 규정을 적용하지 아니한다.
제11조(농아자) 농아자의 행위는 형을 감경한다.

성, ③ 책임성 모두 인정되므로 형법상의 재물손괴죄가 성립된다. 뿐만 아니라, 경범죄처벌법위반과 관련해서 경범죄처벌법 제3조 제9호는 '다른 사람 또는 단체의 집이나 그 밖의 구조물 등에 함부로 광고물 등을 붙이거나 거는 행위 또는 글씨나 그림을 그리거나 새기는 행위 등을 한 사람'을, 그리고 제15호는 '공원, 명승지, 유원지 그 밖의 녹지구역에서 바위·나무 등에 글씨를 새기거나 하여 자연을 해친 사람'을 경범죄로 처벌할 수 있다고 규정하고 있다.

경범죄처벌법[시행 2017. 10. 24.] [법률 제14908호]
제3조(경범죄의 종류) ① 다음 각 호의 어느 하나에 해당하는 사람은 10만 원 이하의 벌금, 구류 또는 과료(科料)의 형으로 처벌한다.
9. (광고물 무단부착 등) (중략)
15. (자연훼손) (중략)

결론적으로, 타인의 담벼락에 낙서를 하거나 그림을 그린 행위는 형법상 재물손괴죄가 성립하거나 경범죄처벌법상 경범죄가 될 수 있다. 이처럼 남의 집 담벼락에 허락도 받지 않고 낙서를 하는 것은 설사 그것이 바스키아나 뱅크시 같은 예술성을 높이 평가받을 수 있는 대가의 작품이라 하더라도 주인이 원하지 않는다면 재산권을 침해하는 행위로서 민·형사상 책임을 저야 할 수 있다는 것을 유념해야 한다.

위의 낙서화 사건에서 볼 수 있듯이 일상생활뿐 아니라 미술과 관련해서 피해를 입은 경우에도 이와 관련된 법적 구제절차는 민사절차와 형사절차가 있다는 것을 인식하고, 위에서 설명한 민·형사 책임의 요건을 고려하여 어떤 법적 절차로 인한 피해의 구제가 가장 효율적인 방법인지 생각해보는 것이 중요하다.

4. 민사책임과 입증책임

(1) 인과관계 입증하기

민사책임을 묻기 위한 요건으로서, 가해행위로 인해 피해자의 손해가 발생했다고 볼 만한 인과관계가 있어야 하며, 이 경우 인과관계의 입증책임은 가해자가 아닌 피해를 입었다고 주장하는 피해자에게 있다고 설명한 바 있다. 그런데 실제 사건이 발생한 경우 법정에서 이 인과관계를 입증하는 것이 생각만큼 쉽지 않다. 단순한 민사사건은 인과관계의 입증이 어렵지 않지만, 많은 피해자가 발생하는 환경오염소송이나 의료과오소송, 제조물책임소송 같은 경우에는 인과관계의 입증이 사실상 불가능에 가깝다.

실제로 거대 기업의 오염물질 배출 등으로 인한 인근 주민들의 피해에 대한 손해배상 청구소송에서 오염물질 배출과 주민들이 입은 피해의 인과관계를 입증한다는 것은 매우 어려운 실정이다. 민사상 입증책임은 피해자에게 있기 때문에 거의 불가능에 가깝다고 볼 수 있다. 하지만 가끔 환경오염의 위법행위를 입증해낸 사례가 있긴 하다.

영화 〈에린 브로코비치(Erin Brockovich)〉(2000)를 들여다보자. 이 영화는 1993년 에린 브로코비치가 거대 에너지기업을 상대로 환경오염소송을 제기해서 3억 3,500만 달러라는 거액의 배상금을 받아낸 실화를 바탕으로 스티븐 소더버그 감독이 제작했다. 이 영화에서 이혼과 실직으로 사회적 실패자의 낙인이 찍힌 주인공 에린(줄리아 로버츠 역)은 자신의 차에 접촉사고를 낸 의사와의 법적 분쟁에서 패소한다. 이를 계기로 자신의 변호사 에드의 회사에서 일하게 해달라고 부탁하여 말단 서류정리 일을 맡게 된다. 서류를 정리하던 중 우연히 PG&E 회사가 지역 주민들에게 홍보한 것과는 달리 인체에 해로운 물질을 사용하였다는 것을 알게 된 그녀는 지역의 물이 오염된 원인이 PG&E라는 결론을 내리고, 이 사건과 관련된 피해자들을 만나 조사를 시작한다. 처음에는 입증책임 자료를 찾는 것이 불가능해 보였지만, 결국 수백 명의 피해자와 증거를 확보한 에린은 승소하고, PG&E는 엄청난 금액을 배상하게 된다. 민사사건에서 가장 중요하고 어려운 것이 손해에 대한 가해행위의 인과관계를 입증하는 것이다. 때문에 영화는 피해자들의 증언과 증거를 찾는 에린 브로코비치의 노력에 촛점을 맞췄고, 그 역할을 열연한 줄리아 로버츠는 영예로운 아카데미 여우주연상을 수상했다.

(2) 입증책임의 전환 또는 추정

위에서 본 바와 같이 환경오염의 위법행위를 입증해낸 사례가 있긴 하지만 민사소송에서 피해자가 인과관계를 입증하기란 결코 쉽지 않은 것이 현실이다. 다행히 최근에는 피해자 입증책임의 예외가 주어진다. 환경오염, 의료과오, 제조물책임 등 인과관계 입증에 고도의 전문적인 지식이 필요한 경우에는 입증책임의 정도가 완화되거나 가해자에게 전환되기도 한다. 입증책임을 피해자에게 부담시키면 결과적으로 가해자보다 열등한 지위에 있는 피해자의 구제를 외면하는 것이 되기 때문이다. 영화 〈에린 브로코비치〉에 나오는 것과 같이 환경오염, 의료과오, 제조물책임 등의 불법행위에 대한 입증책임은 피해자에서 가해자로 전환되어, 가해자 측에서 증명하지 않는 한 가해자에게 불리하게 인정된다. 즉, 가해자의 불법행위를 추정하여 책임을 인정하는 것이다. 이와 같은 예외를 '입증책임의 전환, 또는 추정'이라고 한다.

이처럼 일부 경우를 제외하곤 민사상 입증책임은 피해자에게 있고 민사소송에서 피해자가 인과관계를 입증한다는 것은 결코 쉽지 않으므로 미술과 관련된 민사소송을 제기하려 할 경우에도 소송 제기 전에 반드시 인과관계를 입증할 수 있는 자료가 있는지, 자료가 있다면 그 자료를 어떻게 확보할 것인지 충분히 고려해야 한다.

5. 형사책임과 증거능력·증명력

(1) 적법한 증거로 증명하기

일반적으로 재판은 형사재판이 민사재판보다 훨씬 실감나고 생생하다. 또한 사건 당사자들뿐 아니라 일반인들의 관심도 훨씬 높다. 소설이나 영화로 제작되는 사건 대부분이 형사재판이라는 사실이 이를 뒷받침한다. 그 이유는 여러 가지가 있겠지만 형사재판은 당사자에게 사형 또는 징역형을 부과함으로써 신체의 자유를 박탈하거나 제약하는 등 인권에 절대적인 영향을 미치기 때문이다.

우리가 타인으로부터 피해를 당했다고 주장하며 피해를 가한 타인에게 형사책임을 지우려면 법원에 소장을 직접 제출할 수 있는 민사재판과 달리 바로 법원에 소장을 낼 수 없다. 형사사건의 경우 반드시 검찰이나 경찰에 고소장을 제출해서 검사와 수사관들의 수사를 거쳐 범죄혐의가 인정된다고 판단될 경우에만 검사가 법원에 공소를 제기하는 방법으로 형사책임을 지우게 된다. 이를 형사소송법상 '검사기소독점주의'라고 한다.

또한 법원에서 형사재판을 통해 피고인에 대한 형사책임을 지우려면 범죄혐의에 대해 증명을 해야 하는데, 형사재판에서는 범죄에 대한 입증책임을 공소를 제기한 검사가 모두 진다. 따라서 범인이 죄를 지었다 하더라도 검사가 적법한 증거에 의하여 범죄를 입증하지 못하면 설사 피고인이 진범이라 하더라도 처벌할 수 없다. 우리 헌법 제27조 제4항은 "형사피고인은 유죄의 판결이 확정될 때까지는 무죄로 추정된다"고 규정하여 '무죄추정의 원칙'을 선언하고 있다. 또한 형사소송법 제307조는 "사실의 인정은 증거에 의하여야 한다"라고 규정하여 '증거재판주의'를 선언하고 있다. 이같은 '증거재판주의'는 인권 보장을 위한 긴 세월의 투쟁을 통하여 확립된 형사소송법의 대원칙이다.

추리소설이나 영화 속에서 범인은 언제나 증거를 인멸하려고 애쓰고, 범죄 행위를 들켰을 때는 "내가 그랬다는 증거 있어?"라는 대사를 내뱉는다. 사건을 주장하는 당사자 개인에게 입증책임이 있는 민사책임과 달리, 형사책임에서는 검사가 적법한 증거에 따라 입증해야 하는 책임이 있기 때문이다.

형사새판에서 피고인을 유죄로 인정하기 위한 증거와 관련해 형사소송법은 엄격한 두 가지 요건을 요구하고 있는데, 그 요건은 ① 증거능력이 있는 증거에 의해야 하며, ② 그 증거가 범죄를 인정하기에 충분한 증명력이 있어야 한다. 즉 유죄로 인정하기 위한 증거의 요건으로서 증거는 '증거능력'과 '증명력', 이 두 가지 요건을 모두 갖추어야 한다는 것이다.

형사소송법 제307조에서는 이러한 증거재판주의를 규정하고 있는데, 범죄사실의 인정은 증거에 의하여야 하되 그 증거는 합리적인 의심이 없는 정도의 증명을 전제로 하고 있음을 명시하고 있다.

> **형사소송법**[시행 2017. 7. 7.] [법률 제13722호]
> 제307조(증거재판주의) ①사실의 인정은 증거에 의하여야 한다.
> ②범죄사실의 인정은 합리적인 의심이 없는 정도의 증명에 이르러야 한다.

그렇다면 어떤 증거가 법정에서 증거로 인정받을 수 있으며, 법정에서 증거의 신빙성은 어떻게 증명할 수 있을까?

(2) 증거능력

형사사건으로 조사를 받을 때 수사기관으로부터 고문이나 폭행을 당하는 경우를 상상해보았는가? 고문을 받으면서 당신이 행하지 않은 행위를 저질렀다고 자백하라고 강요받았을 경우 자백을 하지 않고 과연 버틸수 있겠는가? 일반적으로 이런 질문을 던지면 사람들은 '아무리 고문을 해도 하지 않은 일을 어떻게 했다고 할 수 있을까?'라고 생각하기 쉽다. 단언컨대 현실은 그렇지 않다.

명감독 밀로스 포만(Milos Forman)이 제작한 영화 〈고야의 유령(Goya's Ghosts)〉(2006)에는 궁정화가 고야의 아름다운 모델 이네스(내털리 포트만 역)가 유대교 모임의 비밀집회에 참석했다는 누명을 쓰고 심문을 받는 과정에서 고문당하는 모습이 생생하게 묘사된다. 이네스는 이

단으로 몰려 종교재판소에서 모진 고문을 당하게 되는데, 그 고문을 견디지 못하고 종교재판소가 원하는 대로 범행을 인정해버린다. 이에 종교재판소는 고문으로 받아낸 자백임에도 불구하고 그 효력을 인정하여 이네스를 15년의 긴 세월동안 감옥에 가둬버린다. 한편 이 영화에서 가장 극적인 부분은 신부 로렌조(하비에르 바르뎀 역)의 자백 장면이다. 딸의 석방을 위해 백방으로 노력하던 이네스의 아버지는 딸의 강제 자백 사실을 듣고 경악한다. 더욱이 그는 신부 로렌조가 "하나님에 의지하면 고문에 의하더라도 자신이 저지르지 않은 범죄를 저질렀다고 거짓말을 할 수 없다"는 취지의 설교를 하자 고문이 있었음을 확신한다. 이네스의 아버지는 바로 그 자리에서 로렌조를 고문하였고, 고문에 견디지 못한 로렌조 또한 "나 로렌조는 인간의 탈을 썼지만 사실은 침팬지와 오랑우탄의 호로자식으로서 종교재판소를 욕보이기 위해 성직에 몸담았음을 자백한다"라는 터무니없는 진술서에 서명을 하게 된다. 이 영화에서 로렌조의 자백 장면은 그 누구도 고문에 의한 자백에서 벗어날 수 없다는 아이러니를 극 적으로 보여준다.

이같이 과거 중세 재판은 자백 위주의 재판이었기 때문에 자백을 받아내기 위한 고문이 횡행하였다. 종교적이고 정치적인 이유로 종교재판소가 마녀사냥을 하던 당시에는 강제 자백이 증거로 채택되어 부당한 판결을 받는 사례가 많았다. 그 후 수세기에 걸친 수많은 인권투쟁과 법률가들의 노력의 결실로 '적법절차(Due Process of Law)'의 이념이 등장함으로써 범죄인에 대한 처벌도 반드시 적법한 절차

형사소송법[시행 2017. 7. 7.] [법률 제13722호]

제308조의2(위법수집증거의 배제) 적법한 절차에 따르지 아니하고 수집한 증거는 증거로 할 수 없다.

제309조(강제등 자백의 증거능력) 피고인의 자백이 고문, 폭행, 협박, 신체구속의 부당한 장기화 또는 기망 기타의 방법으로 임의로 진술한 것이 아니라고 의심할 만한 이유가 있는 때에는 이를 유죄의 증거로 하지 못한다.

제310조(불이익한 자백의 증거능력) 피고인의 자백이 그 피고인에게 불이익한 유일의 증거인 때에는 이를 유죄의 증거로 하지 못한다.

제317조(진술의 임의성) ①피고인 또는 피고인 아닌 자의 진술이 임의로 된 것이 아닌 것은 증거로 할 수 없다.

②전항의 서류는 그 작성 또는 내용인 진술이 임의로 되었다는 것이 증명된 것이 아니면 증거로 할 수 없다.

③검증조서의 일부가 피고인 또는 피고인 아닌 자의 진술을 기재한 것인 때에는 그 부분에 한하여 전2항의 예에 의한다.

에 따라 이루어져야 한다는 원칙이 확립되었다. 그 결과 오늘날 형사재판에서 과거 종교재판소의 경우처럼 고문으로 받아낸 자백은 증거능력이 인정될 수 없다. 이처럼 '증거능력'이란 증거가 엄격한 증명의 자료로 쓰이기 위해 갖추어야 할 자격을 의미한다. 증거능력이 없는 증거는 사실인정의 자료로 사용할 수 없을 뿐만 아니라, 재판에서 증거로서 제출하는 것도 허용되지 않는다. 우리 형사소송법에도 이러한 취지로 증거능력에 관한 여러 규정들을 두고 있다.

특히 영화 〈고야의 유령〉에서와 같이 고문·폭행 등 신체적 강제에 의하여 얻어진 자백은 형사소송법 제309조에 따라 증거능력이 인정될 수 없다. 따라서 아무리 범인이 파렴치한 자라 하더라도 그 사람이 범죄를 부인할 때에는 다른 여러 증거를 수집해야 하며 고문·협박 등의 방법으로 자백을 받을 경우에는 증거능력이 부인되기 때문에 그 자백으로는 유죄를 받을 수 없는 것이다.

(3) 증명력

그렇다면 증거능력을 갖춘 증거가 있는 경우 모두 유죄로 판결할 수 있는가? 그렇지 않다. 증거능력을 갖춘 증거라도 합리적 의심이 없을 정도의 증명력이 있어야 한다.

고문이 횡행하던 과거와 달리 현대로 넘어오면서 인권 보호, 적법 절차가 강조되 형사재판에서 증거능력이 문제되는 경우는 거의 없어진 반면, 현대 형사재판에서 가장 복잡하고 미묘한 문제로 떠오르는 것이 증명력 문제이다. 즉, '그 증거가 형사사건을 유죄로 인정하는 데 어느 정도로 신빙성을 갖추고 있는가?'의 문제인 것이다.

특히 다른 제3자가 존재하지 않고 오로지 가해자와 피해자, 두 사람의 말이 서로 대립하는 사건이 발생하는 경우, 가해자와 피해자의 진술 중 어느 진술이 더 진실에 가깝고 증거법상으로 피해자의 증언이 과연 형사소송법이 요구하는 증명력을 갖추고 있는가는 항상 재판관을 고민하게 한다. 이같이 증명력은 증거의 실질적인 가치를 의미하며 법관의 판단에 맡겨진다.

이해를 돕기 위해서 다시 영화의 렌즈를 통해 고찰해보자. 조디 포스터가 주연 새러 토비어스 역을 맡아 열연한 영화 〈피고인(The

Accused)〉(1988)은 실제 일어난 집단강간사건을 바탕으로 만들어진 영화인데, 이 영화로 조디 포스터는 일약 스타의 반열에 오르게 된다. 밑바닥 삶을 사는 새러 토비어스는 도시 변두리의 작은 바에서 음악에 맞춰 요염한 춤을 추다가 그 곳에서 술을 마시고 있던 남성들에게 집단강간을 당한다. 하지만 법정에서 남성들의 변호인들은 그녀의 선정적인 옷차림과 관능적인 행동을 근거로 들며 합의에 의한 성관계란 이유로 무죄를 주장한다. 이어 새러 토비어스의 법정 증언이 이루어지는데 검사와 변호인들은 과연 그녀의 증언이 신빙할 수 있는 증명력을 가지고 있는지에 대하여 치열한 공방을 벌인다. 결국 법정에서 진술의 증명력이 인정되어 그 증언을 바탕으로 피고인들에 대해 유죄가 선고된다. 영화 〈피고인〉에서도 드러나듯이, 성범죄와 관련된 수사와 재판에서 가장 두드러진 특징 중 하나는 피고인과 피해자 두 사람만 존재하는 장소에서 이루어지는 경우가 많다는 것인데, 따라서 '피고인과 피해자 가운데 누구의 진술이 더욱 신빙성이 있는가?'라는 증명력과 관련된 문제가 많이 제기된다는 점이다. 특히 성범죄의 가해자는 주로 남성이고 피해자는 대부분 여성이다 보니, 성범죄를 수사하거나 재판하는 과정에서 자칫 남성과 여성이라는 이분법적인 시각으로 사건이 진행되어 때로는 실체적 진실을 파악하는 데 장해가 되는 경우가 발생한다.

예컨대 〈피고인〉과는 전혀 다른 결론에 이른 영화를 예로 들어보자. 당시 최고의 스타 그레고리 펙이 변호사 역을 맡아 열연한 영화 〈앨리배마 이야기(To Kill a Mockingbird)〉(1962)는 유명한 소설《앵

무새 죽이기》를 영화화한 작품으로 당시 미국 남부에서의 흑백 갈등과 사회로부터 소외된 사람들의 현실을 그린 영화이다. 이 영화에서 묘사되는 법정에서는 〈피고인〉과 정반대의 상황이 발생한다. 백인 여성을 성폭행했다는 혐의로 흑인 피고인이 법정에서 재판을 받게 되고, 피해자인 백인 여성의 증언이 이루어지며 증언 과정에서 피해자의 증언의 신빙성과 관련하여 검사와 변호인들의 치열한 공방이 전개된다. 그 결과 피해자의 증언에 신빙성이 없음에도 흑인 남성 피고인과 백인 여성 피해자라는 이분법적 시각 아래 피해자의 진술을 바탕으로 흑인 피고인에게 유죄가 선고된다. 판결 선고 직후 억울한 피고인은 그 판결에 항의하며 도주하다 결국 경찰에 의해 사살된다. 이 영화는 우리에게 '남성은 가해자, 여성은 피해자'라는 이분법적인 사고방식이 얼마나 위험한가를 생생하게 전하고 있다. 현실에서도 우리는 때때로 신빙성이 없는 피해자의 진술로 인해 피고인에게 유죄가 선고되는 오판을 볼 수 있다. 그러므로 성범죄 사건과 같이 피해자와 피고인만이 존재하는 사건에서는, 증명력을 판단할 때 약자인 여성 피해자의 입장을 고려하면서도 그 과정에서 억울한 피고인이 생기지 않도록 세심하게 주의해야 한다.

형사소송법[시행 2017. 7. 7.] [법률 제13722호]
제307조(증거재판주의) ①사실의 인정은 증거에 의하여야 한다.
②범죄사실의 인정은 합리적인 의심이 없는 정도의 증명에 이르러야 한다.

> **형사소송법**[시행 2017. 7. 7.] [법률 제13722호]
> 제318조의2(증명력을 다투기 위한 증거) ①제312조부터 제316조까지의 규정
> 에 따라 증거로 할 수 없는 서류나 진술이라도 공판준비 또는 공판기일에
> 서의 피고인 또는 피고인이 아닌 자(공소제기 전에 피고인을 피의자로 조사하였
> 거나 그 조사에 참여하였던 자를 포함한다. 이하 이 조에서 같다)의 진술의 증명력
> 을 다투기 위하여 증거로 할 수 있다.
> ②제1항에도 불구하고 피고인 또는 피고인이 아닌 자의 진술을 내용으로
> 하는 영상녹화물은 공판준비 또는 공판기일에 피고인 또는 피고인이 아닌
> 자가 진술함에 있어서 기억이 명백하지 아니한 사항에 관하여 기억을 환기
> 시켜야 할 필요가 있다고 인정되는 때에 한하여 피고인 또는 피고인이 아
> 닌 자에게 재생하여 시청하게 할 수 있다.

　미술과 관련된 사건도 예외가 아니어서 형사사건이 발생한 경우 가해자에게 형사책임을 지우려면 반드시 증거에 의하여 증명을 하되, 그 증거는 ① 증거능력이 있는 증거에 의해서 하며, ② 그 증거가 범죄를 인정하기에 충분한 증명력이 있어야 한다는 것을 유념해야 한다. 그러므로 상대방에게 민사책임을 추궁하는 것보다 형사책임을 추궁하는 것이 훨씬 어렵다는 것을 염두에 두고 상대방에 대한 형사책임을 제기하기에 앞서 '적법성과 증명력을 갖춘 증거'를 충분히 확보할 수 있는지 헤아려볼 필요가 있다.

미술의 규제자로서의 법

1. 창작의 자유와 제약 1 : 국가보안법 위반

(1) 이성이 잠들면 괴물이 깨어난다

〈이성이 잠들면 괴물이 깨어난다(El sueño de razón produce monstruos)〉
는 프란시스코 고야(Francisco Goya, 1746~1828)의 판화집《로스 카프
리초스(Los Caprichos)》(1793~1799) 중 43번째 그림의 제목이다. 고야는
스페인 궁정화가로 왕족과 귀족의 초상을 그리면서도 풍자와 비판
적인 관점을 드러내며 사회와 인간의 본성에 대한 깊은 관심을 보
였다. 그러던 중 콜레라를 앓은 후 청각을 잃게 되고, 소위 '검은 그
림들'이라고 불리는 인간의 어두운 본성을 주제로 한 그림을 그리게
되는데,《로스 카프리초스》는 이때 만들어진 80점의 판화로 구성된
판화집이다.[12]

고야의 눈에 비친 당시의 스페인은 모순과 광기, 미신과 비합리

[그림 10] 프란시스코 고야,
〈이성이 잠들면 괴물이 깨어난다〉.

적 태도가 만연했다. 〈먼지 알갱이들(Aguellos polvos)〉같이 성직자들과
정치인들의 타락으로 힘없는 약자들이 마녀사냥의 희생양이 되는
가 하면, 〈이제야 제대로 앉는군(Ta tienen asiento)〉에서 보듯이 문란한
귀족들의 행태가 난무했다. 고야는 직설적이고 선정적인 그림과 달
리 〈먼지 알갱이들〉 〈이제야 제대로 앉는군〉과 같은 풍자적인 제목
을 붙였다. 그중 〈이성이 잠들면 괴물이 깨어난다〉[그림10]는 원래
이 판화집의 첫 번째를 장식하려고 했을 만큼, 고야의 생각을 가장

---

12) 함순용, 〈고야 판화연작에 나타난 그로테스크 미학 연구〉, 성균관대학교 일반대학원 박
    사학위 논문, 2010 참고.

잘 보여주는 그림이다. 한 남자가 책상에 엎드려 잠에 빠진 듯 보이고 남자의 뒤로 밤에 활동하는 동물들이 나타나고 있다. 근대로 넘어가던 당시의 시대에 대한 비판적인 논조와 계몽주의에 대한 고야의 관심으로 미루어 보아 〈이성이 잠들면 괴물이 깨어난다〉는 사회비판과 동시에 예술의 원론적인 의미를 고뇌한 흔적이 보인다. 즉 이성을 되찾아 공포스러운 종교재판과 타락한 사회로부터 눈뜨자는 의미로도 볼 수 있다. 하지만 이 판화를 그려내기 위한 연습 데생에 "상상이 이성과 결합되면 모든 예술의 어머니, 모든 경이로움의 원천이 된다"는 문구를 써넣은 것으로 보아, 고야는 이성과 상상 사이의 균형이 진정한 예술을 낳을 수 있고, 그러한 예술이 그가 살았던 사회에 필요하다고 생각했던 것 같다.

그렇지만 고야가 살던 시대는 녹록지 않았다. 교회와 국가가 예술을 검열하고, 그들의 입맛에 맞는 작품만을 허용하던 시기였다. 당연히 고야의 그림은 당시 환영받기 어려운 내용을 담고 있었다. 완성된 《로스 카프리초스》는 총 270부가 출판되지만 시중에는 거의 팔리지 않았고, 교회권력과 고위관리들의 검열을 우려한 고야는 판화 원본을 국왕에게 헌정했다. 한편, 고야는 훗날 등신대의 여성 누드화 〈옷을 벗은 마하(The Nude Maja)〉를 그린 혐의로 종교재판을 받기도 하고, 정치적 성향의 차이로 힘들어하다가 프랑스로 떠나 노년을 보낸다. 이처럼 과거 예술의 가장 큰 후원자는 국가와 종교였기 때문에, 창작의 자유보다는 의뢰인의 요구가 더 중요하게 여겨지기도 하였다. 어쩌면 가장 이상적인 예술창작 환경은 고야의 〈

이성이 잠들면 괴물이 깨어난다〉가 담으려고 했던, 합리적인 이성과
예술가의 상상력이 동등하게 존중받는 사회일 것이다.

(2) 예술의 국가보안법 위반과 관련된 논의

1) 교황청 금서목록(16세기, 로마)

창작의 자유와 국가 및 종교 규제에 대한 논의는 오랜 역사
적 배경을 가지고 있다. 로마 교황청의 금서목록(Index Librorum
Prohibitorum)은 비도덕적인 책들이나 신학과 다른 내용이 내포된 작
품들의 독서를 미연에 방지하여 신자들의 신앙심과 도덕심을 보호
하기 위한 명목으로 16세기부터 20세기까지 로마 가톨릭 교회에서
읽거나 엿보거나 소유하는 것을 금지한 도서목록이다. 금서목록에
는 갈릴레오와 코페르니쿠스의 저작물, 칸트의《순수이성 비판》, 도
스토예프스키의《죄와 벌》, 스탕달의《적과 흑》등이 포함되어 있으
며, 금서목록이 폐지된 1966년까지 500여 년간 유효했다.[13]

2) 미켈란젤로의 〈최후의 심판〉(1541년, 바티칸)

교황청의 규제는 문학작품에만 그치지 않았다. 시스티나 성당
(Cappella Sistina)의 유명한 〈최후의 심판(The Last Judgment)〉(1534~1541)
은 1533년 미켈란젤로(Michelangelo Buonarroti, 1475~1564)가 교황 클레
멘스 7세로부터 의뢰를 받아 그린 프레스코 벽화이다. 1541년 처음

---

13) "교황청 금서목록", 한국일보, 2017년 6월 14일.

으로 공개된 완성 작품에는 약 200제곱미터의 벽면을 신과 인간의 나체가 가득 채우고 있었다. 시민들은 이 작품에 찬사를 쏟아냈지만, 교회는 그림 속 인물들의 중요 신체부위가 모두 노출되어 있는 것에 경악하며, 미켈란젤로에게 잎사귀와 천 등을 그려 넣어 그 부분들을 모두 가리라고 명령하였다. 하지만 미켈란젤로는 명령을 무시하였고, 결국 교회는 미켈란젤로가 세상을 떠난 후 1564년에 수정 작업을 시작하여 중요 부위를 잎사귀와 천으로 덮어버렸다. 이렇게 교회의 검열을 거쳐 세상에 공개된 〈최후의 심판〉은 1980년대에 들어서서야 복원작업을 시작할 수 있었고, 1993년 복원이 완료되어 덧칠된 화학물감의 절반 정도가 제거되었다.

3) 나치의 '퇴폐미술전'(1937년, 독일)[15]

1900년대에 들어서면서 국가 체제에 따른 예술작품의 검열에 대하여 본격적으로 예술과 권력의 대립구도가 나타난다. 그 대표적 예는 1937년 히틀러가 20세기 전위미술을 탄압하려는 목적으로 개최한 '퇴폐미술전(Ausstellung der entarteten Kunst)'이다. 주로 맹목적인 국수주의와 군국주의에 저항하는 예술가들을 타깃으로 하여, 대중의 증오심과 혐오감을 유발하려는 목적의 전시였다. 이 전시를 통해 나

---

14) 곽차섭, 〈고결한 주제, 음란한 언어: 미켈란젤로의 〈최후의 심판〉에 대한 아레티노의 비평〉, 《역사와 경계》 제78집, 2011. 3, pp. 391~429 참고.

15) 송혜영, 〈나치와 현대미술 – 뮌헨의 퇴폐미술전(1937)〉, 《서양미술사학회 논문집》 제13집, 2000. 6, pp. 113~144 참고.

치는 유대인들에게서 빼앗은 추상 및 표현주의 회화, 다다이즘과 같은 아방가르드 작품들을 비(非)독일적인 타락·퇴폐라고 지목하여 제작을 금지하고 작품을 몰수하였다. 뮌헨·베를린 등 독일의 주요 도시를 순회하는 전시에서 압수한 작품은 1만7천여 점에 달하며, 이 중 4천여 점이 1939년 베를린 소방서에서 불태워졌고, 2천여 점은 미술품 경매를 통해 국외로 뿔뿔이 흩어졌다. 독일에서 활동하던 수많은 예술가들이 탄압을 이기지 못하고 망명했다. 키르히너(Ernst Ludwig Kirchner, 1880~1938)는 제1차 세계대전 참전의 충격으로 우울증을 앓고 있었는데, 나치 정권의 '퇴폐미술전'에 자신의 작품이 포함되자 더욱 불안해하다가 독일 예술의 앞날에 절망하여 스스로 목숨을 끊었다.[16]

4) 매카시즘과 예술 검열(1950년대, 미국)

미국 역시 냉전시대에는 예술의 검열에 열을 올렸다. 소련과의 정치적 대립구도 속에서 매카시즘이 미국 전역을 휩쓸었고, 예술도 예외 없이 심판의 대상이 되었다. 공화당 하원의원 조지 돈데로(George A. Dondero, 1883~1968)는 "현대미술은 아름다운 미국사회를 왜곡하고 추하게 보이게 하므로 공산주의적"이라고 주장하였고, 현대미술에 대한 무자비한 검열이 시작되었다. 매카시즘에 세뇌된 정치가들은 전위예술을 공산주의적이라고 여겼으며, 피카소(Pablo Picasso,

---

16) 월간미술 〈세계미술용어사전〉(http://monthlyart.com/encyclopedia/퇴폐미술전)

1881~1973), 뒤샹, 브라크(Georges Braque, 1882~1963), 달리(Salvador Dalí, 1904~1989) 등 유럽 작가들은 공산주의자라는 비난을 받고 블랙리스트에 올랐다.[17]

특히 피카소는 냉전으로 한창 예민하던 1950년대에 그린 〈한국에서의 학살Massacre in Korea〉(1951)과 〈전쟁과 평화(War and Peace)〉(1952)로 국제적인 논쟁의 대상이 되기도 하였다. 〈한국에서의 학살〉에 나타난 현대식 무기를 든 학살자가 마치 미국 권력처럼 보인다는 점과, 〈전쟁과 평화〉에서 세균(혹은 세균에 감염된 곤충들)을 바가지로 흩뿌리고 있는 '전쟁'의 모습이 당시 한국전쟁 중 세균전에 대한 의혹을 받고 있던 미국을 비난하는 것이라고 여겨졌던 것이다. 이 때문에 피카소는 공산주의자이자 러시아 첩자로 분류되어 1944년부터 25년간 FBI의 감시를 받았고, 그 내용이 187쪽에 달하는 '피카소 파일'로 기록되었다. 반대로 공산주의 국가에서는 피카소가 공산주의 선전을 직접적으로 드러내는 작품을 그리지 않는다고 비난하기도 했다.[18]

5) 문화예술계 블랙리스트(2017년, 한국)

지금까지 살펴본 국가권력의 예술 검열은 지나간 과거의 역사로 끝나지 않았다. 최근 문화체육관광부의 '문화예술계 블랙리스트' 파

---

17) 진중권, 《미학에세이》, 씨네21북스, 2013, pp. 159~166.
18) 정영목, 〈피카소와 한국전쟁〉, 《서양미술사학회논문집》 vol.8, 1996 참고.

문만 보아도, 정치적 이데올로기와 예술의 자유는 지금까지도 대립 선상에 있다는 것을 확인할 수 있다. 이 블랙리스트에는 세월호 침몰 사고를 언급하거나 시국선언을 한 문화예술인 9,473명의 이름이 올라와 있었는데, 이들에 대해 정부의 지원을 끊거나 검열 및 불이익을 줄 목적으로 비밀리에 작성한 리스트라는 점에서 사회적인 비난을 받았으며, 작성을 주도한 인물들이 직권남용죄로 구속 기소되었다.[19]

16세기부터 오늘날까지 권력과 예술은 끊임없이 충돌해왔고 그 사이에는 항상 법이 있었다. 과거에 법이 국가권력의 무기로서 예술가와 작품을 탄압하는 도구로 사용되었다면, 더 나은 내일에는 예술을 보호하는 방패로서 사용될 수 있어야 할 것이다.

(3) 예술의 국가보안법 위반에 대한 법률 규정

우리나라는 예술의 자유를 헌법상의 권리로 보장하고 있지만, 이는 절대적인 자유가 아니고 국가안전보장, 질서유지, 공공복리를 위한 제한이 따른다.

예술 창작의 자유는 헌법으로 보호받는 기본 권리이지만, 국가안전과 사회질서, 공공의 목적이 우선시될 수 있다는 것이다. 특히 우리나라는 세계 유일의 분단국가로서, 남·북간이 첨예한 대립상태라는 특수한 상황을 반영한 「국가보안법」이 있다. 1948년 제정되어, 여

---

19) "휴지조각 된 헌법22조… '블랙리스트'는 실존했다", 문화저널21(www.mhj21.com), 2016년 10월 12일.

대한민국헌법[시행 1988. 2. 25.] [헌법 제10호]

제22조 ①모든 국민은 학문과 예술의 자유를 가진다.

②저작자·발명가·과학기술자와 예술가의 권리는 법률로써 보호한다.

제37조 ①국민의 자유와 권리는 헌법에 열거되지 아니한 이유로 경시되지 아니한다.

②국민의 모든 자유와 권리는 국가안전보장·질서유지 또는 공공복리를 위하여 필요한 경우에 한하여 법률로써 제한할 수 있으며, 제한하는 경우에도 자유와 권리의 본질적인 내용을 침해할 수 없다.

국가보안법[시행 2017. 7. 7.] [법률 제13722호]

제7조(찬양·고무등) ①국가의 존립·안전이나 자유민주적 기본질서를 위태롭게 한다는 점을 알면서 반국가단체나 그 구성원 또는 그 지령을 받은 자의 활동을 찬양·고무·선전 또는 이에 동조하거나 국가변란을 선전·선동한 자는 7년 이하의 징역에 처한다.

⑤제1항·제3항 또는 제4항의 행위를 할 목적으로 문서·도화 기타의 표현물을 제작·수입·복사·소지·운반·반포·판매 또는 취득한 자는 그 각항에 정한 형에 처한다.

러 차례 전문개정을 통해 사회 변화를 반영하고 있지만, 지금까지 한국의 예술가들이 종종 「국가보안법」 위반 혐의를 받아 창작의 자유에 제약을 받은 것이 사실이다. 특히 「국가보안법」 제7조 5항에 해당하는 이적표현물 작성죄는 최근까지도 많은 논란을 야기했다.

예술작품이 「국가보안법」 제7조 5항에 적용되기 위해서는 1991년 개정사항에 따라 '국가의 존립, 안전이나 자유민주주의적 기본질서를 위태롭게 한다는 점을 알면서' 하는 표현행위를 담은 표현물이어야 한다. 그러나 표현물의 이적성 판단은 추상적이고 해석의 여지가 분분하여 판단이 어렵다는 점과 국가보안법은 이념의 대치가 삼엄하던 시대에 만들어진 법률이라는 점이 지적을 받아왔으며, 현재 UN 등의 권고[20]에 따라 폐지에 대한 논의가 진행 중이다.

(4) 국내 사례

1) 시사만화 〈고바우 영감〉(1955~2000년, 한국)

시사와 풍자를 대표하는 시사만화와 만평은 검열의 규제를 가장 많이 받는 장르였다. 1958년 1월 23일자 동아일보 만평 〈고바우 영감〉에서 "경무대(청와대)에서 똥 치우는 분"에게 "귀하신 몸이 행차하신다"[그림 11]고 풍자하여 이승만 독재정권에 대한 날 선 비판 내용을 담은 작가 김성환은 즉결심판에서 벌금형을 선고받는 등 각종 필화사건을 겪어야 했다. 이후에도 검열에 의한 삭제, 정정, 즉결 재판이 이어졌지만 비민주적인 권력에 맞서는 연재는 계속 되었고, 1987년 7월 1일자 [그림12]에서는 6·29선언을 다룬 만평을 실어 당시 정치탄압에 대한 풍자를 이어나갔다. 안의섭은 김성환이 경무대 풍자 만화로 경찰에 연행되자, 〈두꺼비〉 만평을 통해 '남의 일 같지 않은 고바우 영감의 처지'를 걱정하기도 했고, 김성환이 병고로 연재

---

20) "유엔은 92년부터 보안법 폐지 권고", 경향신문, 2004년 9월 7일.

[그림 11] 김성환, 〈고바우영감〉, 1958.1.23.   [그림 12] 김성환, 〈고바우영감〉, 1987.7.1.

를 중단했을 때에는 신문사를 이직하여 그의 빈자리를 채우기도 했
다.[21] 또한 〈고바우 영감〉 원화는 우리나라 현대사 연구을 위한 자료
적 가치를 인정받아 2013년 2월 등록문화재 제538호로 지정되었다.

2) 〈민족해방운동사〉(1989년)와 〈세월오월〉(2014년)

1980년대의 민중미술은 독재 및 군사 정권에 대항하는 저항적 성

---

21) 박석환, "[한국만화정전] 두꺼비, 안의섭 – 정권을 향해 날린 돌직구", 네이버캐스트
     (http://terms.naver.com/entry.nhn?docId=3576849&cid=59065&categoryId=59073).

[그림 13] 홍성담, 걸개그림 〈민족해방운동사-오월광주민중항쟁도〉, 240x700cm, 캔버스천에 아크릴릭, 1989.

격으로 정부와 많은 갈등을 빚었다. 1985년 서울 아랍문화회관에서 열린 '한국미술 20대의 힘' 전시는 출품된 작품 110점 중 30여 점이 경찰에 의해 강제 철거되고 19점이 몰수되었으며, 대책을 논의하던 작가와 관람객 19명이 연행되고 5명이 7일간 구류처분을 받은 사건[22]으로 정부와 민중미술의 갈등을 단적으로 보여주는 예시이다.

민중미술의 대표적인 양식은 단연 걸개그림이었고, 이는 집회와 투쟁 현장에서 사람들의 의식을 고무시키는 실천적 성과이자 집약체였다. 당시 걸개그림이 강제적으로 철거되고 구속된 사례는 수없

---

22) "李文公 '鬪爭道具化 발언' 후 처음 〈20代의 힘〉 美展 작품 강제철거", 동아일보, 1985년 7월 22일.

이 많았다. 그중 〈민족해방운동사〉는 홍성담을 포함한 전국 각지의 화가 20여명이 3개월에 걸쳐 완성한 걸개그림으로써 세로 2.5미터, 가로 7미터 그림 11폭이 이어진 총길이 77미터의 초대형 연작이다[그림 13]. 갑오농민전쟁, 3·1운동, 항일무장투쟁, 대구10월항쟁, 반공정권, 4월 혁명, 군사독재, 민주화운동, 광주민중항쟁, 6월 항쟁, 통일운동 등의 한국근현대사 내용을 담고 있다.

이렇게 각 지역과 집단에서 연합하여 제작한 〈민족해방운동사〉는 서울대를 시작으로 전국의 대학을 순회하며 전시되었다. 홍성담은 이 그림을 제13차 세계청년학생축전이 열리는 평양에 출품할 것을 선언했고, 실제로 작품 슬라이드가 평양축전에 참여한 재미교포 청년을 통해서 북한으로 전달되었다. 슬라이드가 평양에 도착한 사실이 알려진 다음 날, 홍성담을 포함한 아홉 명의 작가가 체포되어 연행되었고, 홍성담은 간첩죄로 인한 국가보안법 위반이 인정되어 징역 3년의 실형 판결을 받았다.[23]

판결에 따르면, 〈민족해방운동사〉는 '반국가단체의 활동을 찬양·고무하거나 이에 동조한다는 인식 내지 목적 아래 표현물을 제작·전시, 배포한 행위'이며 따라서 헌법이 보장하는 예술 창작의 자유의 한계를 벗어난 행위로 규정하고 있다. 하지만 판결문에서는 〈민족해방운동사〉에 담긴 어떤 내용이 「국가보안법」을 위반하고 있는지 명

---

23) 전승보, "5월 화가 홍성담과 '민족해방운동사'"(http://blog.naver.com/kdemo0610/20058904793), 2008.

대법원 90도1586 판결문(1990. 9. 25. 선고) 중 '이유' 부분

이 밖에 상고논지는 원심판결에 국가보안법 제7조 제1항, 제5항의 법리를 오해한 위법이 있다는 것이나, 기록에 의하여 살펴보아도 원심이 피고인의 그 판시 6의 '5월 민주항쟁과 민족미술운동'제하의 강연을 한 행위, 그 판시9, 12의 '미술운동 2호'를 제작반포한 행위 및 판시 13의 '민족해방운동사' 슬라이드를 북한에 송부하여 평양축전미술전람회에 전시케 한 행위에 대하여 국가보안법 제7조 제1항(이적행위) 및 제5항(이적표현물의 제작반포)을 적용 처단한 조치에 수긍이 가고 거기에 소론과 같이 사실을 오인하거나 법리를 오해한 위법이 있다고 할 수 없다.

표현의 자유 및 예술의 자유는 헌법이 보장하는 기본적 권리이긴 하나 무제한 한 것이 아니라 헌법 제37조 제2항에 의하여 국가안전보장, 질서유지 또는 공공복리를 위하여 필요한 경우에는 그 자유와 권리의 본질적인 내용을 침해하지 않는 한도 내에서 제한할 수 있는 것이므로, 소론 국가보안법 규정의 입법목적과 적용한계를 위와 같이 자유와 권리의 본질적인 내용을 침해하지 않는 한도 내에서 이를 제한하는 데에 있는 것으로 해석하는 한 위헌이라고 볼 것이 아닌바, 이 사건과 같이 피고인이 반국가단체의 활동을 찬양·고무하거나 이에 동조한다는 인식내지 목적 아래 원심판시와 같은 발언을 하고 또 그와 같은 내용이 표현된 표현물을 제작·전시·배포한 행위는 헌법이 보장하는 자유의 한계를 벗어난 행위로서 국가보안법 제7조 제1항 및 제5항 소정의 구성요건을 충족하는 것이다.

또 국가보안법 제7조 제5항에 규정된 반포행위는 이적표현물을 불특정 또는 다수인에게 배부하여 지득할 수 있는 상태에 두는 것을 말하므로 이적표현물인 도화를 일반인에게 전시하는 행위도 반포의 범주에 속하는 것으로서 이 점을 탓하는 논지도 이유없다.

확히 언급하고 있지 않으며, 슬라이드의 '반포'를 위법행위로 강조하고 있다.

이 사건으로 징역 3년의 실형을 선고받은 홍성담 작가는 2014년 광주비엔날레 20주년을 기념하여 지역 작가 50명과 협업하여 〈세월오월〉이라는 또 다른 걸개그림을 완성하였다. 하지만 박근혜 전 대통령이 허수아비로 묘사되고, 세월호가 전면에 그려진 홍성담 작가의 그림은 정부의 외압으로 또 한 번 전시가 저지되었다. 결국 이 그림은 작가의 작업실에 보관되다가 2017년 3월 대중 앞에 모습을 드러낼 수 있었다.[24]

3) 신학철의 〈모내기〉 국가보안법 위반 사건(1998년, 한국)

〈모내기〉[그림 14]는 신학철 작가가 1987년 민족미술인협회가 주

[그림 14] 신학철, 〈모내기〉, 1987.

---

24) "'세월오월' 3년 만에 재전시", 중앙일보, 2017년 3월 28일.

최하는 제2회 통일전에 출품하기 위해 제작한 그림으로, 전시 이후 달력이나 부채에 인쇄되면서 국가보안법상 이적표현물로 공안당국에 압수되어 1999년까지 10년에 걸친 재판을 받았다. 〈모내기〉에서 가장 문제가 된 것은 무릉도원처럼 표현된 북쪽의 모습과 온갖 부정적인 쓰레기가 고인 모습으로 표현된 남쪽의 모습이었다. 작가는 "모를 심기 위해서는 논을 쟁기로 갈고 써레로 고르면서 돌멩이 등 불필요한 쓰레기들을 걷어낸다. 통일을 하려면 통일에 저해되는 요소들을 쓸어내야 한다. (중략) 이 그림을 보고 '통일은 정말 좋은 것이고 빨리 통일이 되었으면 좋겠다'는 마음이 들도록 그리려고 했다. 모내기 그림은 이런 단순한 생각에서 그려졌고 그 이상도 그 이하도 아니다"라고 해명했다. 원심에서도 이러한 작가의 의도가 전해져 무죄판결을 받았다.

서울형사지법 93노7620 판결문(1994. 11. 16. 선고) 중
이 사건 모내기 그림의 하반부에 관하여는, 전체적으로 원작자가 표현하고자 하는 바대로 통일에 장애가 뇌는 요소로서의 외세외 저질외래문화를 배척하고 우리사회를 민주화하여 자주적·평화적 통일로 나가야 한다는 조국통일에의 의지 및 염원을 나타낸 것이고, 하반부의 그림 중에 탱크·미사일 등 무기를 써레질 하는 모양은 비인간적이고 평화와는 상치되는 무기의 배제를 상징적으로 나타내어 평화통일을 이루어야 함을 표현하고자 하는 것이고, 위 모내기 그림의 상반부에 관하여는 통일이 주는 기쁨과 통일 후의 평화로운 모습을 이상향으로 묘사하고 있다.

1심과 2심에서는 이처럼 헌법상의 예술의 자유 보장에 무게를 두어 무죄를 선고받았으나, 대법원은 이를 파기하고 유죄판결을 내렸다. 대법원은 1, 2심 판결과는 달리 〈모내기〉에 나타난 상징물들이 남북한에 실제하는 정치적 상황을 반영하는 표현들이라고 언급했다. 특히 북한에서 '혁명의 성산'으로 일컬어지는 백두산이 그려져 있으며 그 바로 밑부분에 꽃이 만발한 초가집과 호수가 그려 있고 그 아래 부분에 농민들이 무르익은 오곡과 풍년을 경축하며 각종 음식을 차려놓고 둘러앉거나 서서 춤을 추며 놀고, 주변에는 어린이들이 포충망을 들고 행복하게 뛰어노는 모습 등은 "결과적으로 북한을 찬양하는 내용"이라고 판결했다.

대법원 95도117 판결문(1998. 3. 13. 선고) 중 '이유' 부분

이 사건 모내기 그림은 (중략) 그림 상반부는 상단에 잎이 무성한 나무숲에 천도복숭아가 그려져 있고 그 나무숲 좌측상단에 두 마리 비둘기가 다정하게 깃들어 있는 모습이 그려져 있으며 그 나무숲 우측 아래에 북한에서 소위 '혁명의 성산'으로 일컬어지는 백두산이 그려져 있으며 그 바로 밑 좌측 부분에는 꽃이 만발한 곳에 초가집과 호수가 그려져 있으며 그 아래 부분에 농민들이 무르익은 오곡과 풍년을 경축하며 각종 음식을 차려놓고 둘러앉거나 서서 춤을 추며 놀고 주변에는 어린이들이 포충망을 들고 행복하게 뛰어 노는 장면이 그려져 있는 사실, 피고인은 위 그림을 자신이 1986. 2.경 회원으로 가입하여 1987. 3.경에는 공동대표를 역임한바 있는 민족미술협의회(이하 '민미협'이라고 한다) 주최의 '통일전'에 출품하여, 통일의 저해요소인 외래저질 퇴폐문화와 미·일 외세, 군사독재정권, 지주 등 자본가 계급 등을 없애야 한다는 것을 농민 등 민중에게 알리기 위한 목적으로 제작한 것으로서, 제작한 후에 1987. 8. 중순경 실제로 민미협 주최의 제2회 통일전에 출품하였고, 그 후 1988. 10.경 민미협 발행의 1989년도 달

력에 게재케 한 사실 (중략) 위 인정 사실에 비추어 보면 그림 상반부는 북한을 그린 것으로서 통일에 저해되는 요소가 전혀 없이 전체적으로 평화롭고 풍요로운 광경으로 그림으로써 결과적으로 북한을 찬양하는 내용으로 되어 있고, 그림 하반부는 남한을 그린 것으로서 미·일 제국주의와 독재권력, 매판자본 등 통일에 저해되는 세력들이 가득하며 농민으로 상징되는 민중 등 피지배계급이 이들을 강제로 써래질 하듯이 몰아내면 38선을 삽으로 걷듯이 자연스럽게 통일이 된다는 내용을 그린 것이라 할 것이므로, 결국 이는 피지배계급이 파쇼독재정권과 매판자본가 등 지배계급을 타도하는 민중민주주의 혁명을 일으켜 연방제통일을 실현한다는 북한 공산집단의 주장과 궤를 같이하는 것으로 여겨질 뿐만 아니라, 위에서 본 제작 동기, 표현행위 당시의 정황 등 제반 사정을 종합하여 보면, 위 그림은 반국가단체인 북한 공산집단의 활동에 동조하는 적극적이고 공격적인 표현물로서 구 국가보안법 제7조 제5항 소정의 이적표현물에 해당한다고 봄이 상당하다고 할 것이다.

신학철 작가는 UN인권이사회에 진정서를 제출하였고, 2004년에 이사회가 대법원이 시민의 표현의 자유를 침해한 사실을 들어 판결에 대한 금전적 보상, 유죄판결 무효화, 소송비용 보상, 작품 원상복구 및 반환, 유사사건 발생 회피 등을 권고하였으나, 정부에서는 이 결의를 받아들이지 않고 작가에게 작품을 반환하지 않았다.[25] 검찰에 의해 몰수된 〈모내기〉는 서울중앙지검에 30년 가까이 보관되어 있다가 2018년 1월 국립현대미술관으로 이관되어 위탁관리를 받고 있다.

---

25) "UN, '모내기' 이적표현물 판결 취소 요구", YTN, 2004년 4월 18일.

4) 이시우의 비무장지대 사진 국가보안법 위반 사건(2007년, 한국)[26]

이시우는 평화, 분단의 비애, 통일을 주제로 촬영하는 사진작가로, 주로 한국전쟁이나 분단으로 몸을 다치거나 고향을 잃은 사람들, 민통선 철조망, 지뢰, 금강산 철교, 비무장지대(DMZ)를 사진에 담았다. 이시우는 〈통일뉴스〉의 통일전문기자로 활동하면서 비무장지대와 공군 방공포대, 미군기지 등을 배경으로 사진을 찍었는데 이것이 문제가 되었다. 그가 촬영한 〈고려산 미군기지〉는 그가 기소된 가장 큰 이유였다. 2007년 이시우는 국가보안법 위반으로 구속되었고, 검찰은 그가 10년간 작업해온 2천여 장의 필름 원본을 압수하고 징역 10년에 자격정지 10년, 압수물품 몰수를 구형하였다. 이후 15차례의 공판을 거쳐 1심, 2심, 그리고 최종 대법원 판결에서도 무죄를 선고받았다.

이시우 사건의 공소사실은 크게 다섯 가지였다. 첫째는 이시우가 공군 방포대, 민통선 지역, 미군기지를 사진촬영하고 메모와 스케치를 작성해 군사상 기밀을 탐지하고 수집하였다는 점이다. 하지만 사진·메모·스케치 모두 일반인의 출입이 제한되지 않는 장소에서 자유롭게 제작된 것으로, 기밀사항의 요건인 '비공지성'이 인정되지 않았고, 내용상 기밀로 보호할 가치가 없다는 판결이 내려졌다. 두 번째로 이시우 작가가 개인 홈페이지와 통일뉴스에 미군기지 지도, 내부도면, 사진, 기지 설명을 게재하여 군사상 기밀을 누설했다

---

26) "검찰은 징역 10년, 법원은 무죄… 왜?", 오마이뉴스, 2008년 2월 2일 참고.

는 점에 대해서는 여기에 언급된 자료 모두 미국 국방부 공식 사이트나 미국 민간군사전문 사이트에 공개된 것으로 이것 역시 비공지성을 인정받지 못했다. 세 번째로 이시우 작가가 한국전쟁과 주한미군 핵무기 등을 주제로 통일신문에 이적표현물을 기고했다는 점에 대해서는, 이적표현이 아닌 한반도 평화 정착과 남북 화해를 주제로 한 글이기 때문에 국가의 안전과 존립을 위협하는 내용으로 보기 어렵다는 판결이 내려졌다. 네 번째, 북한 원전과 국내에 출판된 이적표현물을 보관하고 반포하였다는 점에 대해서는, 기소된 작품들이 고전문학작품의 번역이거나 학술서적으로서 이적표현물이 아니라고 판결하였다. 마지막으로 이시우 작가가 한통련·조총련 구성원에게 이메일을 보내고 인터넷 댓글을 달아 회합통신하였다는 점에 대해서는 이시우 작가가 사진전, 주일미군기지 실태조사 등의 합법적 활동 과정에서 만난 것이기 때문에 의례적이고 사교적인 차원의 만남에 불과하다는 판결이 내려졌다.[27]

(5) 누구를 위한 규제인가

「국가보안법」은 예술가들이 작품을 창작할 때에 가장 중요시 하는 작품의 내용과 표현을 규제할 수 있다는 점에서 권력이 창작의 자유를 침해하는 수단으로 악용되기 쉽다. 시대의 변화에 따라 판

---

27) 판결의 자세한 내용은 대법원 종합법률정보(http://glaw.scourt.go.kr)에서 판례번호 2009도320을 검색하여 확인할 수 있다.

례도 변화해왔지만, 역사적으로 다양한 규제를 경험한 작가들은 무의식적으로 자기검열을 피하기 어렵다. 국가보안법 위반으로 기소되었다가 무죄 판결을 받은 작가들 중에는 정치적이거나 사회적인 메시지가 사라지고 일상적인 주제로 회귀하는 작가가 있는가 하면, 사회로부터 공공의 적으로 낙인찍혀 작품 활동에 영향을 받기도 하고, 국가보안법으로 규제를 받는 동료 작가들을 보면서 극심한 자기검열에 빠지는 경우도 있다. 기소된 후 수년동안 재판을 거치며 무죄판결을 받았더라도 재판이 진행되는 동안 작가가 겪은 고통 역시 적지 않았을 것이며 압수된 작품들이 심각하게 손상되어 원상태로 복구할 수 없는 경우도 있었다. 국제적인 테러와 전쟁, 사회 계층간의 갈등 문제가 극심해지고 있는 지금의 시점에서 자칫 남용의 우려가 있는 「국가보안법」이 과연 어떤 역할을 할 수 있는가는 다시 한 번 고려해볼 문제이다.

2. 창작의 자유와 제약 2: 사회상규와의 갈등

(1) 센세이션

우리는 사회상규에서 크게 벗어나는 현상에 대해 흔히 '센세이션'이라는 표현을 사용한다. 1997년 찰스 사치(Charles Saatchi, 1943~)의 후원을 받아 런던 로열 아카데미(Royal Academy of Arts)에서 시작된 '센세이션(Sensation)'전시는 그야말로 파격적인 작품들의 집합체였다. 죽은 상어를 포름알데히드 용액이 가득 찬 유리 진열장 속에 매달고 모터를 연결해 움직이게 하는 작품이나, 지금까지 자신과 성관계를 맺은 사람들의 실명을 가득 수놓은 텐트, 자신의 피 4.5리터를 뽑아 냉동장비로 얼려 만든 자화상 등 매우 전위적이고 전통적인 회화방식에서 벗어난 작품들이 전시되었다. 이 전시에 참여한 작가들은 바로 영국의 현대미술을 선도한 YBA(Young British Artists) 멤버들이다. 미술사에서 이들의 작품과 '센세이션' 전시는 주류 미술과 다른 형식과 주제를 연구하여 개념미술의 새로운 획을 그은 사건으로 평가받지만, 기존 사회상규에 반하는 경향을 추구하며 금기시 된 소재와 발상으로 관람객에게 충격을 준 것도 사실이다. '센세이션' 전시 중에는 많은 항의가 있었고, 전시장 입구에 '작품에서 불쾌감을 느낄 수 있으며 18세 이하는 입장할 수 없다'는 경고문을 걸어놓아야 했다.

(2) 미술과 사회상규의 갈등에 관련된 논의

1) 자해

현대미술 작가들은 캔버스나 조각을 벗어나 새로운 소재와 표현방식을 추구하는 과정에서 스스로의 몸을 활용하기도 했다. 비토 아콘치(Vito Acconchi, 1940~2017)는 자신의 살을 깨물어 생긴 자국에 잉크를 바른 다음, 종이 위에 상처를 눌러 자국을 찍어내는 〈트레이드 마크(Trade Mark)〉(1970) 퍼포먼스를 통해 스스로의 몸에 대한 완전한 통제가 가능하다는 것을 보여주었으며, 거래(trade)의 목적으로 예술을 마케팅(marketing)하는 미술시장의 구조를 비판하고자 하였다. 아콘치는 갤러리 바닥에 나체로 앉아 이리저리 뒹굴면서 그가 견딜 수 있을 때까지 다리·어깨·팔 등을 세게 깨물었고, 이 퍼포먼스는 현장에서 공개되지는 않았지만 사진으로 알려져 세간에 화제를 뿌렸다.

이보다 더 자극적인 자해 퍼포먼스도 있다. 크리스 버든(Chris Burden, 1946~2015)은 〈쏘다(Shoot)〉(1971)라는 퍼포먼스를 위해 갤러리에서 그의 조수에게 15피트가량 떨어져 22구경 총으로 자신을 쏘게 했다. 총알은 원래 버든의 팔을 스치도록 계획되었으나, 실수로 그의 팔을 관통하고 말았다. 작가는 긴급히 출동한 구급차에 호송되었고, 갤러리에서 퍼포먼스를 관람하던 관객들은 큰 충격을 받았다. 버든은 이 퍼포먼스의 의도가 전통 미술에 도전하는 것을 넘어 스스로 신체에 치명적인 해를 가해 예술가로서 진지하게 받아들여지고자 한 것이라고 밝혔다.[28] 일반적으로 자해행위 자체는 일부 예외적인 상황(우리나라에서는 병역 기피를 목적으로 자해하는 경우는 처벌한다)을 제외하고는 처벌되지 않는다. 하지만 많은 사람들이 무방비하게 노출된 공공장소에서 이렇게 위험한 행위를 하면 타인의 생명과 관련된 기본권을 위협할 수 있기 때문에 법적으로 창작의 자유를 보호받기 어려울 수 있다.

---

28) 정수경, 〈크리스 버든과 비토 아콘치의 1970년대 신체미술에 대한 고찰: 마조히즘과 주체구성 문제를 중심으로〉, 《현대미술학 논문집》 15권 1호, 2011, pp. 211~268.

2) 동물 학대

앞서 살펴본 자해의 사례는 스스로에게 가하는 고통이지만, 작가의 캔버스가 다른 생명체에게로 옮겨가면 더 심각한 문제가 제기될 수 있다. 특히 동물을 작품의 소재로 삼는 경우, 생명의 존엄성을 해치는 결과를 낳기도 한다. '센세이션'전시가 낳은 영국 최대의 스타 작가 데미안 허스트(Damien Hirst, 1965~)는 포름알데히드 용액에 상어·소·돼지 등을 토막 내 담가 놓은 작품으로 유명하다. 그는 죽은 동물들을 자연사박물관이 아닌 미술관으로 가지고 들어와 때로는 시체가 부패하고 그 과정에서 구더기나 파리 같은 생명체가 탄생하는 과정을 보여주기도 하고, 때로는 썩지 않고 영원히 보존되어 살아 있는 것처럼 나타내기도 하였다. 그는 작품 속에서 죽음과 삶의 연결고리를 표현하고자 하였다. 하지만 이러한 의미를 담고 있는 작품도 생명의 존엄성을 저해한다는 비난을 피할 수는 없었다. 그는 자연적으로 사망한 동물의 시체만을 사용한다고 알려져 있지만, 살아 있는 동물을 포획해 재료로 사용한다는 논란이 제기되면서 자연사한 동물의 시체만을 사용하라는 서명운동이 벌어지기도 했다.

허스트의 또 다른 작품 〈사랑의 안과 밖(In and Out of Love)〉(1991)은 살아 있는 나비 9,000마리를 밀폐된 공간에 가두어 5개월의 전시 기간 동안 매주 400마리의 나비가 죽었다. 영국 왕립동물학대방지협회(RSPCA: Royal Society for the Prevention of Cruelty to Animal)는 만약 이 전시에 사용된 동물이 나비가 아니라 개였다면 영국인 모두가 분노했을 것이라고 강력하게 비난했다.[29] 영국은 1911년 세계 최초

동물보호법[시행 2015. 1. 20.] [법률 제13023호]

제8조(동물학대 등의 금지) ① 누구든지 동물에 대하여 다음 각 호의 행위를 하여서는 아니 된다.

1. 목을 매다는 등의 잔인한 방법으로 죽음에 이르게 하는 행위

2. 노상 등 공개된 장소에서 죽이거나 같은 종류의 다른 동물이 보는 앞에서 죽음에 이르게 하는 행위

3. 고의로 사료 또는 물을 주지 아니하는 행위로 인하여 동물을 죽음에 이르게 하는 행위

4. 그 밖에 수의학적 처치의 필요, 동물로 인한 사람의 생명·신체·재산의 피해 등 농림축산식품부령으로 정하는 정당한 사유 없이 죽음에 이르게 하는 행위

② 누구든지 동물에 대하여 다음 각 호의 학대행위를 하여서는 아니 된다.

1. 도구·약물 등 물리적·화학적 방법을 사용하여 상해를 입히는 행위. 다만, 질병의 예방이나 치료 등 농림축산식품부령으로 정하는 경우는 제외한다.

2. 살아 있는 상태에서 동물의 신체를 손상하거나 체액을 채취하거나 체액을 채취하기 위한 장치를 설치하는 행위. 다만, 질병의 치료 및 동물실험 등 농림축산식품부령으로 정하는 경우는 제외한다.

제46조(벌칙) ① 다음 각 호의 어느 하나에 해당하는 자는 2년 이하의 징역 또는 2천만 원 이하의 벌금에 처한다.

1. 제8조제1항부터 제3항까지를 위반하여 동물을 학대한 자

③ 다음 각 호의 어느 하나에 해당하는 자는 300만 원 이하의 벌금에 처한다.

1. 제8조제5항제1호를 위반하여 사진 또는 영상물을 판매·전시·전달·상영하거나 인터넷에 게재한 자

제47조(과태료) ① 다음 각 호의 어느 하나에 해당하는 자에게는 300만 원 이하의 과태료를 부과한다.

1. 제8조제4항을 위반하여 동물을 유기한 소유자 등

로 동물보호법을 제정하고 동물복지문제를 담당하는 왕립동물학대 방지협회가 최초로 설립되었을 만큼 동물보호를 특별히 여기는 국가이다. 영국뿐만 아니라 대부분의 국가에서 동물보호법이 제정되어 있기 때문에 법의 저촉을 받지 않는 국가에서 작업을 하는 작가도 있다. 빔 델보예(Wim Delvoye, 1965~)는 살아 있는 돼지의 피부에 문신을 하는 작업으로 논란이 되었다. 하지만 유럽에서는 동물보호법에 따라 그의 작업이 불법으로 여겨져 2004년부터 베이징의 농가에서 돼지에 문신 작업을 하고 있다. 델보예는 여러 명의 조수를 시켜 돼지를 강제로 묶어놓거나 마취를 하여 종교적인 이미지, 하트나 해골, 디즈니 주인공 등 상업적인 이미지를 돼지 피부에 문신한다. 이렇게 만들어진 돼지 가죽은 최고 9천만 원에 거래되며, 이 중 인어공주 문신의 돼지 가죽은 샤넬에 팔려 가방으로 제작되기도 하였다. 동물보호단체인 PETA(People for the Ethical Treatment of Animals)는 "돼지나 소, 닭에게도 감정이 있고, 생각이 있다. 이들은 매 순간 고통을 느낄 줄 알며 이들에게도 의미 있는 삶을 살 권리가 있다"며 델보예의 작품을 강하게 비난하였다.[30]

3) 신성모독

종교에 대한 신성모독으로 여겨져 사회적인 비난을 받고 검열

---

29) "How Many Animals Have Died for Damien Hirst's Art to Live? We Counted.", Artnet, 2017년 4월 13일.

30) "살아 있는 돼지에게 '루이뷔통' 문신 새기는 예술가", 서울신문, 2015년 3월 22일.

의 대상이 되는 작품들도 있다. 그 대표적인 예로, 안드레스 세라노(Andres Serrano, 1950~)는 자신의 소변이 들어있는 투명용기에 그리스도 십자가상을 담아 사진을 찍은 〈오줌 예수(Piss Christ)〉(1987)라는 작품으로 논란이 되었다. 사진 속 예수를 에워싼 숭고한 금빛은 사실상 작가의 소변이 만들어낸 셈이다. 기독교 단체에서는 세라노의 이 작품이 그리스도와 종교적 믿음을 가진 사람들을 무시하는 행위이며, 표현의 자유를 넘어선 것이라고 강하게 비난했다. 더욱 문제가 된 것은 이 작품이 미국국립예술진흥기금(NEA: National Endowment for the Arts)의 후원을 받아 제작되고 전시되었고 1988년 남동부현대미술센터(SECCA: Southeastern Center for Contemporary Art)의 시각예술상을 수상했다는 점이었다. 공공의 기금을 받아 제작되는 작품이 특정 공동체의 가치를 침해할 자유가 있는가에 대한 질문이 제기되었고, 미국 정치권은 종교의 편에 섰다. 미국 의회는 세라노의 작품을 지원한 국립예술진흥기금의 예산을 삭감하고, 국가 기금은 정치적·이념적·외설적·사회적인 이슈를 표현한 예술활동은 지원하지 않는다는 수정안을 발표했다.

이 사건의 여파는 국제적으로 번져 호주에서 세라노의 작품 전시 기획 도중 교회 관계자들의 전시취소소송으로 이어졌다. 호주 법원은 법률이 신성모독까지 관여할 수 없다고 판단하여 전시는 예정대로 개최되었지만, 전시 도중 교인들이 작품에 페인트를 뿌리고 공격하는 사태가 벌어졌다.[31] 하지만 전시가 중단되어야 했던 크리스 오필리(Chris Ofili, 1968~)에 비하면 세라노는 운이 좋은 편에 속한다. 오필리의 작품 〈거룩한 동정녀 마리아(The Holy Virgin Mary)〉(1996)는 아프리카 흑인으로 표현된 마리아가 한쪽 가슴을 드러내고 있고, 마리아의 주변을 포르노 잡지에서 오려낸 남녀의 성기 사진과 코끼리 똥으로 장식한 작품이다. 1999년 뉴욕 브루클린 미술관에서 전시될 예정이었던 이 작품은 뉴욕시장의 반대로 전시 중단의 위기에 놓였다. 루돌프 줄리아니 시장은 끔찍하고 역겨운 작품을 위한 표현의 자유는 없으며, 타인의 종교를 폄하하는 작품이 정부 보조를 받을 권리는 없다고 비난하면서 문제의 작품을 철거하지 않으면 매년 700만 달러에 달하는 보조금을 동결하고 시 소유의 미술관 부지에서 쫓아내겠다고 협박했다. 이에 브루클린 미술관은 표현의 자유를 침해하는 조치라고 소송을 제기하였고, 뉴욕시는 미술관을 상대로 계약 위반에 따른 강제 퇴거 명령을 신청했다. 뉴욕법원은, 납세자들은 반대할만 한 내용을 담은 각종 정부 간행물이나 동의하지 않는 의견 또는 혐오하는 의견에 대해서도 세금을 내기 때문에 표현의 자유를 억압하려는 동기를 갖고 보조금 지급과 계약 체결을 거부하는 것 또한 표현의 자유에 대한 정부의 침해라고 판결을 내렸다.

오필리의 작품은 뉴욕에서는 무사히 전시를 마칠 수 있었지만 이 사건의 여파로 호주국립미술관(NGA: National Gallery of Australia in Canberra)에서 예정되었던 순회전시가 돌연 취소되었다. NGA의 관장은 예술적 가치를 모호하게 하여 뉴욕에서 논란의 중심에 섰던 전

---

31) "'오줌 예수'··· 신성모독인가, 표현의 자유인가", 조선일보, 2008년 1월 16일.

시를 유해한 미술로 여겼고, 국민 상당수가 기독교를 믿는 호주에서 이를 진행하지 않는 것이 공공기금으로 운영되는 기관으로서 타당한 처사라고 여겼다.[32]

4) 사체오욕

'센세이션' 전시가 낳은 스타 작가 데미안 허스트의 또 다른 작품 〈신의 사랑을 위하여(For the Love of God)〉(2007)는 18세기 사람으로 추정되는 남자의 실제 두개골에 8,601개의 다이아몬드를 뒤덮어 인간의 욕망과 죽음의 관계를 표현한 작품으로 약 1,000억 원에 달하는 가격에 팔렸다.[33] 이처럼 사람의 사체를 직접적으로 작품 재료로 사용하는 경우, 사체오욕이라는 비난을 받기도 한다. 시체예술가로 알려진 군터 폰 하겐스(Gunther von Hagens, 1945~)는 '인체의 신비(Body Worlds)' 전시에서 사체의 피부를 벗기고 일부를 절단하여 만든 20여 점의 인체 표본을 선보여 전 세계를 윤리적 논란에 휩싸이게 하였다. 하겐스의 전시에는 임산부의 배를 절단하여 태아를 보여주는 등 기괴하고 도덕적 문제를 불러일으키는 표본이 대부분이었고, 독일의 법적 제재를 피해 중국에서 처형된 죄수들의 사체를 구입하여 모아 온 것으로 알려져 더욱 비난을 받았다.[34] '인체의 신비' 전시는 국내

---

32) 이지은, 〈배설과 전복: 권위와 가치에 대한 도전으로 보는 현대미술에서의 배설〉, 《미술 이론과 현장》, 제13호, 2012, pp. 133~156.

33) "다이아몬드로 만든 허스트 작품 1억弗에 팔려", 서울경제, 2007년 8월 31일.

34) "'엽기'는 현대예술의 특권인가", 주간경향, 2011년 1월 27일.

에서도 혐오와 과학 사이에서 많은 논란을 불러일으켰으며, 하겐스
의 전시와 같은 사체오욕의 여지가 있는 행위는 「형법」에 저촉될 수
있다.

5) 공공미술

지금까지의 사례에서는 '공공'의 영역과 '예술'의 영역이 얼마나
상반된 성격을 가지고 갈등을 형성해 왔는지를 살펴보았다. 그렇다
면 '공공미술'은 어떨까? 공공미술은 1960년대 후반 미술사조에서
빼놓을 수 없는 영향력을 지닌 장르로서 공존을 상상하기 어려운
공공과 예술, 두 가치가 함께 적용된다. 주로 자연이나 인간이 살아
가는 환경과 공간을 주제로 하여 장소 특정적 미술(site specific art)로
불리기도 하며, 예술적 표현과 더불어 사회적 가치에 대한 메시지를
담고 있는 경우가 많다. 그 대표적인 예가 1981년 뉴욕 맨해튼의 연
방청사 앞 광장에 세워진 리처드 세라(Richard Serra, 1938~)의 〈기울어
진 호(Tilted Arc)〉이다. 하지만 광장의 반을 가로지르는 이 거대한 철
골구조물은 예술품으로 여겨지기보다는 광장을 통행하는 사람들
에게 불편을 끼치는 흉물로 여겨졌고, 결국 1989년에 시민들의 보행

방해를 이유로 철거되었다.[35]

　대중을 상대로 한 공공벽화 때문에 파문이 이는 경우도 있다. 남미의 거장 디에고 리베라((Diego Rivera, 1886~1957)는 1933년 록펠러 가문으로부터 뉴욕의 록펠러센터 내부를 장식할 벽화제작을 의뢰받았다. 리베라는 20세기 사회·정치·산업·과학의 가능성을 모두 그려 넣고자 하였고, 완성된 벽화 속에는 노동자들의 메이데이 행진과 이를 선도하는 러시아의 혁명가 레닌(Vladimir Lenin, 1870~1924)의 얼굴이 그려져 있었다. 레닌의 얼굴을 지워달라는 록펠러 측의 요청을 거절한 리베라의 벽화는 결국 전시가 중단되었다가 1934년 철거되었다. 많은 예술가들이 표현의 자유에 대한 정치적 억압이라고 비난했지만, 리베라의 벽화는 끝내 철거되었고 다행히 작가가 멕시코로 돌아가 원래의 벽화를 재현한 작품이 남아 있다.[36] 이처럼 예술작품의 사회적 역할이 더욱더 강조되는 공공미술 장르에서는 작품에 대한 여론의 영향이 보다 강하게 작용할 여지가 크다.

(3) 국내 사례

1) 도라산역 벽화 철거 사건

　국내에서도 디에고 리베라의 록펠러센터 벽화와 유사한 사례가 발생하였다. 남북을 잇는 경의선 도라산역사 내 통일문화광장 벽

---

35)　임성훈, 〈미술과 공공성: 공공미술에 대한 미학적 고찰〉,《현대미술학 논문집》12권, 현대미술학회, 2008, p. 131.

36)　"도라산역 벽화 철거와 디에고 리베라", 오마이뉴스, 2010년 8월 20일.

대법원 2012다204587(2015. 8. 27.선고) 판결문[38] 중

1. 상고이유 제1, 3점에 대하여

저작권법은 공표권(제11조), 성명표시권(제12조), 동일성유지권(제13조) 등의 저작인격권을 특별히 규정하고 있으나, 작가가 자신의 저작물에 대해서 가지는 인격적 이익에 대한 권리가 위와 같은 저작권법 규정에 해당하는 경우로만 한정된다고 할 수는 없으므로 저작물의 단순한 변경을 넘어서 폐기행위로 인하여 저작자의 인격적 법익 침해가 발생한 경우에는 위와 같은 동일성유지권 침해의 성립 여부와는 별개로 저작자의 일반적 인격권을 침해한 위법한 행위가 될 수 있다. (중략)

2. 상고이유 제2점에 대하여

예술작품이 공공장소에 전시되어 일반대중에게 상당한 인지도를 얻는 등 예술작품의 종류와 성격 등에 따라서는 저작자로서도 자신의 예술작품이 공공장소에 전시·보존될 것이라는 점에 대하여 정당한 이익을 가질 수 있으므로, 저작물의 종류와 성격, 이용의 목적 및 형태, 저작물 설치 장소의 개방성과 공공성의 정도, 국가가 이를 선정하여 설치하게 된 경위, 폐기의 이유와 폐기 결정에 이른 과정 및 폐기 방법 등을 종합적으로 고려하여 볼 때 국가 소속 공무원의 해당 저작물의 폐기 행위가 현저하게 합리성을 잃고 저작자로서의 명예감정 및 사회적 신용과 명성 등을 침해하는 방식으로 이루어진 경우에는 객관적 정당성을 결여한 행위로서 위법하다고 할 것이다.(중략)

다. 원심이 인정한 사실과 위와 같은 사정들을 앞에서 본 법리에 비추어 보면, 원고는 특별한 역사적·시대적 의미를 가지고 있는 도라산역이라는 공공장소에 피고의 의뢰로 설치된 이 사건 벽화가 상당 기간 전시되고 보존되리라고 기대하였고, 피고로서도 이 사건 벽화의 가치와 의미에 대하여 홍보까지 하였으므로 단기간에 이를 철거할 경우 원고가 예술창작자로서 갖는 명예감정 및 사회적 신용이나 명성 등이 침해될 것을 예상할 수 있었음에도, 피고가 이 사건 벽화의 설치 이전에 이미 알고 있었던 사유를 들어 적법한 절차를 거치지 아니한 채 그 철거를 결정하고 그 원형을 크게 손상시키는 방법으로 철거 후 소각한 행위는 현저하게 합리성을 잃은 행위로서 객관적 정당성을 결여하여 위법하다고 할 것이다. 그리고 피고의 이러한 이 사건 벽화 폐기행위로 인하여 원고가 정신적 고통을 겪었을 것임은 경험칙 상 분명하므로, 피고는 국가배상법 제2조 제1항에 따라 원고에게 위자료를 지급할 의무가 있다.

에 그려진 원로작가 A의 벽화 철거 사건이다.[37] A작가는 이 벽화에서 만해 한용운의 생명사상을 그림에 담고자 하였으나, 2010년 이명박 정부가 들어서자, 벽화 중 〈포효하는 한반도 호랑이와 두 날개〉라는 작품이 무당집 분위기를 조성하고, 색이 어둡고 난해하며 공공장소인 도라산역과 어울리지 않는다는 이유를 들어 벽화 교체를 결정했다. 결정에 따라 정부는 작가와 협의하지 않은 상태에서 벽화를 떼어내 도라산역 인근 공터에서 작품을 불태웠다. 이에 작가는 정부를 상대로 저작권법상 동일성유지권 침해, 예술의 자유 등의 침해를 주장하여 소송을 제기하였다. 1심은 작품의 소유권이 국가에 있기 때문에 작가에게 작품철거에 대한 사전협의나 동의를 구할 필요가 없다는 이유로 작가의 청구를 전부 기각했다. 반면 2심과 대법원은 국가가 스스로 의뢰하여 통일의 염원을 상징하는 특별한 의미를 담

37) "대법 '도라산역 벽화 일방 철거는 예술가 인격권 침해'" 연합뉴스, 2015년 8월 25일 참고.
38) 판결의 자세한 내용은 대법원 종합법률정보(http://glaw.scourt.go.kr)에서 판례번호 2012다204587을 검색하여 확인할 수 있다.

아 설치한 작품을 3년도 되지 않아 작가에게 아무런 통보 없이 조급하게 철거한 것은 작가가 예술창작자로서 갖는 인격적 이익의 침해일 뿐 아니라, 적법한 절차를 생략한 채 작품의 원형을 복구할 수 없도록 불태운 점은 객관적 정당성이 결여되어 위법하다고 판단하였다. 이 판결은 국가 소유의 미술작품을 폐기하는 행위가 작가의 인격권을 침해할 수 있다는 판단기준을 최초로 제시한 사례로서 의미를 가지게 되었다.

2) 슈즈트리 철거 사건

2017년 서울시는 1억4천만 원을 들여 서울역 광장과 고가도로 사이에 3만 켤레의 신발들로 이루어진 높이 17미터의 거대한 조형물을 설치했다가 도시 흉물이라는 비난 세례를 받고, 단 9일간의 전시가 끝나자마자 재빨리 작품을 철거했다.[39] 이 사건으로 공공미술은 또 한 번 논란의 도마 위에 놓이게 되었다. 리처드 세라의 〈기울어진 호〉가 철거된 후 데자뷰 현상과도 같은 일이었다. H작가는 신던 신발의 업사이클링(upcycling)을 통해 도심 속에서 잊힌 가치를 되새기고자 〈슈즈트리〉를 제작하였고, 이 작품에 대한 다양한 의견이 발생하는 현상 자체를 작품의 연장선상으로 보아, 공공미술의 역할을 충실히 수행한 작품으로 보았다. 하지만 공공기금으로 제작된 작품인 만큼 대중과 공감대를 형성하지 못한 예술이라는 비난을 피할

---

39) "'흉물 논란' 슈즈트리, 결국 9일 만에 철거", 헤럴드경제, 2017년 5월 30일.

수는 없었다. 작가는 동시대 대중과 소통하는 작품을 창작해야 한다는 의무를 지니지는 않는다. 그렇기 때문에 직접적으로 타인의 권리를 침해한다고 볼 수는 없지만 논란의 여지가 있다. 공공미술의 경우 개인적 성향이 짙게 드러나는 작업을 주로 해온 작가일지라도 자신의 작품이 보다 많은 관중들에게 보여진다는 점을 고려해 스스로 어느 정도의 책임감을 가져야 한다는 점을 상기시킨다. 결국 공공예술은 작가의 주관적 성향을 따르도록 대중에 강요하는 것이 아니라 작가가 깊이 있게 대중의 삶을 이해하고 그들과 소통할 때 비로소 빛을 발하지 않을까?

(4) 표현의 자유와 공공의 권리

작가의 표현의 자유는 분명 존중 받아야 마땅한 것이지만, 그것이 공공의 권리를 침해한다면 제약이 필요한 것도 사실이다. 하지만 예술과 공공, 각 영역의 권리를 어디까지 인정할 것인가가 오랫동안 딜레마였다. 특히 공공미술의 영역이 본래의 의도와 달리 정치적 목적을 띠거나 일상생활의 불편을 초래하는 사례가 많아지자 1990년대에 들면서 공공미술의 사회적 책임에 대한 의견이 나오기 시작했다. 공공미술가 수전 레이시(Suzanne Lacy, 1945~)는 '새 장르 공공미술'을 주장하며, 일상과 미학의 공존, 예술을 창작하는 사람과 사용하는 사람의 소통을 강조하였다. 특정 이데올로기를 만족시키기 위해 제작되어왔던 과거의 기념비적인 조각에서 벗어나 예술의 미학과 사회적인 가치가 서로 조화를 이룰 수 있는 공공미술의 가능성을 찾고자 한 것이다.[40] 공공의 영역과 도도한 예술의 갈등은 여전히 끊이지 않고 있지만 이를 해결하고자 하는 시도는 계속되고 있다. 어쩌면 이러한 담론이 보다 확장된 예술세계로의 지평을 열어줄 것이다.

3. 창작의 자유와 명예훼손

(1) 우리들의 자유판사님

〈우리들의 자유판사님(Our Honorable Judge of Liberty)〉(2000)은 프렌시젝 컬런(Franciszek C. Kulon)이 이전에 자신이 연루된 절도사건을 담당했던 판사 제프리 앨버쉬(Jeffrey Altbach)를 악마의 모습으로 묘사한 그림으로, 컬런의 갤러리 개업을 홍보하는 광고 전단지에 인쇄되어 뿌려졌다. 컬런은 이 그림과 앨버쉬 판사의 옐로우 페이지 광고를 전단지에 함께 실어 누구라도 이 그림의 모델이 앨버쉬 판사라는 것을 알 수 있도록 하였고, 이에 분노한 앨버쉬는 컬런에게 명예훼손으로 소송을 제기하였다. 결과는 어떻게 되었을까? 누가 보아도 개인적인 원한에 따른 악의를 품고 고의로 그려진 그림이다. 개인의 신상을 노출시켰을 뿐만 아니라, 염소 발굽과 꼬리, 뿔을 가진 악마로 그려놓았다. 하지만 법원은 컬런의 손을 들어주었다.[41] 전단

---

40)   수전 레이시 외,《새로운 장르 공공미술: 지형그리기》, 이영욱 옮김, 문화과학사, 2010, pp. 23~62.

지에 실린 그림을 보고 앨버쉬 판사가 실제 악마라고 생각할 사람은 없을 것이기 때문에 전단지의 내용은 사실을 적시한 것이 아니라 컬런의 의견 표명에 지나지 않았다는 것이 그 근거였다. 또한 공인(公人)인 앨버쉬 판사에 대해서는 표현의 자유가 폭넓게 인정되어야 한다는 것이었다. 이것은 공인의 명예에 대해서는 보호의 정도를 낮추어, 자유롭고 비판적인 의견이 오갈 수 있도록 장려하는 미국의 정치적 태도가 강하게 작용한 판례라고 볼 수 있다. 특히 예술작품과 연관된 명예훼손죄는 국가나 사회의 성격에 따라 비슷한 사건이라도 정반대의 판결이 내려지기도 한다.

(2) 예술작품의 명예훼손과 관련된 논의

1) 공인의 명예훼손: 빌랜딕 시장 사건(1979)[42]과 허슬러 사건(1988)[43]

명예훼손죄로 기소되는 사건에는 정치인이나 사회적 유명인사에 대한 풍자가 대다수를 차지한다. 따라서 앞서 살펴본 〈우리들의 자유판사님〉과 같은 공인에 대해서는 '공인이론(Public Figure Theory)'이 적용되어 법률적 보호 범위가 좁아진다. 공인이론이 적용되기 시작

---

41) 컬런과 앨버쉬의 재판에 대해서는 판결문 ALTBACH vs. KULON, 302 A.D.2d 655(2003), 754 N.Y.S.2d 70(https://www.leagle.com/decision/2003957302ad2d6552396) 참고.

42) 빌랜딕 시장의 명예훼손에 대해서는 판결문 SEFICK vs. GARDNER, 990 F. Supp. 587(1998) (https://www.leagle.com/decision/19981577990fsupp58711495) 참고.

43) 허슬러 사건에 대해서는 판결문 Hustler Magazine, Inc. vs. Falwell, 485 U.S. 46(1988) (https://www.law.cornell.edu/supremecourt/text/485/46ZC-485_US_46n1ref) 참고.

한 것은 1960년대 미국에서 〈뉴욕타임스〉와 경찰국장의 소송사건부터였다. 〈뉴욕타임스〉는 인종차별 투쟁운동에 대한 경찰의 과잉진압과 마틴 루터 킹 주니어 목사 체포를 비난하는 전면광고를 게재하였고, 경찰국장이 명예훼손으로 소송을 제기하였지만, 법원은 〈뉴욕타임스〉의 손을 들어주었다. 이 사건은 처음으로 표현의 자유 보장을 위해 명예보호 법리에 제한을 가한 사건이었다. 이후로 미국에서 공인에 대한 표현의 자유는 보다 넓은 범위에서 보장되었다.

존 세픽(John Sefick)의 〈빌랜딕 가족(The Bilandics)〉(1979)도 그 대표적인 사건 중 하나이다. 세픽이 시카고 의회의 승인을 받아 시민센터 로비에 설치한 〈빌랜딕 가족〉은 마이클 빌랜딕(Michael Bilandic) 시장이 그의 아내와 안락의자에 앉아 있는 모습을 재현하고, 시장의 가짜 음성을 녹음한 테이프를 틀어놓은 작품이었다. 빌랜딕 시장은 1979년 시카고에 기록적인 폭설이 내렸을 때 제대로 대응하지 못해 무능한 시장으로 큰 비난을 받았는데, 시장의 가짜 음성이 녹음된 테이프에는 그가 아내에게 눈이 많이 내리는데 어찌해야 할지 모르겠다는 내용이 담겨 있어 시장의 무능함을 풍자하는 것이 명백했다. 시카고 시는 이 작품의 전시 허가를 철회하고, 작품이 설치된 지 몇 시간 지나지 않아 천으로 덮어버렸다. 세픽은 시의회와 사전에 협의한 기간 동안 작품을 전시할 수 있도록 소송을 제기하였고, 법원은 시카고 시가 정치적인 이유로 작가의 표현의 자유를 침해했다고 판결하였다.

이보다 더 극단적으로 공인의 명예훼손을 표현의 자유로 인정해

준 사건이 있다. 미국의 성인잡지 〈허슬러(Hustler Magazine)〉는 유명인의 첫 경험에 대한 가상 인터뷰를 담은 주류회사 캄파리(Campari)의 패러디 광고 시리즈를 게재했다. 그중 TV프로그램 진행자이자 유명한 기독교 목사인 제리 폴웰(Jerry Falwell) 버전에는 술에 취해 모친과 성적관계를 가진 것으로 묘사되는, 노골적 표현의 인터뷰가 실렸다. 광고의 하단에는 '패러디 광고를 심각하게 받아들이지 말 것'이라는 주의 문구가 표기되어 있었지만 폴웰은 〈허슬러〉를 상대로 명예훼손, 사생활침해로 인한 정신적 피해에 대한 소송을 제기하였다. 하지만 미국 법원은 "헌법에서는 '잘못된 생각'은 없다고 인지"하기 때문에 개인의 생각을 표현하는 것을 정부가 제재할 수 없다고 판단하였다. 또한 표현의 자유를 위해 공직자나 공인은 맹렬하고 신랄하며 때로는 불쾌할 정도로 날카로운 공격의 대상이 될 수 있음을 감수해야 한다고 판결하였다.

2) 의견 제시와 명예훼손: 뮤즈 강도 사건(1982)[44]과 데이비드 넬슨 사건(1988)[45]

〈우리들의 자유판사님〉이 명예훼손으로 인정되지 않은 이유 중 하나는 앨버쉬 판사가 악마라는 것이 사실이 아니기 때문이었다. 이처럼 법률상 명예훼손이 성립하기 위해서는 구체적인 사실의 적시가

---

44) "APPEALS COURT UPSETS VERDICT THAT A PAINTING WAS LIBELOUS", 뉴욕타임스, 1982년 12월 12일.

45) "Mirth and Girth: 시카고 일대, 혼란에 빠져", 레디앙, 2017년 3월 20일.

입증되어야 하기 때문에 단순한 비평이나 의견 제시는 위법하지 않은 것으로 여겨진다.

1982년 폴 조지(Paul Georges)는 〈뮤즈 강도(The Mugging of the Muse)〉(1976)라는 작품으로 미술작가 지인 두 명에게 명예훼손으로 소송을 당했다. 그림 속의 강도 두 명이 각각 자신의 얼굴을 나타내어 공개적으로 범죄자로 보이게 했다는 것이다. 하지만 이 사건에서 역시 명예훼손은 인정되지 않았다. 법원은 작품 속의 상황이나 제목에 '뮤즈'라는 단어를 사용하고 있는 것으로 보아 작가 조지는 실제 범죄 상황을 그린 것이 아니라 작가의 의견을 제공한 것뿐이기 때문에 소송을 제기한 두 명의 지인에게 어떠한 피해도 입히지 않았다고 판단했다.

1988년 시카고에서도 미술작품에 대한 명예훼손 문제가 언급되는 사건이 있었다. 시카고 아트 인스티튜트(SAIC: School of Art Institute of Chicago)의 학생 데이비트 넬슨(David Nelson)이 학교 전시회에서 선보인 〈머스와 거스(Mirth & Girth)〉(1988)가 문제의 작품이었다. 이 그림의 주인공은 1987년 심장마비로 사망한 시카고의 첫 흑인 시장 해럴드 워싱턴(Harold Washington, 1922~1987)이었으며 여자 속옷과 가터벨트를 착용하고 있는 우스꽝스러운 모습으로 묘사되어 있었다. 사망한 워싱턴 시장이 여성 속옷을 입은 채로 발견되었다는 루머를 반영한 점과 작품 제목인 〈머스와 거스〉가 과체중 남성 동성애자 단체를 지칭한다는 점으로 미루어 보았을 때, 이 그림이 워싱턴 시장을 조롱한다는 것은 명백했다. 작품이 전시되고 한 시간도 지나지 않아 시카고 시의원들로부터 항의전화가 왔고 학교 측에서 작품 철회 요청을 했지만 넬슨은 거절했다. 결국 시의원들이 경찰과 동행하여 직접 작품을 압수하는 과정에서 작품이 조금 찢어지게 되어, 거꾸로 넬슨이 시의원을 상대로 손해배상 소송을 제기하게 된다. 법원은 시의원들의 처신은 작품이 모욕적이라는 이유로 사유재산을 빼앗은 행위라고 판단하였고 시카고 시가 넬슨에게 95,000달러의 손해배상을 하기로 합의하면서 사건이 종결되었다. 데이비드 넬슨 사건의 경우, 작가가 백인 남성이라는 점에서 고인의 명예훼손 문제 뿐만 아니라 인종차별과 성 소수자 문제가 함께 제기될 수 있지만, 미국 법원에서는 이보다 작가 개인의 표현의 자유를 우선시하였다.

3) 사생활 침해에 대한 명예훼손: 트레이시 에민 사건(1997)과 아르네 스벤슨 사건(2013)

타인의 사적인 영역이 예술작품의 재료로 활용될 수도 있다는 점은 또 다른 문제를 낳는다. 앞서 언급한 '센세이션' 전시에는 데미안 허스트 이외에도 세계를 놀라게 한 또 한 명의 작가가 있었다. 바로 트레이시 에민(Tracey Emin)이다. 그녀가 전시한 〈내가 1963년부터 1995년까지 같이 잔 모든 사람들(Everyone I have Ever Slept With 1963~1995)〉(1995)은 작은 텐트 안에 작가가 함께 잔 102명의 이름을 퀼트로 새겨 넣은 작품이었다. 그중에는 에민의 남자친구들 뿐만 아니라, 어린 시절 그녀를 키워주신 할머니, 가족, 친구, 낙태로 인해 생명을 얻지 못한 아기, 그리고 그녀와의 사적인 관계를 공공장소에서 밝히고 싶지 않았던 사람들의 이름도 포함되어 있었다.[46] 이 작품으로 에민은 사생활 침해 작가라는 비난과 솔직하고 당당한 자기고백 작가라는 호평을 동시에 받는다.

그렇지만 대중의 관심과 비난을 넘어 사생활 침해로 고소를 당하는 작가도 있다. 아르네 스벤슨(Arne Svenson)은 자신의 2층 아파트 창문으로 보이는 건너편 도로에 살고 있는 사람들의 일상을 망원렌즈 카메라로 촬영하여 〈이웃들(The Neighbors)〉(2013)이라는 제목의 시리즈 작품을 전시하였다. 작품 속에는 작가의 아파트 건너편 주민들의 청소하는 모습, 낮잠 자는 모습 등이 적나라하게 담겨 있었고, 작가는 주민들의 승낙 없이 촬영과 전시를 진행하여, 어떤 작품은 7,500달러에 팔리기도 하였다. 작품 대부분에서 등장하는 인물의 얼굴이 드러나지는 않았지만 그중 두 아이의 얼굴이 식별 가능했고, 이것을 근거로 주민들은 스벤슨에게 사생활 침해로 소송을 제기했다. 하지만 법원은 스벤슨의 작품이 단순한 홍보나 거래의 목적으로 촬영된 것이 아니며, 미술 작품으로써 보는 사람의 즐거움을 고취시킨다는 점을 인정하여 작가의 표현의 사유를 우선시하는 판결을 내렸다.[47]

---

46) "문제적 작가, 사생활을 예술로 끌어올리다", 중도일보, 2016년 8월 17일.

47) "Voyeuristic Photographer Arne Svenson Wins New York Appellate Court Case", Artnet, 2015년 4월 10일.

(3) 예술과 명예훼손에 대한 법률 규정

지금까지 검토해본 미국의 판례와 마찬가지로 우리나라에서도 명예훼손죄가 성립하기 위해서는 작가의 개인적인 의견이 아니라 사실을 나타내야 한다는 것이 「형법」 제307조에 명시되어 있다. 또한 그 사실의 표현이 특정 인물의 사회적 가치 내지 평가를 침해할 가능성이 있을 정도로 구체성을 띠어야 한다. 따라서 특정 표현이 사실의 적시인지 아니면 의견 제시에 지나지 않는지 구분하는 것이 중요한데, 이를 위해서는 해당 표현의 전체적인 취지와 사회적 배경을 함께 살펴서 그 의미를 판단해야 한다. 하지만 모든 사실적시가 명예훼손죄를 성립시키는 것은 아니다.

「형법」 제310조에서는 표현의 행위가 공공의 이해와 관계되고 공익을 도모하기 위한 목적을 가지고 있을 때에는 법적 책임을 면할 수 있도록 명시해놓았다. 표현된 사실이 거짓이더라도 진실성이 있고 공익을 위한 것이라고 믿을 만한 상당한 이유가 있을 경우를 들어 표현의 자유를 우선시 하는 것이다. 이러한 조항에 따라 우리나라에서도 미국 판례에서와 같이 특히 공인에 대한 비판은 일반인에 대한 비판과 달리 공공의 이익을 위한 것이라고 보아 처벌하지 않거나 공인의 보호 범위를 보다 좁혀서 판단하고 있다. 미술작품의 경우 현실 참여 성격을 띠고 있기 때문에 위법성 조각사유의 공공성을 비교적 쉽게 충족시킬 수 있다.

명예훼손은 형사적 위법행위이지만 동시에 민사상의 불법행위이기도 하다.

형법[시행 2016. 12. 20.] [법률 제14415호]

제307조(명예훼손) ①공연히 사실을 적시하여 사람의 명예를 훼손한 자는 2년 이하의 징역이나 금고 또는 500만 원 이하의 벌금에 처한다.

②공연히 허위의 사실을 적시하여 사람의 명예를 훼손한 자는 5년 이하의 징역, 10년 이하의 자격정지 또는 1천만 원 이하의 벌금에 처한다.

제308조(사자의 명예훼손) 공연히 허위의 사실을 적시하여 사자의 명예를 훼손한 자는 2년 이하의 징역이나 금고 또는 500만 원 이하의 벌금에 처한다.

제309조(출판물 등에 의한 명예훼손) ①사람을 비방할 목적으로 신문, 잡지 또는 라디오 기타 출판물에 의하여 제307조제1항의 죄를 범한 자는 3년 이하의 징역이나 금고 또는 700만 원 이하의 벌금에 처한다.

②제1항의 방법으로 제307조제2항의 죄를 범한 자는 7년 이하의 징역, 10년 이하의 자격정지 또는 1천500만 원 이하의 벌금에 처한다.

제310조(위법성의 조각) 제307조제1항의 행위가 진실한 사실로서 오로지 공공의 이익에 관한 때에는 처벌하지 아니한다.

제311조(모욕) 공연히 사람을 모욕한 자는 1년 이하의 징역이나 금고 또는 200만 원 이하의 벌금에 처한다.

제312조(고소와 피해자의 의사) ①제308조와 제311조의 죄는 고소가 있어야 공소를 제기할 수 있다.

②제307조와 제309조의 죄는 피해자의 명시한 의사에 반하여 공소를 제기할 수 없다.

　　다만 그 구성요건이 항상 일치하는 것은 아니기 때문에 동일한 행위에 대해서 형사적으로는 무죄가 선고되더라도 민사상으로는 불법행위가 될 수 있다. 특히 명예훼손으로 타인에게 재산상의 손해 외에 정신적인 손해를 입힌 경우, 정신적 손해에 대하여 「민법」 제

751조에 따른 법정손해배상책임이 발생하게 된다. 또한「민법」제764조에서는 명예훼손에 대한 특칙을 규정하고 있어 미술작품이 고의나 과실로 타인의 명예를 훼손하는 경우, 민사상의 금전적 손해배상 책임과는 별도로 명예회복에 필요한 처분(예컨대, 사과문 게재 등)을 부과할 수 있다.

(4) 국내 사례

1) G20 홍보 포스터 사건(2010)

2010년 서울에서 G20 정상회의를 앞두고 대학 강사인 A작가가 그래피티아티스트인 뱅크시에게서 영감을 받아 G20 홍보 포스터에 쥐 그림을 그래피티로 그려넣은 것[그림 15]이 논란이 되었다. 검찰이 A작가에게 구속영장을 청구하고 징역 10월을 구형하였지만, 법원은 작가에게 벌금 200만 원 형을 선고했다. 검찰은 중요한 국가적

[그림 15] G20 포스터 그래피티, © dhandhan, 2010, 프로젝트명: 소심한 사람들.

행사를 앞두고 이명박 대통령을 쥐에 비유한 것은 통상적인 예술행위가 아닌 중대한 범죄행위라고 주장했지만, 법원은 작가에게 명예훼손죄가 아닌 '공용물건손상죄'에 대한 벌금형을 선고한 것이다.[48]

　법원이 무죄가 아닌 벌금형을 선고한 것을 보아서도 알 수 있듯이 A작가의 표현의 자유를 전적으로 인정한 것은 아니다. 이 사건의 판결문에서는 예술의 자유가 무제한적인 기본권은 아니기 때문에 타인의 명예나 권리 또는 공중도덕이나 사회윤리를 침해할 수 없는 자체적인 한계가 있음을 명시하고 있다. 또한 다른 그래피티 아트가 원작이나 다른 표현물을 훼손하지는 않은 점을 비교하고, 공용물건을 훼손한 점 등을 들어 사실상 A작가의 표현의 자유를 제한했다.

---

48)　"'G20 포스터 쥐그림' 강사 벌금 200만 원", 연합뉴스, 2011년 5월 13일.

서울중앙지방법원 2011고단313(2011. 5. 13. 선고) 판결문 중

⑴ '모든 국민은 학문과 예술의 자유를 가진다'라고 규정한 대한민국 헌법 제22조가 보장하는 예술의 자유는 창작소재, 창작형태 및 창작과정 등에 대한 임의로운 결정권을 포함한 예술창작활동의 자유와 창작한 예술작품을 일반 대중에게 전시·공연·보급할 수 있는 예술표현의 자유 등을 포괄하는 것이지만, 이러한 예술의 자유가 무제한적인 기본권은 아니기 때문에 타인의 명예나 권리 또는 공중도덕이나 사회윤리를 침해할 수 없는 자체적인 한계가 있다. 따라서 다른 사람의 창작물이나 공공안내문, 게시판에 그림을 그리거나 낙서하는 등의 방법으로 그 물건을 훼손하는 경우에는 비록 그것이 예술작품의 창작과 표현 활동의 영역에서 발생한 일이라 하더라도 그 행위가 형법에서 금지하고 있는 범죄에 해당하는 이상 예술창작과 표현 활동이라는 이유로 그 행위가 정당화되지는 아니한다.

⑵ 피고인은 G20 홍보물에 피고인이 생각하는 G20의 의미를 담아 쥐 그림을 그려 넣었으며, 위 피고인은 이러한 행위를 그래피티 아트라는 표현방식이라고 주장하지만, ① 이 사건 홍보물은 G20에 관한 홍보·안내·공지 등을 표현하는 공용물건인 점 (중략) ④이 사건 홍보물을 직접 훼손하지 않으면서도 이 사건 홍보물과 같은 내용의 밑그림을 그리고 그 위에 그래피티를 하여 전시하는 등 다른 방법으로 자신의 생각을 담은 그래피티 작업을 할 수도 있었으므로 이 사건 범행 이외에 달리 자신의 의사를 표현할 방법이 전혀 없었던 상황은 아니었던 점, ⑤피고인도 그래피티 아트는 작업과정에서 경찰의 방해와 체포를 피해서 하는 성격이 있음을 알고 있다고 진술한 점 등에 비추어 보면, 피고인의 위와 같은 표현행위가 다른 법익을 침해하지 않으면 예술창작 및 표현의 자유로서 보호되어야 하지만, 위 피고인이 이 사건 홍보물에 직접 쥐그림을 그려 넣어 공용물건을 훼손한 행위는 예술 또는 표현의 자유의 한계를 벗어났다고 보이므로 피고인 및 변호인의 위 주장은 받아들이지 아니한다.

2) 박근혜 대선 후보 풍자 사건(2012)

작가 H는 2012년 대선을 앞두고 〈골든타임-닥터 최인혁, 갓 태어난 각하에게 거수경례하다〉(2012)라는 작품을 발표하여 논란이 되었다. 이 그림에는 박근혜 대선 후보가 박정희 전 대통령의 모습을 한 아기를 출산하는 장면이 그려져 있었다. 여러 보수단체에서는 「공직선거법」의 후보자비방죄로 H작가를 검찰과 선관위에 고발하였다. 「공직선거법」 제251조는 형법상 명예훼손죄 특칙의 성격을 가지는 규정이다.

공직선거법[시행 2017. 7. 26.] [법률 제14839호]
제251조(후보자비방죄) 당선되거나 되게 하거나 되지 못하게 할 목적으로 연설·방송·신문·통신·잡지·벽보·선전문서 기타의 방법으로 공연히 사실을 적시하여 후보자(候補者가 되고자 하는 者를 포함한다), 그의 배우자 또는 직계존·비속이나 형제자매를 비방한 자는 3년 이하의 징역 또는 500만 원 이하의 벌금에 처한다. 다만, 진실한 사실로서 공공의 이익에 관한 때에는 처벌하지 아니한다.

이 사건에서 검찰은 이 그림이 사실을 적시한 것이라기보다는 단순히 작가의 의견을 표명한 것에 지나지 않는다는 이유로 H작가에 대하여 무혐의 처분을 하였다.[49]

---

49) "박근혜 출산 그림 논란 '풍자일뿐 vs. 여성 비하적'", 머니투데이, 2012년 11월 20일.

비슷한 사례로, 같은 시기 B작가의 팝아트 포스터 사건이 있다. B 작가는 박근혜 대선 후보를 백설공주에 빗대어 박정희 전 대통령이 그려진 사과를 들고 있는 모습으로 포스터를 제작하여 선거 기간 중 부산 시내 거리에 붙였고, 공직선거법 위반 혐의로 국민참여재판 을 받았다. B작가는 이전에도 보수정권 출신의 대통령에 대한 풍자 내용을 담은 팝아트 작품을 그린 이력이 있었다. 따라서 B작가의 포스터는 개인에 대한 비방이 아니라 작가의 가치관을 담은 창작물 이라고 볼 수 있다. 법원의 판결 역시 작가에 대해 동일 취지로 무죄 를 선고했다. 특히 법원은 B작가가 예전부터 정치인에 대한 풍자 삽 화를 그려온 점을 고려할 때 선거에 영향을 미칠 의도는 없다고 판 단하였고, 포스터가 오히려 박 후보에 대한 호감을 표시하는 것으 로 해석될 여지가 있을 정도의 예술적 창작물이라고 인정했다.[50]

(5) 무제한적 자유란 없다

'예술의 자유'는 분명 헌법상에서 보호받는 기본권이지만, 그 자 유가 타인의 권리와 명예를 침해해서는 안 된다. 결국 무제한적인 자유가 아니라는 것이다. 특히 타인에게 공포심을 주는 공갈, 협박, 증오 범죄와 달리, 명예훼손죄는 타인의 '수치심'을 유발한다. 이때 의 수치심은 매우 개인적이고, 주관적이기 때문에 표현하는 사람도, 그 표현을 판단하는 사람에게도 신중한 접근이 필요하다. 예술작품

---

50) "'백설공주 박근혜' 팝아티스트, 무죄 확정", 한국일보, 2014년 6월 12일.

은 존재 그 자체만으로도 고귀하다. 다만 그 지점에서 머물 것이 아니라 시대 발전이라는 사명감이 있을 때 생명력이 더욱 솟아오른다. 따라서 사회·정치 등 분야에 다양한 비판의 목소리를 내야 하지만, 그 결과물에 대한 책임도 감수해야 한다. 특히 그 파장으로 인한 피해 당사자가 개인일 경우에는 더욱 그러하다. 그리고 그 책임은 예술가들뿐 아니라 예술가들이 속한 사회도 함께 나눠야 할 것이다.

4. 창작의 자유와 음란

(1) 〈풀밭 위의 점심식사〉와 〈비너스의 탄생〉

19세기 파리의 '살롱전'은 당시 주류미술을 대중에게 공개하는 가장 영예로운 장이었고, 많은 작가들이 자신의 작품을 출품했다. 하지만 출품한 모든 작품이 전시되는 것은 아니었다. 아카데미 화풍에 맞지 않는 작품은 낙선했고 1863년에 단 한 번, 낙선작들을 모아 '낙선전'이 열렸다. [그림 16]과 [그림 17]은 모두 1863년 '살롱전'에 출품된 누드화이지만, 둘 중 하나는 찬사를 받으며 '살롱전'에, 하나는 외설스럽다는 비난을 받으며 '낙선전'에 전시되었다. 여성의 누드가 노골적으로 드러난 두 그림 중 당신은 어떤 것이 더 음란하다고 하겠는가? [그림 17]의 누드는 드러난 부분이나 포즈가 [그림 16]보다 노골적이다. 하지만 누드 위에 둥둥 떠 있는 천사들과 부끄러워 얼굴을 가린 모습 때문에 이 누드는 비너스로 명명되었고 '비너스의

[그림 16] 마네, 〈풀밭위의 점심식사〉, 1863.

[그림 17] 카바넬, 〈비너스의 탄생〉, 1863.

탄생'이라는 신화 속의 숭고한 장면을 표현했다는 찬사를 받아 최고의 작품으로 '살롱전'에 전시되었다. 반면 [그림 16]의 누드는 현실적이다. 백옥 같은 피부와 완벽한 비율을 자랑하는 비너스와 달리 너무도 현실적으로 그려졌다. 그리고 가장 중요한 것은 여성의 시선이다. 그림 밖에서 그녀를 바라보고 있을 관객을 뚫어져라 쳐다보고 있다. 스스로 부끄러움에 얼굴을 가리는 비너스와 달리 노골적인 시선을 보내는 풀밭위의 여성은 그녀를 바라보는 이를 당황스럽게 한다. 그리하여 이 작품은 외설스러운 그림으로 낙인찍혀 '낙선전'에 전시된다.

(2) 예술작품의 음란성에 관련된 논의

1) 마네의 〈올랭피아〉

'낙선전'에는 〈풀밭 위의 점심식사(Le Déjeuner sur l'herbe)〉(1863)보다 더 큰 논란이 된 작품이 있었다. 에두아르 마네(Édouard Manet, 1832~1883)의 또 다른 작품 〈올랭피아(Olympia)〉(1863)[그림 18]이다. 당시의 작가들이 일렉상드르 카바넬(Alexandre Cabanel, 1823~1889)의 〈비너스의 탄생(Naissance de Vénus)〉(1863)[그림 17]과 같이 신화 속의 여신이나 요정에 비유하여 누드화를 그린 것을 감안하면, 마네의 그림은 사회적으로 굉장히 충격적인 것이었다. 마네의 작품과 비슷한 구도를 보이고 있는 이탈리아의 거장 티치아노(Tiziano Vecellio, 1488?~1576)의 〈우르비노의 비너스(Venus of Urbino)〉(1538)[그림 19] 역시 여신 비너스의 이름을 작품의 제목에 올리고 있어 검열을 받지

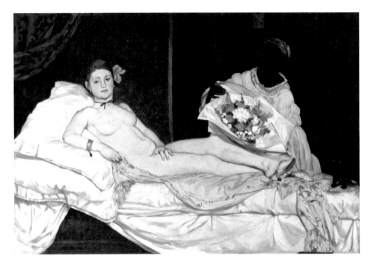

[그림 18] 마네, 〈올랭피아〉, 1863.

[그림 19] 티치아노, 〈우르비노의 비너스〉, 1538.

않고 명작으로 전해질 수 있었다. 하지만 같은 구도로 그린 마네 그림의 제목으로 쓰인 '올랭피아'는 당시 프랑스 매춘부들 사이에서 흔히 쓰이던 가명이었다. 또한 그녀의 침실에는 천사 대신 흑인 하녀와 검은 고양이가 그려져 있다. 당시는 부유한 상류층 남자들이 매춘부를 만나는 것이 공공연한 비밀로 여겨졌고, 마네는 이러한 사회적 현실을 직설적으로 드러낸 것이다.

2) 모딜리아니의 〈누워 있는 누드〉

1917년 모딜리아니(Amedeo Modigliani, 1884~1920)는 약 30점의 누드화를 처음이자 마지막으로 열렸던 개인전에서 선보였고, 많은 인파가 몰려 전시는 성황을 이루었다. 하지만 작품 속 여인의 누드에 체모가 보였다는 점 때문에 풍기문란 혐의로 사회적인 문제가 되었다. 결국 경찰이 출동해 전시는 하루 만에 문을 닫았고, 다섯 점의 작품이 철거되었으며, 모딜리아니와 화랑주인은 일시적으로 체포되었다. 흥미로운 사실은 이때 전시되어 비난을 받았던 작품 중 〈누워 있는 누드(Reclining Nude)〉(1917)가 2015년 미술품 경매 역대 두 번째로 높은 가격인 약 1,972억 원에 낙찰되었다는 것이다. 한때 음란한 그림으로 철거된 그림이 모딜리아니의 작품 중 가장 비싸게 팔린 셈이다.[51]

---

51) "모딜리아니 〈누워 있는 나부〉 1,972억 원 낙찰… 역대 2위", 한겨레, 2015년 11월 10일.

3) 제프 쿤스의 〈천국제〉

팝아트 작가 제프 쿤스(Jeff Koons, 1955~)는 제2의 앤디 워홀이라고 불릴만큼 스스로를 상업적으로 브랜딩하여 작품에 이용하는 데 탁월한 작가로, 그의 작품은 매번 경매에서 최고가를 갱신하곤 한다. 그런 제프 쿤스를 더욱 유명하게 만든 작품이 바로 〈천국제(Made in Heaven)〉(1990) 시리즈이다. 당시 쿤스의 아내는 이탈리아의 유명한 포르노 스타이자 국회의원인 치치올리나(Ilona Staller, 1951~)인데, 〈천국제〉는 그가 아내 치치올리나와 다양한 세트장 위에서 성행위를 하는 장면을 다각도로 촬영하고 그 자료를 사진·조각·회화의 연작으로 제작한 작품이다. 1990년 베니스 비엔날레에서 처음 선보인 〈천국제〉에는 쿤스 부부의 성행위와 성기까지 직접적으로 노출되어 거의 포르노에 가까웠다. 이러한 도발적인 연작에 쿤스의 작품을 관객이 칼로 찢어버리는 사태가 발생했고, 쿤스가 정도를 넘어섰다고 국제적으로 강력한 비난이 일었다. 결국 욕망에 솔직했던 쿤스는 각종 국제 행사에서 제외되는 등 미술계에서 퇴출될 위기를 겪었지만, 이후 작품에서는 강아지·선물 등 대중의 입맛에 맞는 주제로 방향을 바꾸었고, 다시 스타작가의 자리를 되찾았다. 우리나라에서도 한 미술잡지가 쿤스의 〈천국제〉 연작을 게재했다가 간행물윤리위원회로부터 외설 판정을 받아 발행인이 음화 제작 및 배포 혐의로 입건되기도 하였다.[52]

---

52) "음란사진 실은 〈미술시평〉 발행인 입건", 연합뉴스, 1991년 7월 18일.

(3) 음란물에 대한 법률 규정

우리나라에서는 예술작품이 사회적 질서를 해친다고 판단되어 음란물로 분류될 경우, 「형법」뿐만 아니라, 「출판문화산업 진흥법」, 「정보통신망 이용촉진 및 정보보호 등에 관한 법률」, 「성폭력범죄의 처벌 등에 관한 특례법」과 같이 다양한 법률에 의해 처벌받을 수 있다.

> **형법**[시행 2016. 12. 20.] [법률 제14415호]
> 제243조(음화반포등) 음란한 문서, 도화, 필름 기타 물건을 반포, 판매 또는 임대하거나 공연히 전시 또는 상영한 자는 1년 이하의 징역 또는 500만 원 이하의 벌금에 처한다.
> 제244조(음화제조 등) 제243조의 행위에 공할 목적으로 음란한 물건을 제조, 소지, 수입 또는 수출한 자는 1년 이하의 징역 또는 500만 원 이하의 벌금에 처한다.
> 제245조(공연음란) 공연히 음란한 행위를 한 자는 1년 이하의 징역, 500만 원 이하의 벌금, 구류 또는 과료에 처한다.

> **출판문화산업 진흥법**[시행 2017. 4. ??.] [법률 제14636호]
> 제19조(간행물의 유해성 심의) ① 위원회는 간행물의 유해성을 심의한 결과 간행물이 다음 각 호의 어느 하나에 해당하면 유해간행물로 결정하여야 한다.
> 1. 자유민주주의 체제를 전면 부정하거나 체제 전복 활동을 고무(鼓舞)하거나 선동하여 국가의 안전이나 공공질서를 뚜렷이 해치는 것
> 2. 음란한 내용을 노골적으로 묘사하여 사회의 건전한 성도덕을 뚜렷이 해치는 것
> 3. 살인·폭력·전쟁·마약 등 반사회적 또는 반인륜적 행위를 과도하게 묘사하거나 조장하여 인간의 존엄성과 건전한 사회질서를 뚜렷이 해치는 것
> (중략)

정보통신망 이용촉진 및 정보보호 등에 관한 법률[시행 2017. 7. 26.] [법률 제14839호]
제44조의7(불법정보의 유통금지 등) ① 누구든지 정보통신망을 통하여 다음 각 호의 어느 하나에 해당하는 정보를 유통하여서는 아니 된다.
1. 음란한 부호·문언·음향·화상 또는 영상을 배포·판매·임대하거나 공공연하게 전시하는 내용의 정보

성폭력범죄의 처벌 등에 관한 특례법[시행 2017. 6. 21.] [법률 제14412호]
제13조(통신매체를 이용한 음란행위) 자기 또는 다른 사람의 성적 욕망을 유발하거나 만족시킬 목적으로 전화, 우편, 컴퓨터, 그 밖의 통신매체를 통하여 성적 수치심이나 혐오감을 일으키는 말, 음향, 글, 그림, 영상 또는 물건을 상대방에게 도달하게 한 사람은 2년 이하의 징역 또는 500만 원 이하의 벌금에 처한다.

위와 같이 음란물은 각각의 법률에서 공통적으로 유해성을 띤 것으로 인지되고 있다. 이때 작품의 음란성 여부는 판사의 재량에 맡겨지지만, 일단 음란성이 인정되면 처벌을 피할 수 없다는 것이다. 또한 상업적으로 제작되거나 배포되는 행위는 형법에서 처벌하고 있지만, 기타 법률에서 단순한 전달만으로도 위법행위가 성립될 수 있다는 것도 명시하고 있다. 하지만 19세기에 외설로 여겨졌던 마네의 그림이 지금은 미술사적 가치를 지닌 명작으로 여겨지고 있듯이 과연 무엇을 음란물로 볼 것인가의 기준은 사회와 시대의 흐름 속에서 살아 숨쉬며 예술과 외설의 경계를 드나들 것이다.

(4) 국내 사례

1) 고야의 〈옷을 벗은 마하〉

[그림 20] 고야, 〈옷을 벗은 마하〉, 1796~1798.

    1969년 유엔화학공업사에서는 고야의 〈옷을 벗은 마하(The Nude Maja)〉(1796~1798)[그림 20]를 성냥갑 표면에 인쇄하여 판매하였는데, 이것이 한국 최초의 음란물 소송사건이 되었다. 법원은 〈벌거벗은 마하〉는 물론 너무도 유명한 명화이지만, 판매 목적으로 성냥갑 속에 넣은 그림이기 때문에 '음화'라고 판단했고, 제조사 대표에게 음화반포죄에 대한 벌금형을 선고했다.[53]

---

53) "성냥갑 나체 名畵 大法서 有罪 확정", 동아일보, 1970년 10월 30일.

2) A작가의 〈여고생 포르노그래피〉[54](2001)

A작가는 민중미술 계열의 리얼리즘과 목판화 작업을 통해 노동
자와 민중의 고난함을 주제로 자본주의 현실을 비판하는 작품을
주로 그렸다. 하지만 민중미술이 화랑과 미술관의 제도권에 흡수되
어 본연의 의미를 잃어간다고 느끼자, 2000년 여고생과 포르노그래
피를 주제로 한 작품으로 돌아선다. 물질에 대한 과잉 욕구로 여고
생들이 돈을 벌기 위해 미성년자 매춘행위를 벌이는 현실을 그려 자

---

54) "'날라리 여고생' 통해 바라본 세상", 문화일보, 2003년 2월 3일.

대법원 2002도2889(2002. 8. 23. 선고) 판결문 중

형법 제243조에 규정된 '음란한 도화'라 함은 일반 보통인의 성욕을 자극하여 성적 흥분을 유발하고 정상적인 성적 수치심을 해하여 성적 도의관념에 반하는 것을 가리킨다고 할 것이고, 이는 당해 도화의 성에 관한 노골적이고 상세한 표현의 정도와 그 수법, 당해 도화의 구성 또는 예술성, 사상성 등에 의한 성적 자극의 완화의 정도, 이들의 관점으로부터 당해 도화를 전체로서 보았을 때 주로 독자의 호색적 흥미를 돋구는 것으로 인정되느냐의 여부 등을 검토, 종합하여 그 시대의 건전한 사회통념에 비추어 판단하여야 할 것이며, 예술성과 음란성은 차원을 달리하는 관념이므로 어느 예술작품에 예술성이 있다고 하여 그 작품의 음란성이 당연히 부정되는 것은 아니라 할 것이고, 다만 그 작품의 예술적 가치, 주제와 성적 표현의 관련성 정도 등에 따라서는 그 음란성이 완화되어 결국은 형법이 처벌대상으로 삼을 수 없게 되는 경우가 있을 수 있을 뿐이다.

원심판결 이유에 의하면 원심은, 제1심이 적법하게 조사, 채택한 증거를 종합하여 피고인이 제작한 이 사건 도화는 교복을 입은 여고생이 성인 남자의 성기를 빨고 있는 모습, 교복을 입은 여고생이 팬티를 벗어 음부와 음모를 노출시킨 모습 등을 극히 사실적으로 묘사하고 있는 것들이고, 이 사건 문서 역시 그 표지 안쪽에 청소년 성매매를 옹호하는 듯한 문구를 기재하고 위 그림들을 그대로 수록한 것으로서, 피고인이 주장하는 바와 같은 사정을 감안하더라도 이는 모두 보통 사람들의 성적 수치심과 선량한 성적 도의관념을 침해하는 음란한 도화 및 문서에 해당한다고 판단하여 이 사건 공소사실을 유죄로 인정한 제1심판결을 유지하였는바, 위에서 본 법리와 기록에 비추어 살펴보면 원심의 이 같은 조치는 정당한 것으로 수긍이 가고, 거기에 상고이유에서 주장하는 바와 같은 위법이 있다고 할 수 없다.

본주의의 극단적인 폐해를 들추고자 한 것이다. 2001년 인사동의 갤러리에서 〈여고생 포르노그래피 2〉라는 주제로 전시를 개최하던 중 A작가는 간행물윤리위원회로부터 검찰에 고발되었고, 법원은 그의 작품이 단순한 누드가 아니고, 성적 수치심을 유발하기에 충분하다고 판단하여 벌금 200만 원과 음화 31점 압수폐기 판결을 내렸다. 이에 작가가 상고를 제기했지만 대법원에서도 결과는 변하지 않았다.

A작가의 그림 속 여고생들은 하나같이 멍한 표정에 수동적으로 보인다. 또한 전체적인 색감이나 표현 방식도 칙칙하고 냉소적이어서 긴장감이라고는 찾아보기 힘들다. 그런 이유로 우리 사회의 잘못된 성 문화에 대한 불쾌감을 재현할 목적이라는 작가의 주장도 어느 정도 일리가 있다. 그러나 그 의도가 작가의 주장처럼 순수하더라도 여성, 특히 나이 어린 여고생을 적나라한 표현의 대상으로 삼은 것은 세계 각국이 청소년들의 성 도구화에 대해 엄중한 대처를 하고 있는 현실에 비춰 볼 때 단순한 비판을 넘어 마땅히 형사상 책임을 지워야 한다는 주장 또한 경청해야 할 것이다.

3) B작가의 〈우리부부〉[55]

충남 어느 중학교의 미술교사인 B는 2000년 자신의 홈페이지에 임신한 부인과 함께 찍은 나체사진 외 다른 작품들을 게재하였는데, 이를 학부모들이 검찰 사이버수사대에 고소하여 불구속 기소되

---

55) "미술교사 부부 나체사진에 '음란물' 판결", SBS뉴스, 2005년 7월 27일.

대법원 2003도2911(2005. 7. 22. 선고) 판결문 중

'우리부부'라는 제목의 사진(공소사실 제3항)에 관하여 보건대, 이 사진은 임신하여 만삭인 피고인의 처와 피고인이 벌거벗은 몸으로 나란히 서 있는 모습을 정면 가까이에서 촬영한 것인데 두 사람의 벌거벗은 모습이 화면에 정면으로 가득하게 자리잡고 있어 피고인의 처의 유방과 만삭의 복부와 음부와 음모, 피고인의 성기와 음모가 뚜렷하게 드러나 있는 점, 사진의 전체적인 구도를 볼 때 피고인과 그의 처의 벌거벗은 몸 외에 별다른 배경이 없어, 사진을 보는 사람이, 두 나신의 사진이 바로 현직교사요 홈페이지 개설자인 피고인과 그 처 본인의 것임을 인식하면서 그 벌거벗은 남녀의 모습에 집중하게 되어 있는 점, 비록 이 사진이 '나체1'부터 '나체7'까지 전개되는 형식으로 표현된 '나체미학'이라는 카테고리의 마지막에 '나체7'로서 게시되어 있고, (중략) 그러한 제작의도였다고 해서 꼭 홈페이지 개설자 본인 부부의 나신을 그렇게 적나라하게(얼굴이나 성기 부분등을 적당히 가리지도 않은 채) 드러내 보여야 할 논리적 필요나 제작기법상의 필연성이 있다고 보기 어렵고 '나체미학'이라는 일련의 작품의 예술성으로 인하여 위 사진을 처벌대상으로 삼을 수 없을 정도로 그 음란성이 완화되었다고 보기는 어려운 점 (중략) 작가의 의도와는 달리 오히려 성적 수치심을 느끼거나 도색적 흥미를 갖게 되기가 쉽게 되어 있는 점 등을 종합하여 보면, 이 사진은 피고인이 주장하고 있는 바와 같은 표현의도와 예술성, 그리고 오늘날 우리 사회의 다분히 개방된 성관념에 비추어 보더라도, 음란하다고 보지 않을 수 없다.

었다. 1심과 2심에서는 무죄를 선고받았으나, 대법원이 무죄를 선고한 원심을 깨고 유죄 취지의 판결을 선고하여 결국 원심에서 청소년의 성보호에 관한 법률 등 위반 혐의로 벌금 500만 원을 선고받았다.

정보통신윤리위원회에서는 청소년을 직접 가르치는 교사가 관련

되었다는 점을 들어 강력하게 비난하였고, 예술단체에서는 예술가의 표현의 자유가 침해되었다며 강하게 맞대응했다. 특히 〈우리부부〉 사진에 대한 나체사진의 음란성 여부를 판단함에 있어서 현직 미술교사라는 신분이 고려된 듯한 취지의 법원 판결이 논란이 되었다. B교사는 〈우리부부〉가 마흔을 넘어 부담스러운 환경 속에서 셋째를 낳기로 결정한 고민을 담은 사진이며, 상품화된 미의 기준을 보여주는 신체가 아닌, 있는 그대로의 신체를 회복하자는 메시지를 담은 것이라며 억울함을 호소했다. 이 판례에서 볼 수 있듯이, 법에서 음란물을 정의할 때에는 작품 자체의 의미도 중요하지만 제작자의 사회적 위치와 역할도 염두에 두고 판단하고 있다.

(5) 비너스와 올랭피아의 차이점

예술의 정의만큼 그 기준을 정하기가 쉽지 않은 것이 예술과 외설 사이의 기준이다. 1996년에는 피카소·로댕·모딜리아니·드가·고갱 등 미술계의 거장들이 에로티시즘을 주제로 그린 그림 98점이 실린 미술전문도서를 간행물윤리위원회에서 음란도서로 규정하여 논란이 된 적이 있다.[56] 당시로서도 세계적인 명화를 음란물로 규정한 것에 대하여 시대에 뒤떨어진 심의라는 강한 비판이 있었다. 그 작품들이 그려진 당시 사회에서는 정말로 그 그림들을 음란물로 여겼을지도 모른다. 하지만 지금은 이 유명 작가의 작품들을 음란물 취급

---

56) "미술비평서《에로스…》음란도서 논란", 경향신문, 1996년 2월 16일.

했다가는 예술을 모르는 문외한이 되어버린다.

우리나라 최초의 음란물 사건에서도 볼 수 있듯이 〈옷을 벗은 마하〉와 같은 명화도 특정 사회나 시대에는 음란물이 되기도 한다. 이처럼 음란성의 판단은 시대에 따라 변할 수 있으며 전체적인 고찰을 통해 판단해야 한다는 점에서 상대적이다. 같은 포즈의 누드화라도 '비너스'라는 이름이 붙으면 아름다운 작품이 되고 '올랭피아'라는 이름이 붙으면 저급한 음화가 되듯이 말이다.

1. 미술품의 도난 문제

(1) 역사 속의 미술품 도난 사건

2005년 FBI는 가치가 높아서 우선적으로 찾아야 할 10대 도난 예술품을 선정하여 홈페이지에 공개하였다.[57]

그중 이자벨라 스튜어트 가드너 미술관의 도난 사건은 미술품 도난 사건의 상징처럼 알려져 있다. 1990년 경찰관 제복을 입은 두 명의 남자가 사고조사를 위해 건물을 둘러본다는 명분으로 미술관에 들어와 경비원을 지하실에 가두고 약 90분에 걸쳐 미술관에 있는 작품 13점을 훔쳐 달아났다. 사라진 작품들의 가치는 당시 가치

---

57) FBI Top Ten Art Crimes
 (https://www.fbi.gov/investigate/violent-crime/art-theft/fbi-top-ten-art-crimes).

연번	도난 장소	도난 작품	도난 시기
1	이라크 국립박물관 (Iraq National Museum)	문화재 7,000~10,000점	2003년
2	미국 보스턴 이자벨라 스튜어트 가드너 미술관 (Isabella Stewart Gardner Museum)	렘브란트·드가 등의 회화 13점	1990년
3	스웨덴 국립박물관 (Sweden National Museum)	르누아르와 렘브란트의 작품 3점	2000년
4	노르웨이 오슬로 뭉크 미술관 (Munch Museum)	뭉크의 〈절규(The Scream)〉와 〈마돈나(The Madonna)〉	2004년
5	오스트리아 비엔나 미술사 박물관 (Kunsthistorisches Museum)	첼리니의 〈소금 그릇(Salt Cellar)〉	2003년
6	이탈리아 팔레르모 산 로렌조 예배당(The Oratory of San Lorenzo in Palermo)	카라바조의 〈아기 예수의 탄생(Nativity with San Lorenzo and San Francesco)〉	1969년
7	미국 뉴욕 바이올리니스트 에리카 모리니(Erica Morini)의 아파트	스트라디바리우스 바이올린	1995년
8	네덜란드 암스테르담 반고흐 미술관 (Vincent Van Gogh Museum)	고흐의 〈스케브닝겐 바다 전경(View of the Sea at Scheveningen)〉	2002년
9	영국 옥스퍼드 애쉬몰리언 미술관 (Ashmolean Museum)	세잔의 〈오베르 쉬르 외즈의 전경(View of Auvers-sur-Oise)〉	1999년
10	스코틀랜드 드럼랜리그 성 (Drumlanrig Castle)	다빈치의 〈성모와 실패(Madonna of the Yarnwinder)〉	2003년

로 3억 달러(약 3,375억 원)에 달하고, 현상금만 처음 500만 달러(약 56억 원)에서 2017년 1,000만 달러(약 112억 원)로 오른 큰 사건이었다. 이제는 사건이 일어난 지 20여 년이 흘렀기 때문에 범인들에게 법적 처

벌은 불가능한 상황이지만 수사는 계속 진행 중이다. 사라진 작품 중에는 렘브란트(Rembrandt van Rijn, 1606~1669)의 유일한 바다 풍경화로 알려진 〈갈릴리 바다의 폭풍(The Storm on the Sea of Galilee)〉(1633)이 있는데, 이 작품은 감정가만 5,113억 원인 가장 비싼 도난품으로 알려져 있다. 그 외에도, 전 세계에 작품이 34점 밖에 없는 페르메이르(Johannes Vermeer, 1632~1675)의 〈연주회(The Concert)〉(1664), 드가와 마네의 그림과 중국 상왕조의 청동 물병, 나폴레옹 깃대에서 나온 독수리 형상의 장식 등이 포함되어 있다. 범인들은 작품의 액자는 남겨놓고 커터칼로 그림만 뜯어내어 가져갔는데, 미술관에서는 가드너의 유언에 따라 전시된 빈 액자들을 그대로 남겨뒀다고 한다.

다행히 무사히 작품을 회수한 사건도 있다. 노르웨이 오슬로의 뭉크 미술관에서 뭉크(Edvard Munch, 1863~1944)의 작품 〈절규(The Scream)〉와 〈마돈나(Madonna)〉가 차례로 도난당한 사건이다. 첫 번째 도난은 1994년 두 명의 강도가 미술관 2층에서 사다리를 타고 올라가 유리창을 깨고 〈절규〉(1893)를 훔쳐간 사건이고, 이후 두 번째 도난은 2004년 두 명의 무장강도가 유리문을 부수고 들어와 〈절규〉(1910)의 두 번째 버전과 〈마돈나〉(1895~1902)를 훔쳐간 사건이다. 첫 번째 도난으로 미술관은 1년간 문을 닫아야 했지만 노르웨이 경찰과 영국 미술품 전담 수사대의 합동작전으로 수사가 빠르게 진행되었고, 3개월 만에 도난당한 첫 번째 〈절규〉를 찾을 수 있었다. 〈절규〉의 두 번째 버전과 〈마돈나〉는 2년 만에 회수되었다. 하지만 도난 작품이 다시 돌아온다고 해서 사건이 끝나는 것이 아니다. 훼손

된 작품은 복원 작업이 진행되어야 하며, 위작이 거래되었을 가능성을 고려하여 진위 여부도 확인해야 한다. 이처럼 미술품 도난 사건의 우선순위는 범인을 잡는 것이 아니라 도난당한 작품을 무사히 회수하는 것이기 때문에 미술관들이 수사당국을 통하지 않고 직접 해결에 나서기도 한다.[58]

우리나라에서는 2007년 국립현대미술관에서 19세기 독일 화가 알베르트 쉔크(August Friedrich Albrecht Schenck, 1828~1901)의 유화 1점이 도난당한 사건이 있었다. 도난당한 그림은 한 개인소장자가 1982년 5만 파운드(약 9천만 원)를 주고 구입한 그림으로 들판의 양떼를 그린 가로 2.2미터, 세로 1.5미터의 대작인데, 국립현대미술관이 보수를 위해 1998년부터 보관해 왔다. 수사 결과 도난당한 그림은 전직 미술관 직원들이 빼돌린 것으로 드러났고, 작품이 사라진 사실이 언론 보도로 알려지자 피해자를 찾아가 그림을 돌려주는 것으로 사건이 갈무리되었다.[59]

(2) 미술품 도난에 관련된 논의와 법률규정

미술품 도난에 대해서는 형법 제329조, 330조, 331조 및 362조에 따라 처벌이 가능하다.

---

58) 이자벨라 스튜어트 가드너 미술관과 뭉크 작품의 도난 사건에 대해서는 샌디 네언,《미술품 잔혹사-도난과 추적, 회수, 그리고 끝내 사라진 그림들》, 최규은 옮김, 미래의창, 2014 참고.

59) "'국립미술관 유화 도난' 미술관 직원 소행". YTN, 2011년 1월 26일.

형법[시행 2016. 12. 20.] [법률 제14415호]

제329조(절도) 타인의 재물을 절취한 자는 6년 이하의 징역 또는 1천만 원 이하의 벌금에 처한다.

제330조(야간주거침입절도) 야간에 사람의 주거, 간수하는 저택, 건조물이나 선박 또는 점유하는 방실에 침입하여 타인의 재물을 절취한 자는 10년 이하의 징역에 처한다.

제331조(특수절도) ①야간에 문호 또는 장벽 기타 건조물의 일부를 손괴하고 전조의 장소에 침입하여 타인의 재물을 절취한 자는 1년 이상 10년 이하의 징역에 처한다.

②흉기를 휴대하거나 2인 이상이 합동하여 타인의 재물을 절취한 자도 전항의 형과 같다.

제362조(장물의 취득, 알선 등) ①장물을 취득, 양도, 운반 또는 보관한 자는 7년 이하의 징역 또는 1천500만 원 이하의 벌금에 처한다.

②전항의 행위를 알선한 자도 전항의 형과 같다.

특히 미술품 도난과 관련하여 법적으로 가장 논란이 되는 것은 형법 제362조의 장물취득죄이다. 이는 앞에서도 설명했듯이 미술품이 도난된 경우에는 미술품을 훔친 도난범의 검거와 처벌보다는 도난당한 미술품의 회수에 주안점이 있다는 특성이 있기 때문에 장물취득 여부가 문제된다. 장물취득죄는 구입자가 작품을 구입할 때 장물이라는 확신뿐만 아니라 장물일 수도 있다는 인식이 있는 경우에도 성립하는데, 이를 '미필적 고의'라고 한다. 즉, 미필적 고의는 작품이 장물일지 모른다는 의심을 가지는 정도만으로도 충분히 장물취득죄가 인정될 수 있다는 점을 유의해야 한다.

그리고 미술작품 도난의 경우에는 범인들이 주로 작품을 제3자에 매도하기 때문에 작품을 되찾는 과정에서 현 소유자와 원 소유자 중 누구를 우선적으로 보호할 것인가에 대한 법적 문제가 발생하게 된다. 물론 현 소유자가 도난 사건의 공범이거나 구매 당시 작품이 도난품인 것을 알았다면 '악의(惡意)의 소유자'로 인정되어 작품의 소유권은 원 소유자에게 돌아가게 된다. 그런데 현 소유자가 도난품이라는 것을 알지 못하고 정당한 방법으로 작품을 구입하는 경우, '선의(善意)의 소유자'로 인정되기 때문에 이 경우 누구를 우선적으로 보호해야 하는지에 대한 문제가 생기는 것이다. 이때 법적해결을 위한 것이 '선의취득제도'이다. 국내에서는 민법 제249조, 250조, 251조와 문화재보호법 제87조에서 선의취득 인정에 따른 특칙을 규정하고 있다. 우리나라에서는 선의취득에 대한 법률조항을 통해 현 소유자의 권리를 우선적으로 보호하는 경향이 있지만, 문화재의 경우에는 선의취득이 인정되지 않고 있다.

선의취득은 현 소유자가 도난품이라는 것을 알지 못한 채 양도받거나 경매나 공개석인 경로로 구입하였을 때, 그 취득자의 소유권을 일단 인정해주는 보호장치이다. 선의취득이 인정되면 민법 제250조와 제251조에 따라 원 소유자가 현 소유자에게 무상으로(민법제250조) 또는 취득 당시 가격을 지불하는 방식으로(민법제251조) 반환청구가 가능하게 된다. 하지만 250조에 해당하는 경우에 도난 또는 유실한 날로부터 2년 이내에 반환청구를 해야 한다는 시간적 제약이 한계로 작용할 수 있다.

민법[시행 2017. 6. 3.] [법률 제14278호]

제249조(선의취득) 평온, 공연하게 동산을 양수한 자가 선의이며 과실 없이 그 동산을 점유한 경우에는 양도인이 정당한 소유자가 아닌 때에도 즉시 그 동산의 소유권을 취득한다.

제250조(도품, 유실물에 대한 특례) 전조의 경우에 그 동산이 도품이나 유실물인 때에는 피해자 또는 유실자는 도난 또는 유실한 날로부터 2년 내에 그 물건의 반환을 청구할 수 있다. 그러나 도품이나 유실물이 금전인 때에는 그러하지 아니하다.

제251조(도품, 유실물에 대한 특례) 양수인이 도품 또는 유실물을 경매나 공개시장에서 또는 동종류의 물건을 판매하는 상인에게서 선의로 매수한 때에는 피해자 또는 유실자는 양수인이 지급한 대가를 변상하고 그 물건의 반환을 청구할 수 있다.

문화재보호법[시행 2017. 6. 21.] [법률 제14436호]

제87조(다른 법률과의 관계)

⑤ 다음 각 호의 어느 하나에 해당하는 문화재의 매매 등 거래행위에 관하여는 「민법」 제249조의 선의취득에 관한 규정을 적용하지 아니한다. 다만, 양수인이 경매나 문화재매매업자 등으로부터 선의로 이를 매수한 경우에는 피해자 또는 유실자(遺失者)는 양수인이 지급한 대가를 변상하고 반환을 청구할 수 있다.

1. 문화재청장이나 시·도지사가 지정한 문화재
2. 도난물품 또는 유실물(遺失物)인 사실이 공고된 문화재
3. 그 출처를 알 수 있는 중요한 부분이나 기록을 인위적으로 훼손한 문화재

그 한계를 해결한 사례로 샤갈(Marc Chagall, 1887~1985)의 '〈야곱의 사다리(L'échelle de Jacob)〉사건'[60] 이 있다. 〈야곱의 사다리〉원 소유자인 멘첼(Erna Menzel)은 1940년 나치가 벨기에를 침공하자 급히 피신하면서 모든 재산을 남기고 떠날 수밖에 없었다. 나치는 남겨진 멘첼의 재산을 압수하였고, 그중 하나가 샤갈의 〈야곱의 사다리〉이었다. 1946년 멘첼이 돌아와 이 작품을 찾았지만 이미 사라지고 독일 정부가 가져갔다는 인수증만이 남아 있었다. 작품의 행방을 추적하던 중, 1955년 앨버트 리스트(Albert A. List)가 뉴욕의 펄스 갤러리(Perls Gallery)에서 〈야곱의 사다리〉를 구입했다는 기록을 발견한 멘첼은 리스트에게 반환청구 소송을 제기했다. 하지만 리스트는 '선의취득'을 주장하며 반환을 거부했다. 펄스 갤러리 역시 파리의 갤러리에서 구입 당시 도난품인지 알지 못했고 정당한 방법으로 구입한 작품이었다. 이렇게 모두가 선의취득의 소유자로 인정될 수 있는 상황에서 미국 법원은 현 소유자인 리스트가 원 소유자인 멘첼에게 작품을 반환하거나, 작품 가격을 변상하도록 판결을 내렸다. 법원은 펄스 갤러리가 매매 낭시 작품의 출처를 충분히 조사하지 않은 사실과 국가행위원칙(the Act of State Doctrine)을 검토하지 않고 물품을 양도받은 사실에 근거하여 펄스 갤러리의 소유권은 정당하지 않다고 판단했다.

---

60) 멘첼과 리스트의 재판에 대해서는 문화재청, 〈문화재 반환 분쟁해결 국제사례 연구〉, 2011, pp. 57~78 및 판결문 Menzel vs. List, 49 Misc.2d 300(1966) (https://www.leagle.com/decision/196634949misc2d3001263) 참고.

법원의 판결에 따라 현 소유자인 리스트는 그림을 반환했지만 필
스 갤러리에 금전적 손해배상을 청구하였고, 이에 따라서 소송비용
과 변상 책임에 대해서 리스트와 필스 갤러리 사이의 공방이 이어졌
다. 최종적으로 필스 갤러리가 리스트에게 손해배상액을 지불하되,
법원은 리스트가 그림을 살 때 지불했던 4천 달러는 배상금액에서
제외하도록 판결하는 것으로 마무리되었다.

이 사례와 같이 나치의 약탈과 관련하여 얼마 전 영화 〈우먼 인
골드〉가 상영되었다. 구스타프 클림트(Gustav Klimt, 1862~1918)의 〈아
델레 블로흐-바우어 부인의 초상(Portrait of Adele Bloch-Bauer)〉(1907)을
둘러싼 사건이다. 오스트리아의 부유한 사업가 페르디난트(Ferdinand
Bloch-Bauer, 1864~1945)는 아내를 위해 클림트에게 초상화를 의뢰했
다. 아내 아델레는 1925년 사망했고, 1938년 오스트리아와 나치 합
병 시기에 페르디난트는 모든 재산과 미술품을 남겨놓고 스위스로

망명한다. 1945년 페르디난트는 사망하기 전 전 재산을 조카들에게 상속하였다. 또한 아델레는 죽기 전 오스트리아 벨베데레 갤러리(Gallery Belvedere)에 초상화를 기증하고 싶다했지만 이는 페르디난트의 유언장에는 반영되지 않았다. 페르디난트의 상속자 중 한명이었던 마리아 알트만(Maria Altmann, 1916~2011)은 아델레 초상화의 행방을 좇던 중 그림이 아델레의 유언에 따라 기증되어 벨베데레 갤러리에 있다는 것을 알게 된다. 하지만 아델레의 유언은 페르디난트가 사망한 1945년 이후에 기증을 희망한 것이고, 미술관에 그림이 양도된 것은 1941년으로 페르디난트가 타계하기 무려 4년 전이었다. 또한 그림의 법적 소유권은 사실상 의뢰를 하고 돈을 지불한 페르디난트에게 있기 때문에 아델레의 유언은 법적 효력이 없었다.

급기야 알트만은 이 사실을 알게 되고 벨베데레 갤러리에 초상화의 반환을 요구한다. 오스트리아 정부는 미술품이 오스트리아 밖으로 나가는 것을 제한하고 있었고, 따라서 외국에 거주하는 나치 미술품 약탈 피해자들에게 작품을 반환하는 것은 사실상 불가능했다. 하지만 1998년 한 기자가 오스트리아 국립미술관이 소장한 클림트 그림들이 불법적으로 거래되었다는 정황을 밝혔고, 아델레의 초상화는 1941년 나치 변호사 에릭 퓌허가 벨베데레 갤러리에 양도한 것이 밝혀졌다. 이에 알트만은 다시금 그림을 되찾기 위해 소송을 제기하려 하였지만, 오스트리아 법에는 소송 수수료를 작품 가치에 비례하여 1.2퍼센트를 추가 납부하도록 하는 조항이 있었다. 너무 큰 액수를 감당하기 어려웠던 알트만은 미국에서 오스트리아 정부를 상대로 국제법 위반에 대한 소송을 제기하였다. 오스트리아 정부가 지금은 미국 국민인 알트만의 사유재산을 약탈하여 미국 내에서 상업행위를 했다는 소송이었다. 그리고 지리한 싸움 끝에 2005년 오스트리아 중재법원의 판결에 따라 마리아 알트만은 아델레 블로흐-바우어의 초상화와 다른 클림트 작품 다섯 점을 돌려받는다.[61]

(3) 국내법에 따른 가상 사례

미술품 도난과 관련된 법적 문제에 대한 이해를 돕기 위해서 몇 가지 사례를 들어보자. 그런데 국내에서 실제로 발생하여 인용할 만한 사례가 별로 없어 몇가지 사례를 가정해 설명해 보도록 하겠다.

1) A가 B로부터 미술품을 구입하였는데, 그 미술품이 사실은 C가 1년 6개월 전에 B에게 도난당한 것이었으며, A는 위와 같은 사실을 몰랐던 경우에 대한 법적 검토

- A와 C의 법적 관계

민법 제249조의 규정에 따라, A가 B로부터 구입한 미술품이 도난당한 것인지를 전혀 몰랐고, 이에 대해 과실이 없는 경우 선의취득이 인정되어 A는 미술품의 소유권을 취득할 수 있다. 다만 민법 제250조의 규정에 따라, 도난된지 2년이 지나지 않았으므로 C는 A에게 미술품의 반환을 청구할 수 있고, A는 C에게 미술품을 반환해야 한다.

61) 문화재청, 〈문화재 반환 분쟁해결 국제사례 연구〉, 2011, pp. 79~96.

- A와 B의 법적 관계

A가 C에게 미술품을 반환하는 경우, A는 B를 상대로 민법 제390조(채무자가 채무의 내용에 따른 이행을 하지 아니한 때에는 채권자는 손해배상을 청구할 수 있다. 그러나 채무자의 고의나 과실 없이 이행할 수 없게 된 때에는 그러하지 아니하다) 또는 민법 제750조(고의 또는 과실로 인한 위법행위로 타인에게 손해를 가한 자는 그 손해를 배상할 책임이 있다)에 의거한 손해배상청구권을 행사할 수 있으며, 그 손해배상액은 A가 B에게 지급한 미술품 대금에 상당한다.

- B와 C의 법적 관계

C는 B를 상대로 민법 제750조에 따른 손해배상청구권을 행사할 수 있다. 이때에 C가 A로부터 미술품을 반환받지 않을 경우 손해배상액은 미술품 가격 상당이며, 반환받을 경우 C는 미술품 자체에 대한 손해는 없기 때문에 그 외의 다른 손해가 있는 경우에만 손해배상을 받을 수 있다.

- B의 형사책임

B에게 형법 세329조의 절도죄가 성립할 수 있다.

2) A가 B로부터 미술품을 구입하였는데, 그 미술품이 사실은 C가 1년 6개월 전에 B에게 도난당한 것이었으며, A는 위와 같은 사실을 알고 있었던 경우에 대한 법적 검토

- A와 C의 법적 관계

민법 제249조의 규정에 따라 A가 B로부터 구입한 미술품이 도난당한 것임을 알고 있었으므로 A는 위 미술품의 소유권을 취득할 수 없다. 따라서 A는 미술품을 선의취득한 것이 아니므로, C가 여전히 미술품의 소유자로 인정되며, 민법 제213조(소유물 반환 청구권)에 따라 A를 상대로 미술품의 반환을 청구할 수 있다.

- A와 B의 법적 관계

A가 C에게 미술품을 반환하는 경우, A는 B를 상대로 민법 제390조 또는 제750조에 따라 손해배상청구권을 행사할 수 있으며, 그 손해배상액은 A가 B에게 지급한 미술품 대금에 상당한다.

- B와 C의 법적 관계

C는 B를 상대로 민법 제750조에 따른 손해배상청구권을 행사할 수 있다. 이 때에 C가 A로부터 미술품을 반환받지 않을 경우 손해배상액은 미술품 가격 상당이며, 반환받을 경우 C는 미술품 자체에 대한 손해는 없기 때문에 그 외의 다른 손해가 있는 경우에만 손해배상을 받을 수 있다.

- B와 A의 형사책임

B에게는 형법 제329조의 절도죄가 적용될 수 있으며, A에게는 제362조의 장물취득죄가 적용될 수 있다.

3) A가 B로부터 미술품을 구입하였는데, 그 미술품이 사실은 C가 2년 2개월 전에 B에게 도난당한 것이었으며, A는 위와 같은 사실을 몰랐던 경우에 대한 법적 검토

- A와 C의 법적 관계

민법 제249조의 규정에 따라 A가 B로부터 구입한 미술품이 도난당한 것인지를 전혀 몰랐고, 이에 대해 과실이 없는 경우 선의취득이 인정되어 A는 미술품의 소유권을 취득할 수 있다. 또한 민법 제250조에 따라 이미 C가 미술품을 도난당한지 2년이 경과하였으므로, C는 A에게 미술품의 반환을 청구할 수 없다.

- A와 B의 법적 관계

A는 미술품 소유권을 취득하였고, C에게 미술품을 반환하지 않아도 되어 아무런 손해를 입지 않은 것이기 때문에 B에게 손해배상청구권을 행사할 수 없다.

- B와 C의 법적 관계

C는 B를 상대로 민법 제750조에 따른 손해배상청구권을 행사할 수 있으며, 그 손해배상액은 미술품 가격에 상당한다.

- B의 형사책임

B에게는 형법 제329조의 절도죄가 성립할 수 있다.

4) A가 경매에서 미술품을 취득하였는데, 그 미술품이 사실은 C가 도난당한 것이었으며, A는 그러한 사실을 전혀 몰랐던 경우에 대한 법적 검토

- 민법 제249조에 따라 A가 경매로 취득한 미술품이 도난당한 것인지를 전혀 몰랐고, 이에 대해 과실이 없는 경우 A는 미술품의 소유권을 취득할 수 있다. 다만 민법 제251조에 따라 경매나 공개시장에서 선의로 매수한 경우이기 때문에 C는 A에게 A가 미술품

구입을 위해 지급한 대금을 변상하고 미술품의 반환을 청구할 수 있다.

5) A가 경매를 통해 미술품을 취득하였는데, 그 미술품이 사실은 C가 도난당한 것이었으며, A는 그러한 사실을 알고 있었던 경우에 대한 법적 검토

– A와 C의 법적관계

민법 제249조의 규정에 따라 A가 B로부터 구입한 미술품이 도난당한 것임을 알고 있었으므로 A는 위 미술품의 소유권을 취득할 수 없다. 따라서 A는 미술품을 선의취득한 것이 아니므로 C는 민법 제213조에 따라 A에게 미술품의 반환을 청구할 수 있으며, A는 C에게 미술품을 반환해야 한다.

– A의 형사책임

A에게는 형법 제362조의 장물취득죄가 성립할 수 있다.

(4) 미술품 도난방지를 위한 정보시스템의 구축

미술품의 재산 가치는 점점 높아지고 있기 때문에 작품의 도난도 늘어나고 대범해지고 있다. 또한 미술품은 단순히 금전적 가치가 있기 때문만이 아니라, 때로는 사회적이거나 정치적 이유로 도난당하기도 한다. 1971년 벨기에 브뤼셀의 팔레 데 보자르(Palais des beaux-arts de Bruxelles)에서 도난당한 페르메이르의 〈연애편지(The Love Letter)〉(1669)를 훔친 범인은 그림을 돌려주는 대가로 동파키스탄의 난민과 가난한 사람들에게 원조하라는 요구를 하였고, 1974년 북아일랜드 공화국군은 아일랜드의 개인 미술관 러스버러 하우스(Russborough House)에서 작품 19점을 훔치고 투옥된 동료와 맞바꾸자며 미술품을 놓고 인질극을 벌이기도 하였다.[62] 또한 미술품 도난 사건은 박물관 및 미술관이 서로 작품을 대여하여 전시를 개최할 때 대여료나 보험료 부담을 크게 만들 뿐만 아니라, 상대적으로 보안이 취약한 지방이나 개발도상국의 전시를 어렵게 하여 문화 격차를 심화시키는 현상까지 가져올 수 있다. 이처럼 작품의 도난 사건이 가져오는 사회적인 영향을 고려하였을 때, 작품의 거래를 체계적으로 관리할 수 있는 등록 시스템이 관련 법률을 보다 효율적으로 활용하기 위해서라도 필요할 것으로 보인다.

현재 우리나라에서도 위작과 도난을 방지하기 위해서 미술품 유통에 관한 법률 제정을 추진 중에 있으며, 2017년 1월 한국미술시장정보시스템(www.k-artmarket.kr)을 공개했다. 여기에는 1998년부터 현재까지 국내 경매회사를 통해 거래된 8만여 건의 미술작품 데이터가 축적되어 있으며, 이를 기반으로 하는 통계와 검색 서비스를 제공하고 있어 작품의 장르와 색상·크기·가격 등 다양한 필터가 적용된 정보를 추출해 작품 매매와 관련된 기초 정보를 수집할 수 있다. 프랑스 등 유럽에서는 카탈로그 레조네(Catalogue Raisonné) 제작이 보편

---

62) 구치키 유리코, 《도둑맞은 베르메르, 누가 명화를 훔치는가》, 장민주 옮김, 눌와, 2006, pp. 140~163.

화되어 있어, 화가의 전 생애에 걸친 모든 작품의 정보를 상세하게 기록한 자료들을 활용해 향후 발생할 수 있는 위작·도난을 방지하는 데 큰 역할을 하고 있다. 반면 한국의 미술시장 정보시스템은 아직 기초 단계에 불과하지만, 투명한 미술시장을 위한 첫발을 내딛었다는 의미가 있다.

2. 미술품의 위작 문제

(1) 믿을 수 없을 만큼 진짜 같은 가짜[63]

제2차 세계대전이 끝난 1945년 연합군이 오스트리아 아우스제 근처의 소금 광산에서 나치가 숨겨두었던 대량의 미술품을 찾아내었고, 이 중 〈간음한 여인과 그리스도(Christ With The Adultress)〉(1942) [그림 21]라는 제목의 그림 위에는 'I.V. Meer'라는 페르메이르의 서명이 있어 주의를 끌었다. 이 작품은 그때까지 제작된 페르메이르의 '카탈로그 레조네'에 들어있지 않은 작품이었고, 드물게 성서의 내용을 소재로 한 독특한 특징이 있었다. 또한 그림과 함께 구입 경위가 상세히 적힌 문서도 발견되었는데, 여기에는 괴링이 1942년 지인이던 바이에른의 은행가 알로이스 미들을 통해 거금을 주고 그림을 구입하였으며, 이 그림을 제공한 이는 암스테르담의 화가 한 판 메

---

63) 이연식, 《위작과 도난의 미술사》, 한길아트, 2008 참조.

[**그림 21**] 메이헤런, 〈간음한 여인과 그리스도〉, 1942.

이헤런(Han van Meegeren, 1889~1947)이라는 인물이라고 기록되어 있었다. 이 사실 때문에 네덜란드 경찰은 메이헤런을 나치에 페르메이르의 작품과 같은 명화를 팔아넘긴 혐의로 체포했다. 메이헤런은 대독협력죄라는 죄목에서 벗어나기 위해 〈간음한 여인과 그리스도〉가 자신이 그린 위작이라고 고백했다. 하지만 아무도 이 말을 믿지 않았다. 그러나 조사가 계속되면서 메이헤런은 이 그림 외에도 페르메이르와 피터르 더 호흐(Pieter de Hooch, 1629~1684)와 같은 17세기 네덜란드 화가의 작품을 여러 점 위조했고, 이미 진품으로 미술관에 걸려 있다고도 고백했다.

결국 메이헤런은 자신이 위작을 만들었다는 사실을 증명하기 위해 경찰의 감시 아래 자택에 감금된 채 〈학자들 사이에 앉은 그리스도(Jesus among the Doctors)〉(1945)를 그렸고, 이 그림은 그가 이전에 그렸던 다른 위작들만큼 빼어나지는 않았지만 그가 페르메이르의 위작을 그렸다는 증거가 되었다. 결국 대독협력혐의 대신 사기죄 혐의가 인정되었다. 특히 그의 진술을 의심했던 전문가들과 대중들은 그림에 감탄하여 "우리는 페르메이르를 잃었지만 메이헤런을 얻었다"는 찬사를 보내며 마치 그가 나치를 속인 영웅인 것처럼 대했다.

메이헤런 이후, 미술계를 조롱하는 듯한 세기의 위조 작가는 계속해서 등장했다. 에릭 헵번(Eric Hebborn, 1934~1996) 역시 500여 점의 위작을 그린 후에도 잡히지 않다가 스스로 위작 사실을 자백하며 미술전문가들을 속이는 것이 얼마나 쉬운지, 딜러들이 이익을 최대화하기 위해서 어떻게 논란을 은폐하는지에 대해 폭로했다. 그는 또한 자서전의 한 페이지에 18세기 프랑스의 화가 장 밥티스트 코로의 진품과 자신의 위작을 나란히 놓고 진위를 가려보라며 답을 달아놓기도 했는데, 미리 밝혀놓은 답은 반대였고 결국 독자까지 속이는 위작가가 되었다. 자서전을 내고 4년 후 1995년 헵번은 《위작가의 핸드북(Il Manual del Falsario)》이라는 책을 출간했는데, 이 책에는 미술품 위조 방법을 비롯해 유통 방법까지도 상세히 적어놓아 화제가 되었다. 하지만 책이 출간되고 얼마 지나지 않은 1996년 헵번은 로마의 한 거리에서 두개골이 부서진 채 발견되었다. 경찰은 범인을 잡지 못했고, 결국 헵번의 동성애 성향과 관련된 치정 사건으로 마무리되었다.

(2) 뇌들러 갤러리(Knoedler Gallery) 사건[64]

뇌들러 갤러리는 고흐의 동생 테오가 일했던 곳이자, 밴더빌트, 록펠러, J. P. 모건, 그리고 메트로폴리탄 미술관, 루브르 박물관, 테이트 모던 등 미국 최고의 컬렉터 및 미술관 들과 거래를 해온 오랜 역사를 가진 갤러리이다. 그런 뇌들러 갤러리가 2011년 '영업상의 이유로 영구히 문을 닫는다'는 한 줄의 문장을 남기고 문을 닫게 되었다. 이유는 위작 시비 때문이었다. 1994년 로잘리스(Glafira Rosales)라는 딜러가 추상표현주의 작품 40점을 뇌들러 갤러리에 내놓았다. 40점의 작품은 모두 처음 공개되는 것이었으며 출처에 대한 기록이 전무했지만, 뇌들러 갤러리는 이 중 마크 로스코(Mark Rothko, 1903~1970)의 작품은 2004년 830만 달러(약 94억 원)에, 그리고 잭슨 폴록(Jackson Pollock, 1912~1956)의 작품은 2007년 1,700만 달러(약 193억 원)라는 높은 가격에 팔았다. 하지만 작품에 사용된 물감이 작가 사후에 시판된 것이라며 위작일 가능성이 제기되었다.

이에 갤러리 대표 앤 프리드먼(Ann Freedman)은 폴록과 로스코 등 추상표현주의 대가들의 작품 40점을 위작 판매한 혐의로 FBI의 수사를 받게 된다. 결국 40점의 그림 모두 중국 길거리 초상화가가 그린 것으로 밝혀져 위조범으로 체포되면서 사건의 전말이 드러났다. 미국 미술시장에서 165년의 역사를 자랑하는 뇌들러 갤러리는 이렇

---

64) "잭슨 폴록·마크 로스코… 세기의 미술품 위작 사건 전모" 조선비즈, 2016년 8월 1일 참고.

게 위작 소동으로 참혹하게 문을 닫고 만다. 이 사건에는 드 소울 (De Sole) 소더비 경매회사 회장 등 미술계의 유명 인사들이 얽혀 있었지만, 거래에서 익명성 보장을 중요시하는 미술시장의 특성에 따라 아무런 보증서도 없는 작품들이 안목이 있다고 알려진 상류층에게 거액에 판매되었다는 자조 섞인 비난을 남긴 채 종료되었다.

(3) 위작에 대한 법률 규정

미술작품의 위작은 작품을 위조하는 것과 위조된 작품을 판매하는 것의 두 가지 측면에서 법에 저촉될 수 있다. 먼저 미술품을 위조하는 행위 자체는 저작권법에 따라 저작권자의 복제권 또는 2차적 저작물 작성권 침해가 된다. 하지만 저작권 존속기간이 종료된 작품의 경우에는 그 작품을 위조하더라도 문제가 되지는 않는다. 위조된 작품을 판매하는 경우에는 판매 대상을 모조품이라고 밝히고 판매 행위를 한 경우에는 법에 저촉되지 않는다. 법적으로 문제가 발생하는 경우는 모조품을 진품이라고 속여 팔았을 경우인데, 이 경우 형사적으로는 형법 제347조에 따른 사기죄가 성립하고 민사적으로는 민법 제110조에 따라 사기를 이유로 매매계약을 취소하고 대금의 반환청구가 가능하다. 또한 매매대금을 반환 받고도 경제적 또는 정신적 손해가 있는 경우에는 민법 제750조 및 제751조에 따라 그 손해까지 배상받을 수 있다.

하지만 실제 위작품 거래에서 가장 문제가 되는 상황은 쌍방 모두 위작품을 진품으로 알고 거래한 경우이다. 이 경우에 판매자나

> **형법**[시행 2016. 12. 20.] [법률 제14415호]
> 제347조(사기) ①사람을 기망하여 재물의 교부를 받거나 재산상의 이익을 취득한 자는 10년 이하의 징역 또는 2천만 원 이하의 벌금에 처한다.
> ②전항의 방법으로 제삼자로 하여금 재물의 교부를 받게 하거나 재산상의 이익을 취득하게 한 때에도 전항의 형과 같다.

> **민법**[시행 2017. 6. 3.] [법률 제14278호]
> 제110조(사기, 강박에 의한 의사표시) ①사기나 강박에 의한 의사표시는 취소할 수 있다.
> ②상대방있는 의사표시에 관하여 제삼자가 사기나 강박을 행한 경우에는 상대방이 그 사실을 알았거나 알 수 있었을 경우에 한하여 그 의사표시를 취소할 수 있다.
> ③전2항의 의사표시의 취소는 선의의 제삼자에게 대항하지 못한다.
> 제750조(불법행위의 내용) 고의 또는 과실로 인한 위법행위로 타인에게 손해를 가한 자는 그 손해를 배상할 책임이 있다.
> 제751조(재산 이외의 손해의 배상) ①타인의 신체, 자유 또는 명예를 해하거나 기타 정신상 고통을 가한 자는 재산 이외의 손해에 대하여도 배상할 책임이 있다.
> ②법원은 전항의 손해배상을 정기금채무로 지급할 것을 명할 수 있고 그 이행을 확보하기 위하여 상당한 담보의 제공을 명할 수 있다.

구매자 모두 거래 작품이 진품이라고 인식했기 때문에 당사자 중 누구에게 더 큰 책임을 물어야 하는지가 문제가 된다. 우리나라에서는 이러한 경우에 민법 제109조의 '착오로 인한 의사표시의 문제'로 판단한다.

> **민법**[시행 2017. 6. 3.] [법률 제14278호]
> 제109조(착오로 인한 의사표시) ①의사표시는 법률행위의 내용의 중요부분에 착오가 있는 때에는 취소할 수 있다. 그러나 그 착오가 표의자의 중대한 과실로 인한 때에는 취소하지 못한다.
> ②전항의 의사표시의 취소는 선의의 제삼자에게 대항하지 못한다.

'착오로 인한 의사표시'의 경우 위에서 본 바와 같이 두 가지 요건을 필요로 하는데 그 요건은 ① 법률행위의 내용의 중요부분에 착오가 있을 것, ② 착오가 의사표시자의 중대한 과실로 인한 것이 아니어야 한다. 그런데 위작품을 진품으로 알고 거래한 것이기 때문에 첫 번째 요건인 중요부분에 관한 착오의 부분에 대하여는 법적으로 별로 다툼이 없을 것이다. 법적 문제의 대부분은 두 번째 요건인 의사표시자의 중대한 과실 여부로서, 의사표시에 관한 '중대한 과실' 여부를 둘러싸고 치열한 법적 다툼이 벌어지고 있다.

실거래상 착오에 의한 미술품 구입을 둘러싸고 대법원까지 가게 되었던 '위조된 고려청자 매매사건'을 살펴보자. 1995년 평소에 잘 알던 사람의 말만 믿고 고려청자를 비싼 가격에 구매했는데 알고 보니 그 고려청자가 위작으로 밝혀진 사건이다. 원심에서는 매수자가 전문가의 도움을 받는 등 보다 세심하게 물건의 출처를 따지거나 전문 감정을 거치지 않은 것을 '의사표시자의 중대과실'로 여겨 계약을 취소할 수 없다고 판단했다.

대법원 96다26657(1997. 8. 22. 선고) 판결문 중(원심판결 이유)

1. 원심판결 이유에 의하면, 원심은 그 거시 증거에 의하여 인정한 판시 사실을 토대로 하여 A가 이 사건 도자기를 고려시대에 제작된 고려청자로 오신하고 금 43,000,000원이라는 거액에 매수하기로 하여 체결한 이 사건 매매계약은 그 중요 부분에 착오가 있는 경우에 해당한다고 판단하는 한편, 위 A는 골동품을 취급한 바 있는 B를 오래 전부터 알고 지내면서 B의 소개로 도자기를 여러 차례 매수한 경험이 있고, 그 경우 위 B를 통하여 C에게 감정을 받아 본 적이 있는 사실, 그런데 위 매매계약 당시 위 A는 서울에서 내려온 감정사로 행세하며 수십 년간 도자기를 만져보고 소장도 하고 있어 멀리 떨어져 있어도 진품을 식별할 줄 안다고 하면서, 이 사건 도자기의 소장자, 그 출처 등을 확인해 보지도 아니한 채 (중략) 오히려 먼저 위와 같이 도자기를 감정한 위 A에게 매수할 대금을 물었고, 이에 위 A가 금 40,000,000원으로 제안한 사실, 한편 위 A는 위와 같이 감정하였으나, 이 사건 도자기가 진품이라는 점에 대하여 확신할 수 없어 일행인 위 B로 하여금 위 도자기를 다시 살펴보게 하고, 나중에 감정하여 진품이 아니면 반품하면 되리라고 서로 의견을 나눈 사실을 인정한 다음, 위 인정 사실에 의하면 위 A는 여러 차례의 도자기 매수 경험을 통하여 골동품 도자기의 작품성이나 제작연대를 식별하는 것은 매우 어려울 뿐만 아니라 그 자신은 이에 관한 전문지식이 없어 매수시에는 감정인의 감정 등 전문가의 조력이 필요하다는 점을 잘 알고 있었으므로, 이 사건 도자기를 매수함에 있어서는 그 소장자나 출처 등을 확인하고 감정인으로 하여금 감정을 하게 하거나 그렇지 아니하면 고려청자가 아님이 밝혀진 경우 매매계약을 해제한다는 등의 조건을 붙여 위 도자기가 고려청자가 아닐 경우를 대비하여야 할 것임에도, 위 도자기가 고려청자가 아닐지도 모른다고 의심을 하면서도 매도인측과는 관계없이 소개인 원고의 언동을 과신하여 스스로 고려청자라고 믿고 매수하였음을 알 수 있는바, 위와 같이 골동품 도자기 매수인으로서 취하여야 할 필요한 조치 내용을 이미 습득하고 있는 위 A가

그 필요한 조치를 취하지 아니한 채 이 사건 도자기를 희소하고 거래가 드문 고려청자로 쉽게 믿은 것은 골동품 도자기의 매수시 보통 요구되는 주의를 현저히 결여한 중대한 과실로 인한 것이라고 할 것이므로 위 A는 위 착오가 있다 하더라도 위 매매계약을 취소할 수 없다고 판단하였다.

하지만 대법원은 원심의 판결을 뒤엎고 '의사표시자의 중대과실'이 있었다고 보기 어렵기 때문에 착오에 의한 계약을 취소할 수 있다는 판결을 내렸다. 원심과는 달리 매수자가 고려청자의 진위 여부를 가리기 위해 출처를 물어보거나 전문가의 도움을 받는 등의 주의 의무를 게을리하였다 해도 그것이 '의사표시자의 중대한 과실'로 인정될 정도의 통상의 주의 의무를 현저하게 결여한 것으로 보기 어렵다고 인정한 것이다.

대법원 96다26657(1997. 8. 22. 선고) 판결문 중(대법원판결 이유)

2. 그러나 민법 제109조 제1항 단서에서 규정하고 있는 '중대한 과실'이라 함은 표의자의 직업, 행위의 종류, 목적 등에 비추어 보통 요구되는 주의를 현저히 결여한 것을 말하는 것 인바, 이 사건 도자기는 (중략) 소개인인 원고 등이 제대로 소장자와 출처를 알려주지 아니하여 이를 확인하지 못한 채 농업협동조합의 부장 직위에 있고 목은 이색의 후손으로 대대로 물려 내려온 이색시집 8폭을 보관하고 있는 점으로 미루어 신분이 확실하고 믿을 수 있는 사람으로 보이는 원고가 이 사건 도자기는 많은 골동품을 소지하고 있는 강진의 유지가 갖고 있는 작품인데 소장자가 골동품을 파는 것을 누가 알게 되면 인격적인 손상이 생길 것을 염려하여 만나기를 꺼려한다고 말하므로 그 말을 믿는 한편 (중략) 위 A는 전에도 도자기를 매수한

경험이 있었지만 골동품 도자기의 진품 여부나 제조연대를 식별할 수 있는 지식과 능력을 갖춘 전문가는 아닌 점, 감정인의 감정 등 전문가의 조력을 받는다고 하더라도 골동품인 도자기의 작품성과 제작연대를 확인하기가 쉽지 않은 점 등에 비추어 보면 원심이 판시한 바와 같이 위 A가 이 사건 매매계약을 체결하면서 자신의 식별 능력과 매매를 소개한 원고를 과신한 나머지 이 사건 도자기가 고려청자 진품이라고 믿고 소장자를 만나 그 출처를 물어 보지 아니하고 전문적 감정인의 감정을 거치지 아니한 채 이 사건 도자기를 고가로 매수하고 이 사건 도자기가 고려청자가 아닐 경우를 대비하여 필요한 조치를 강구하지 아니한 잘못이 있다고 하더라도 그와 같은 사정만으로는 위 A가 이 사건 매매계약 체결시 요구되는 통상의 주의의무를 현저하게 결여하였다고 보기는 어렵다고 할 것이다.

그럼에도 불구하고 원심이 그 판시와 같은 이유만으로 위 A에게 중대한 과실이 있다고 하여 원고의 청구를 배척한 것은 착오에 관한 법리를 오해함으로써 판결 결과에 영향을 미친 위법을 저질렀다고 하지 않을 수 없다.

(4) 국내 사례

1) 이중섭과 박수근 위작 시비[65]

2005년 한국고서연구회 명예회장 A가 발표한 이중섭(1916~1956)과 박수근(1914~1965) 작가의 미발표 작품 2,827점을 둘러싼 진위 공방은 한국미술사 최대의 사기 사건 중 하나였다. 이중섭 작가의 둘째 아들 이태성 씨는 문제의 작품들 중 4점을 서울옥션에 위탁판매

---

65) '빨래터의 빨랫감은 누구?-박수근 〈빨래터〉를 둘러싼 진위 공방 게임, 사건요약일지', 〈미술세계〉 279호, pp. 244~245.

하여, 2005년 4점 모두 높은 가격에 낙찰되었다. 하지만 안목 감정과 물감 성분 분석 등의 방법을 동원해 감정한 결과, 이중섭과 박수근의 작품 2,827점 모두가 위작이라는 판정이 내려지고 A에게는 실형과 작품 몰수가 선고되었다. 수천 점에 달하는 위작의 위조범과 유통경로는 명확하게 밝혀지지 않았지만 사건은 일단락되는 듯 보였다.

그러다가 국내 미술품 경매 사상 45억2천만 원이라는 최고 낙찰가를 기록한 박수근 작가의 〈빨래터〉가 위작 시비에 휘말렸다. 격주간지 〈아트레이드〉가 2008년 1월 창간호에서 최고가에 낙찰된 〈빨래터〉와 그간 실린 도록에 등장한 〈빨래터〉의 차이점, 박수근 작가의 다른 그림들과 비교를 담은 위작 의혹 제기 기사를 실으면서 논란의 불이 지펴졌다. 서울옥션은 정확한 근거 없이 주관적 인상만으로 위작 시비를 건 것에 대해 〈아트레이드〉를 상대로 명예훼손 소송을 제기했다. 소송 과정에서 문제가 된 〈빨래터〉에 대해 특별감정단이 두 차례에 걸쳐 비공개 감정을 진행했고, 진품이라는 판정이 나왔다. 박수근 생전 그림도구를 직접 지원했다고 알려진 미국인 존 릭스가 1950년대 중반 박수근에게 직접 그림을 받았다는 소장 경위가 확인되었고, 적외선과 엑스선 촬영 등을 통해 1950년대의 작품임을 확인했다는 과학감정이 진품이라는 증거로 제시되었다. 그러나 법원은 〈아트레이드〉의 명예훼손 혐의에 대해서는 언론으로서 위작 의혹을 받고 있는 그림에 대해 의문을 제기하며 진위 감정의 필요성을 주장한 것은 상당한 이유가 있으며 정당한 언론의 행위라고 보

> **서울중앙지방법원 2008가합7265(2009. 11. 4. 선고) 판결문 중**
>
> 전 소장자 존 릭스가 1984년에서 1956년 사이에 한국에서 근무하였고 근무하면서, 박수근화백의 그림을 소장하게 되었다는 원고의 주장은 사실인 것으로 판단하고, 여기에 먼저 앞서의 안목감정 그리고 과학감정 결과를 보태어 보면, 이 사건 그림 역시 존 릭스 및 그 가족들의 사진들에 나타난 다른 그림들과 함께 존 릭스가 박수근화백으로 부터 교부 받았을 것으로 추정한다. 다만 앞서서 비추어 보았던 거와 같이 이중섭 화백과 같이 우리나라의 대표적인 3대 화가로 평가 받고 있는, 박수근화백의 미공개작이 50년 만에 세상에 모습을 드러내어, 경매시장에서 역대 최고가로 매각되었는데, 그 표현기법이 박수근 화백의 전형적인 스타일에 비하여 생경하게 느껴지고, 그동안의 시간의 경과에 비하여 보존상태가 너무 완벽하여 오히려 의심을 불러일으키고 있어, 그 경매절차를 주관하는 원고는 경매에 앞서 자체 감정단을 통하여 아무런 소개가 없이, 그 같은 기사가 기재 될 때 까지 비록 박수근화백의 장남이라고는 하지만 미술품에 대한 전문 감정인은 아닌 P씨가 진품이라고 결론만 기재하여 작성한 감정소견서를 제시하였을 뿐이고, 경매도록에 작품출처와 관련하여 이 액자의 배경에 대하여 장황하게 전개한 설명에 그 자체가 설득력이 없어 우리가 의혹을 사기에 충분하였다면, 이와 같은 상황에서 피고들이 이사건 그림이 위작이라는 의혹을 받고 있다고 알리면서, 위에서 언급된 문제점들에 대하여 구체적으로 설명된 다음, 결론적으로 감정협회를 통해 진위감정의 필요성을 주장하는 데에는, 상당한 이유가 있다는 점에서 이 사건 기사는 정당한 언론의 행위를 벗어난 것으로 볼 수가 없다.

아야 한다고 판결하였다.

하지만 원심의 진품 확정에도 불구하고 미술계에서는 작품의 진위에 대한 의구심을 풀지 않았다.

그리고 지난 2017년 7월, 이중섭과 박수근의 작품 2,827점에 대해 대법원이 위작임을 인정하고 원심을 확정하면서 12년에 걸친 긴 논란이 종결되었다. 원고에게는 사기 등의 혐의가 인정되었고, 재판부는 "묘사된 그림의 크기나 위치, 바탕선이 거의 베낀 듯이 일치하는 형태의 그림이 존재하고 있고, 이중섭, 박수근의 생전에는 없었을 것으로 보이는 물감이 칠해져 있는 것도 있다"며 "진품 수에 비해 피고인이 보유하고 있는 작품의 수가 너무 많은 점, 1970년대 초에 인사동 고서점에서 집 1채 값으로 이 그림들을 묶음으로 구입했다고 주장하는 점 등을 보면 그림들은 진짜가 아닌 것으로 보인다"라고 판결을 내렸다.[66]

2) 천경자 위작 시비

삼십년 가까이 위작논란 중에 있는 천경자의 〈미인도〉는 김재규 전 중앙정보부장의 재산이 압수되면서 정부의 소유가 되어 국립현대미술관 수장고에 보관되다가 1991년 전시되었는데, 작가가 자신의 작품이 아니라는 주장을 내놓아 논란이 되었다. 국립현대미술관은 진위를 가리기 위해 엑스선·적외선·자외선 촬영 등 과학적인 방법을 동원하여 1991년 진품 판정을 받았다. 하지만 천경자 작가는 "자기 자식인지 아닌지 모르는 부모가 어디 있습니까? 나는 결코 그 그림을 그린 적이 없습니다"라고 반박했고, 작품 활동 중단을 선

---

66) "미술판 희대의 사기… '이중섭·박수근 위작사건' 12년의 기록", 뉴스1, 2017년 7월 28일.

언하고 미국으로 떠났다. 하지만 1999년 스스로 〈미인도〉를 위조했다고 증언하는 B의 등장으로 미인도 논란이 재개되었다.[67] 또한 국립과학수사연구소와 한국과학기술연구원 모두 감정을 진행했다는 기록이 없다고 밝혀, 1991년 진품 판정의 근거가 된 과학적 정밀 감정이 애초에 없었다는 의혹이 제기되었다.

2016년 천경자 작가의 유족은 국립현대미술관을 상대로 사자명예훼손, 저작권법 위반 등 혐의로 고소하였고, 국내 기관이 아니라 해외 기관에 감정을 의뢰할 것을 요구했다. 유족의 의뢰를 맡은 프랑스 뤼미에르 과학감정 연구소(LMTI: Lumiere Technology Multispectral Institute)는 〈미인도〉를 위작이라고 판정했다. 그림의 눈·코·입 등 특정 부분을 1,600여 개의 단층으로 쪼갠 뒤 분석해 다른 천 화백의 작품들과 비교했을 때 각 요소들이 전혀 일치하지 않다는 것이었다. 그러나 서울중앙지방검찰청은 이와 정반대로 〈미인도〉를 또 한 번 진품으로 판정했다.[68]

2017년 4월 국립현대미술관은 '소장품특별전: 균열'에서 대중에 〈미인도〉를 공개했고, 결국 법적으로는 진품으로 다시 한 번 결론이 났음에도 미술계를 중심으로 여전히 위작 논의는 계속되고 있다.

67) "천경자 화백 〈미인도〉 내가 그린 가짜", 동아일보, 1999년 7월 8일.
68) "프랑스 감정팀 '천경자 〈미인도〉 가짜'", 국제신문, 2016년 11월 3일.

(5) 미술품 감정의 문제

이제 작품의 진위 여부를 판단하는 데 가장 믿을 만하다고 여겨졌던 작가의 발언조차 의심해야만 하게 되었다. 작품의 투자 가치와 재산 가치가 높아지면 높아질수록 위작과 유통의 방법은 더욱더 전문적이고 과학적이 될 것이고, 미술시장의 성장을 가로막는 큰 걸림돌이 될 것임에 분명하다. 한 걸음 더 나아가 위작에 관련된 사건은 개인의 재산적 손실과 명예의 실추를 넘어서 국가적 문화 수준 인식의 하향화 등 여러 가지 사회문제로 이어지기 때문에 단순하게 넘어갈 수 없는 중대한 문제임이 명백해졌다. 국내에서도 한국미술사에 기록될 만한 위작 사건이 벌써 여러 건 있었다. 미술계에서는 작가별로 작품 전체를 등록하는 카탈로그 레조네의 법제화를 통해 미술품 감정에 필요한 데이터베이스 구축을 요구하는 목소리가 커지고 있다. 시간과 비용이 많이 투자되어야 할 뿐만 아니라, 미술시장 내 거래의 투명성도 담보되어야 하기 때문에 접근이 쉽지는 않겠지만 언제까지 불확실성 속에 방치하고 있을 수만은 없을 것이다.

우리나라에서는 조달청을 통해 '정부미술품관리자문위원회'를 두고 있으며, 필요 시 위원회를 통해 감정을 실시하고 있다.

또한 문화재청에서는 10개 시·도 13개소(국제공항 8개소, 국제부두 5개소)에 '문화재감정관실'을 두고 국외로 출입하는 문화재들의 확인과 감정을 통해 밀반출을 감시하는 기능을 하고 있다. 이 외에도 한국고미술협회·한국화랑협회·한국미술품감정협회 등의 민간단체에서도 미술품 감정 역할을 수행하고 있다. 특히 미술품이 거래되는

정부미술품관리자문위원회 운영규정[시행2010. 2. 4.] [조달청훈령 제1481호]

제1조(목적) 이 규정은 정부미술품보관관리규정에 따라 정부미술품관리자
문위원회의 설치 및 운영에 관한 사항을 규정함을 목적으로 한다.

제3조(직무) 이 규정에 따라 위촉되는 자문위원은 다음 사항에 관하여 자문
에 응한다.

①정부보유 미술품의 관리유지 및 발전연구에 관한 사항

②정부보유 미술품과 관련되는 질의·해석에 관한 사항

③작품에 대한 감정요청시 그 감정에 관한 사항

④기타 미술품관리 및 보존에 전문적인 지식을 필요로 하는 사항

제4조(자격) 자문위원의 자격은 다음과 같다

①당해분야 작품에 대하여 그 진위를 판별하고 작품가액을 감정할 수 있
는 능력을 소지한 자

②미술품 관련분야에서 수년간 활동경력이 있는 자

③전·현직 공직자로서 예술품이나 문화재 등 관련업무의 경력이 있는 자

④정부 미술품관리 자문위원으로서의 상당한 품위를 지닌 자

제8조(자문의 절차) ①조달청장은 정부보유 미술품의 관리유지에 있어 필요
한 경우 자문위원에게 자문을 요청할 수 있다.

②미술품을 보유한 관서의 장은 조달청장과 협의를 거쳐 자문을 요청할
수 있다.

③자문의 요청을 받은 자문위원은 자문사항에 대한 의견을 문서로서 제시
하고 필요에 따라 구두로 제시할 수 있다.

제9조(감정 방법) 작품의 감정방법은 지참감정과 출장감정으로 구분한다.

①지참감정이란 미술품을 보유하는 자(기관)가 이를 지참하여 행하는 감정
을 의미한다.

②출장감성은 자문위원이 미술품의 보유장소에 직접 출장함으로서 행해지
는 감정을 말한다.

옥션회사에서는 감정 관련 약관을 세부적으로 규정하여 경매회사와 위탁자의 책임, 재감정 시 규약 등을 분명하게 하고 있다. 감정의 과정을 보다 투명하게 하고 전문성을 높이기 위하여 세계 각국에서는 전문가 양성 과정과 자격증 제도를 실시하고 있으며, 우리나라도 서서히 체계를 갖추어 갈 것으로 보인다.

3. 미술품 구입과 횡령·배임 문제

(1) 메세나부터 스폰서십까지

예술에 대한 사회 지배층의 후원은 고대 로마 시대에 시작되어 르네상스 시대의 메디치 가문의 메세나 활동에서 황금기를 이루었다고 볼 수 있다. 메디치 가문은 세 명의 교황과 피렌체의 통치자를 배출하고 혼인을 통해 프랑스와 영국 왕실까지 영향을 끼친 명문가이다. 그중에서도 피렌체의 통치자였던 로렌초 메디치는 이탈리아 르네상스 예술의 가장 큰 후원자로 알려져 있다. 그의 후원 아래 작품 활동을 펼친 이들이 바로 다빈치·보티첼리·미켈란젤로 등의 르네상스 대가들이다.

19세기 이후에는 데이비드 록펠러((David Rockefeller, 1915~2017)의 주도로 설립된 기업예술후원회(Business Committee for the Arts)가 이러한 전통을 이어받았고, 이후 세계 각국에서 메세나(Mecenat) 활동의 근간이 되었다. 특히 최근에는 기업의 미술품 구매 행위를 기업의 사회적 책임(CSR: Corporate Social Responsibility) 차원에서 보고 있다. 기업이 소장 미술품을 다양한 채널을 통해 대중이 향유할 수 있도록 기회를 제공함으로써 기업이 사회 구성원으로서 얻은 이익을 사회에 다시 환원한다는 논리이다. 메디치 가문의 유산을 모아 만든 피렌체의 우피치 미술관(Galleria degli Uffizi), 당대 최고의 석유재벌 진 폴 게티(Jean Paul Getty, 1892~1976)의 컬렉션을 대중에 공개한 로스앤젤레스의 게티 미술관(J. Paul Getty Museum), 록펠러 가의 며느리가 주축이 되어 설립한 뉴욕의 MoMA(Museum Of Modern Art), 금융계 재벌 J. P. 모건(John Pierpont Morgan, 1837~1913) 가문이 이끄는 뉴욕의 메트로폴리탄 미술관(Metropolitan Museum of Art), 그리고 한국의 삼성미술관 리움(Leeum, Samsung Museum of Art)이 그 대표적인 예이다.

하지만 기업의 미술 관련 활동이 항상 긍정적인 평가만을 받지는 않는다. 19세기 이후 시장경제를 장악하게 된 대기업들은 예술 애호 정신을 가지고 예술을 장려하고 지원하는 전통적이고 공리적인 후원자보다는 고도로 발전된 자본주의 사회에서 기업의 홍보를 위해 특정한 이벤트 비용을 지불하는 스폰서로 전환하게 된다.

(2) 미술품 횡령·배임에 관련된 논의

오늘날 기업의 미술품 구입은 주주·채권단의 이해관계와 기대수익 변동에 따라 문제가 될 수 있다. 특히 미술품 구입에 대한 의사 결정이 소수 핵심 경영진의 의견만으로 결정될 경우, 기업 전체의 입장에서는 미술품 구매 행위를 기업 발전과는 무관한 낭비로 볼 수도 있기 때문에 이를 업무상 배임 행위로 보는 사례도 발생한다. 미국의 옥시덴탈 석유(Occidental Petroleum)는 1989년 캘리포니아 로스엔젤레스 대학(UCLA)에 해머 미술관(Hammer Museum)을 설립하여 옥시덴탈 석유 창업주의 소장 컬렉션을 공개하기로 결정했다. 하지만 회사의 주주들이 회사 자금을 투입한 공공 미술관 설립은 배임 행위라고 주장하며 창업주를 상대로 소송을 제기하였다. 법원은 일정 수준의 이익을 내는 기업이 예술분야에 기부하거나 미술관을 설립하는 것은 법적으로 문제가 없다고 판결하였지만, 기업의 미술품 구입에 대한 지침을 제시하여, 이러한 결정을 할 때에는 외부 전문가들로부터 독립된 평가를 받는 것이 좋으며, 주주들에게 모든 정보를 공개해야 한다고 명시하였다.[69]

냉동식품 유통기업 새러 리(Sara Lee)의 경영진 역시 1990년대 후반 회사가 소장한 미술작품 52점 중 40점을 미국소재 미술관에 기증하겠다는 계획을 세웠으나 이사회의 반대에 부딪혀 갈등을 겪었다. 새러 리의 대표이사는 미술품 기증에 따르는 홍보효과와 면세혜택을 근거로 이사회와 주주를 끈질기게 설득하였고, 결국 2000년 시카고 아트 인스티튜트에 14점, 워싱턴 내셔널 갤러리(National Gallery of Art)와 뉴욕 메트로폴리탄 미술관에 각 1점 등 총 52점의 소장품 모두를 계획대로 기증했다.[70] 새러 리의 미술품 기증은 당시 사회적으로

---

69) "잘 하면 예술 지원, 잘 못하면 횡령… 한국엔 뚜렷한 기준 없어", 중앙선데이, 2011년 7월 2일.

긍정적인 평가를 받았으며, 기업 이미지를 높이는 역할을 해냈다.

(3) 미술품 횡령·배임에 관한 법률 규정

배임(형법 제356조)이란 개인 본인이나 제3자의 이익을 위하여 자신의 임무에 위배되는 행위를 하여 소속된 회사나 단체에 재산상의 손해를 끼치는 경우를 뜻한다. 예를 들어 회사의 돈을 사용하여 5억원 가치의 그림을 개인적으로 친분관계가 두터운 아트딜러와 은밀하게 협상하여 10억 원으로 과다 계산하여 구입하고, 그 대가로 재산상의 이익을 취하고 회사에 손해를 입히는 경우는 배임죄에 해당한다. 또한 횡령(형법 제355조)이란 공금이나 타인의 재물을 불법으로 차지하는 것을 뜻한다. 대기업의 오너가 회사의 돈으로 그림을 구입하여 자신의 개인 저택에 소장하거나 다시 판매하여 그 판매 대금을 차지하는 경우는 횡령죄에 해당한다.

배임과 횡령은 현행법의 「형법」, 「특정경제범죄가중처벌법」, 「상법」에서 규정하고 있다. 「특정경제범죄가중처벌법」에서는 그 이득액이 많을 경우에는 가중처벌하고 있으며, 「상법」에서는 제399조·401조에 따라 회사 이사 등 경영진에 의한 배임행위로 회사에 손해가 발생하면 이를 배상할 책임이 있다고 명시하고 있다. 또한 제622조에서는 특별배임죄에 해당하는 업무상 배임 행위는 형사상의 처벌을 받을 수 있다고 명시하고 있다.

---

70) "Sara Lee Is Donating Impressionist Art to 20 U.S. Museums", 뉴욕타임스, 1998년 6월 3일.

형법[시행 2016. 12. 20.] [법률 제14415호]

제355조(횡령. 배임) ①타인의 재물을 보관하는 자가 그 재물을 횡령하거나 그 반환을 거부한 때에는 5년 이하의 징역 또는 1천500만 원 이하의 벌금에 처한다.

②타인의 사무를 처리하는 자가 그 임무에 위배하는 행위로써 재산상의 이익을 취득하거나 제삼자로 하여금 이를 취득하게 하여 본인에게 손해를 가한 때에도 전항의 형과 같다.

제356조(업무상의 횡령과 배임) 업무상의 임무에 위배하여 제355조의 죄를 범한 자는 10년 이하의 징역 또는 3천만 원 이하의 벌금에 처한다.

제357조(배임수증재) ① 타인의 사무를 처리하는 자가 그 임무에 관하여 부정한 청탁을 받고 재물 또는 재산상의 이익을 취득하거나 제3자로 하여금 이를 취득하게 한 때에는 5년 이하의 징역 또는 1천만 원 이하의 벌금에 처한다.

②제1항의 재물 또는 이익을 공여한 자는 2년 이하의 징역 또는 500만 원 이하의 벌금에 처한다.

③ 범인 또는 정(情)을 아는 제3자가 취득한 제1항의 재물은 몰수한다. 그 재물을 몰수하기 불가능하거나 재산상의 이익을 취득한 때에는 그 가액을 추징한다.

특정경제범죄 가중처벌 등에 관한 법률 (약칭: 특정경제범죄법)[시행 2016. 12. 1.] [법률 제14242호]

제3조(특정재산범죄의 가중처벌) ① 「형법」 제347조(사기), 제350조(공갈), 제350조의2(특수공갈), 제351조(제347조, 제350조 및 제350조의2의 상습범만 해당한다), 제355조(횡령·배임) 또는 제356조(업무상의 횡령과 배임)의 죄를 범한 사람은 그 범죄행위로 인하여 취득하거나 제3자로 하여금 취득하게 한 재물 또는 재산상 이익의 가액이 5억 원 이상일 때에는 다음 각 호의 구분에

따라 가중처벌한다.

1. 이득액이 50억 원 이상일 때: 무기 또는 5년 이상의 징역

2. 이득액이 5억 원 이상 50억 원 미만일 때: 3년 이상의 유기징역

② 제1항의 경우 이득액 이하에 상당하는 벌금을 병과(併科)할 수 있다.

상법[시행 2016. 3. 2.] [법률 제13523호]

제399조(회사에 대한 책임) ① 이사가 고의 또는 과실로 법령 또는 정관에 위반한 행위를 하거나 그 임무를 게을리한 경우에는 그 이사는 회사에 대하여 연대하여 손해를 배상할 책임이 있다.

②전항의 행위가 이사회의 결의에 의한 것인 때에는 그 결의에 찬성한 이

위에서 살펴보았듯이 기업 경영인의 미술품 투자가 법적으로 문제가 되는 경우는 ① 개인적 수집취미를 위해 회사 경비를 사용하는 것, ② 회사의 미술품을 개인적 용도로 사용하는 것, ③ 회사와의 현재 또는 미래 관계를 이용해 화가나 화랑과의 미술품 매매에서 개인적 이익을 취하는 것, ④ 개인적 이익을 위해 미술관·화랑 등에게 회사의 자원으로 편의를 제공하거나 회사의 공금을 기부하는 것, ⑤ 개인의 소장품과 회사의 소장품을 불공정하게 교환하여 개인적 이익을 취하는 것 등으로 나누어볼 수 있다.

(4) 국내 사례

1) 〈행복한 눈물〉 사건(2008)

2007년 L미술관의 H관장이 기업 비자금으로 거액의 해외 현대미술품을 사들였다는 의혹이 제기되었다. A그룹의 전직 법무팀장인 B변호사는 A그룹이 2002년부터 2003년 사이에 C갤러리를 통해 크리스티와 소더비 경매에서 구입한 30여 점의 미술품 내역과 대금 지불을 위한 외환 조달 방법을 폭로했다. 의혹이 제기된 작품 중 팝아트 작가 리히텐슈타인(Roy Lichtenstein, 1923~1997)의 〈행복한 눈물(Happy Tears)〉(1964)은 2002년 크리스티 뉴욕 경매에서 약 100억 원에 낙찰된 작품으로 논란이 되었다. A그룹의 비자금 의혹에 대한 폭로는 사회적 파장을 일으켜 같은 해 11월 국회에서 '비자금 의혹 관련 특별검사 임명 등에 관한 법률'이 통과되었고, 2008년 1월 본격적으로 특검이 출범하여 수사에 착수했다. 특검은 '고가 미술품 구입 관련 수사'를 위해 〈행복한 눈물〉의 구매 경위를 조사하였는데, B변호사는 〈행복한 눈물〉이 비자금으로 구입한 작품 구매 목록에 있었다고 주장하였지만, H관장은 〈행복한 눈물〉을 구매하려고 했으나 마음에 들지 않아 구매하지 않았다고 주장했다. 이렇게 B변호사와 H관장이 서로 대립되는 의견을 제시하여 〈행복한 눈물〉이 어디의 누구 소유인지에 대해 초점이 맞춰졌다. 이 과정에서 H관장의 작품 구매를 중개한 C갤러리 대표의 증언이 뒷받침되어 H관장의 주장이 사실로 확인되었다. C갤러리가 100억 원에 달하는 작품 구매 자금을 조달한 경위나 특검 수사 초기 A그룹과 C갤러리 측의 해명에 석

연치 않은 점도 있었지만, 물적 증거가 없는 상황에서 자금 추적 가능기간이 경과하여 H관장은 무혐의 결정을 받았다.[71]

하지만 2011년 C갤러리 대표는 H관장과 L재단을 상대로 50억 원대의 민사소송을 제기하였다. 2009년~2010년 사이에 구매한 작품 14점에 대한 대금 미지급금 781억 8천만 원을 청구하는 소송이었다. 당시 거래된 작품 내역에는 빌럼 데 쿠닝(Willem de Kooning, 1904~1997)의 〈무제Ⅵ(UntitledⅥ)〉(1975)(313억원), 프랜시스 베이컨(Francis Bacon, 1909~1992)의 〈아이를 데리고 있는 남자(Man Carrying a Child)〉(1956)(216억 원), 데미안 허스트(Damien Hirst, 1965~)의 〈황소 머리Philip (The Twelve Disciples)〉(1994)등 유명작가의 작품이 포함되어 있었다. 하지만 갑자기 C갤러리 대표가 소송을 취하하면서 사건은 실체적 규명이 없는 상태에서 일단락되었다.[72]

2) U그룹 회장 횡령 사건(2011)

U그룹의 B회장은 2011년 기업의 자금을 이용하여 비자금을 조성한 혐의로 검찰 조사를 받게 되었다. B회장은 해외 유명작가의 미술품 10점을 계열사 법인 자금으로 매입하여 성북동 자택에 설치하는 수법으로 기업 자금 140억 원을 빼돌린 혐의로 구속 기소되었다. 특히 검찰이 B회장의 자택을 수색할 당시 발견된 프란츠 클라인(Franz

---

71) "드디어 세상으로 나온 〈행복한 눈물〉, C갤러리는 무슨 돈으로 이걸 샀나", 오마이뉴스, 2008년 2월 1일.

72) "C갤러리, H씨 상대 50억 소송 취하", 연합뉴스, 2011년 11월 24일.

Kline, 1910~1962)의 〈페인팅 11(Painting 11)〉(1953)(55억 원), 알렉산더 칼더(Alexander Calder, 1898~1976)의 모빌〈세 개의 흰 점과 한 개의 노란 점(Three White Dots and One Yellow)〉(1967)(28억 원), 안젤름 키퍼(Anselm Kiefer, 1945~)의 〈무제(Untitled)〉(2007)(14억 원), 데미안 허스트의 〈담배꽁초 선반(After Stubbs Cigarette Butts Wall Mounted Cabinet)〉(1993)(20억 원) 등 작품 4점이 C갤러리에서 구입한 것으로 밝혀져 또 한 번 논란이 되었다.[7]

재판부는 B회장이 공금으로 구입한 미술품을 대여금 지불 없이 사적인 공간에 보관하고 사용한 것은 횡령에 해당한다고 판단하여 유죄를 선고하였다. 이 사건은 국내에서 회사 자금으로 구입한 미술품의 개인 소장에 대해 횡령 혐의를 적용한 최초의 판례라는 의미를 가지게 되었다.

3) E은행 비리 사건(2012)[74]

2012년 E은행이 「상호저축은행법」 위반으로 기소되었다. 「상호저축은행법」에서는 저축은행 간 교차 대출을 불법행위로 명시하고 있다. 하지만 F은행·E은행·G캐피탈이 제3자 배정 유상증자를 놓고 불법 상호대출을 실시하였다는 것이 밝혀졌다. 더 큰 문제는 미술품을 담보로 한 것이어서, 현금 환수가 불명확함에도 불구하고 상호대출을 실시했다는 점이었다. 해당 작품은 사이 트웜블리(Edwin Parker "Cy" Twombly Jr., 1928~2011)의 〈무제(볼세나)(Untitled (Bolsena))〉(1969)(73억 원), 박수근의 〈노상의 여인들〉(1962)(5억8천만 원), 김환기의 〈무제〉(4억 원) 등 고가의 미술품들이었다. E은행이 퇴출 대상으로 분류되자 G캐피탈은 작품들을 매각하여 투자 손실을 보전하기 위해 C갤러리에 위탁하여 필립스 드 퓨리 뉴욕 경매와 서울옥션 경매를 통해 박수근의 작품 두 점을 팔았고 투자금 중 80억 원 정도를 우선적으로 환수하였다. 하지만 검찰이 E은행의 K회장이 담보로 한 작품들의 소유 경위를 조사

---

73) "U그룹 부회장 검찰 기소… 수억 원 미술품 횡령", 시사포커스, 2017년 7월 19일.
74) "K가 담보 맡긴 그림 美 경매서 71억 원에 낙찰", 동아일보, 2012년 5월 12일 참고.

하던 중, 작품의 일부는 C갤러리 대표가 E은행에서 대출을 받는 과정에서 담보로 제공한 작품인 것이 드러났다. 사이 트웜블리의 작품은 E은행에 담보로 저당 잡혀 있다 하여도, 원칙적으로 소유권은 C갤러리 대표에게 있다고 보인다. G캐피탈로부터 해당 작품의 위탁매매 요청을 받은 C갤러리 측은 E회장을 횡령으로 고발할 수도 있었지만 아무런 이의를 제기하지 않았다. 담보 설정에 대한 명확한 기준 없이 미술품을 담보로 잡은 E은행과 사건에 연루된 G캐피탈 측은 배임 혐의가 추가되어 유죄 판결을 받았다.

(5) 투자 대상으로서의 미술품

지금까지 살펴본 것과 같이 미술품은 동전의 앞뒷면처럼 문화예술적 감상의 대상이지만, 때로는 투자의 대상이기도 하기에 작품의 아름다움과 상반되는 추악한 소용돌이에 휘말리기도 한다. 특히 상법상 주주들을 대신하여 경영을 담당하는 경영진은 '충실의무 및 선량한 관리자의 의무'를 다해야 하는 것이 우선 책무이므로, 경영자가 개인적 취향에 의해 미술품에 투자하는 등 문화활동에 지나치게 집중하면 자칫 그러한 낭비를 행한 것에 대한 책임을 지게 될 수도 있다. 과거 메디치 가문이 르네상스를 주도할 수 있었던 것은 당시의 피렌체가 계급사회였고, 메디치 가의 독재와 재력이 허용되었기 때문이다. 미술품이 그 자체의 아름다움만으로 인정받는 것도 중요하지만, 투자의 대상이 됨으로써 새로운 작가와 작품을 발굴해

내고 시대를 앞서가는 사조의 탄생에 큰 역할을 하는 것도 사실이다. 이렇게 미술품이 투자의 대상으로 여겨지는 것이 보편화되었다면, 당연히 투자는 활성화되어야 할 것이다. 미술품 투자의 선두에서 있는 기업과 경영인들은 그들의 선호도가 곧 그 사회를 대표하는 취향이 되며 미술품에 투자하는 행위에도 사회적·법적 책임이 따른다는 사실을 주지해야 할 것이다.

1. 저작권의 발생과 2차적 저작권

(1) 저작권법의 역사[75]

저작권법은 기술의 발달 때문에 만들어진 것이라고 해도 과언이
아니다. 인쇄술이 발달하기 전 대량제작이 어려웠던 당시에는 복제
가 극히 제한되었기 때문에 지적 창작물에 대한 침해는 저작자의 경
제적 이익에 그다지 손해를 주지 않는 한도 내에서 이루어졌다. 하
지만 15세기 구텐베르크의 인쇄술이 정보의 보급과 유통을 원활하
게 해주었고, 이것이 서적의 대중화와 산업혁명의 등장으로 이어지
면서 1709년 영국에서 처음으로 저작권법이 제정되었다.

---

75) 양혜원,《문화예술분야 저작권 관련 주요 쟁점과 정책개선방안 연구》, 한국문화관광연
구원, 2014, pp. 11~22.

그리고 출판물에 한정되었던 저작권법은 곧 미술품에까지 적용되면서 보호의 범위가 넓어지게 된다. 영국의 유명한 풍자화가 윌리엄 호가스(William Hogarth, 1697~1764)는 사회상을 비판하는 멜로성 판화 연작으로 폭발적인 대중의 인기를 끌었다. 그로 인해 그의 작품을 표절한 해적판이 제작되어 시중에 팔리게 되자 당사자들 간의 법적 투쟁 끝에 1734년 판화저작권법(Engraving Copyright Act)이 제정되었고, 이것이 미술품 저작권 보호의 시작이 되었다. 이후 1798년에는 조각저작권법(Sculpture Copyright Act)이 제정되었으며, 1862년에는 회화, 드로잉, 그리고 사진까지 저작권법의 보호 범위에 포함되었다. 현재 미술저작권은 베른협약(Berne Convention)과 세계저작권협약(Universal Copyright Convention)에 의하여 우리나라를 비롯한 여러 나라에서 국제적으로 보호를 받고 있다.

우리나라에서 미술품의 저작권 보호가 본격적으로 시작된 것은 1996년 WTO 가입으로 저작권법이 강화되자 국내 미술계에 저작권 위탁관리업이 등장하면서부터이다. 현재에는 주로 갤러리나 전문관리업체, 그리고 한국미술저작권관리협회(SACK)에서 미술품의 저작권 관리를 하고 있다.

(2) 저작권 및 2차적 저작물 관련 법률규정

1) 지식재산권

지식재산기본법 제3조에 따르면 지식재산권(Intellectual Property Right)이란, '인간의 창조적 활동 또는 경험 등에 의해 창출되는 지적

지식재산기본법[시행 2011. 7. 20.] [법률 제10629호]
제3조(정의) 이 법에서 사용하는 용어의 뜻은 다음과 같다.
1. "지식재산"이란 인간의 창조적 활동 또는 경험 등에 의하여 창출되거나 발견된 지식·정보·기술, 사상이나 감정의 표현, 영업이나 물건의 표시, 생물의 품종이나 유전자원(遺傳資源), 그 밖에 무형적인 것으로서 재산적 가치가 실현될 수 있는 것을 말한다.
2. "신지식재산"이란 경제·사회 또는 문화의 변화나 과학기술의 발전에 따라 새로운 분야에서 출현하는 지식재산을 말한다.
3. "지식재산권"이란 법령 또는 조약 등에 따라 인정되거나 보호되는 지식재산에 관한 권리를 말한다.

창조물 중에서 법으로 보호할 만한 가치가 있는 것들에 대해 법이 부여하는 권리'를 의미한다. 이때의 지식재산은 인간의 지적 창조의 모든 영역을 포함하며, ① 저작권(문학적 또는 미술적 저작물에 대한 권리)과 ② 산업재산권(산업적 또는 영업적 재산권으로서 특허권·실용신안권·의장권·상표권 등의 권리)으로 크게 나뉜다. 지식재산권의 주요 목표는 '인간의 지적 창조물에 대하여 법적 보호를 부여함으로써 창작의욕을 고취'하는 한편, '그 보호가 지나쳐 지적 창조물에 대한 과실을 사회가 충분히 향유할 수 없게 되는 현상을 방지'하는 데 있다. 그러므로 지식재산권법은 '창작자의 권리(author's right)'와 '이용자의 권리(user's right)'의 조화를 모색하는 데에 중점을 두고 있다고 볼 수 있다.

2) 저작권

저작권은 '인간의 사상이나 감정을 창작적으로 표현한 저작물을 보호하기 위해 그 저작자에게 법이 부여한 권리'를 말하며, 저작권자는 그 '저작물을 복제하거나 게시하거나 배포할 수 있는 권리'를 포함하여 저작물을 독점적으로 이용할 수 있다.

저작권법[시행 2017. 3. 21.] [법률 제14634호]

제2조(정의) 이 법에서 사용하는 용어의 뜻은 다음과 같다.

1. "저작물"은 인간의 사상 또는 감정을 표현한 창작물을 말한다.

2. "저작자"는 저작물을 창작한 자를 말한다.

15. "응용미술저작물"은 물품에 동일한 형상으로 복제될 수 있는 미술저작물로서 그 이용된 물품과 구분되어 독자성을 인정할 수 있는 것을 말하며, 디자인 등을 포함한다.

21. "공동저작물"은 2인 이상이 공동으로 창작한 저작물로서 각자의 이바지한 부분을 분리하여 이용할 수 없는 것을 말한다.

제4조(저작물의 예시 등) ①이 법에서 말하는 저작물을 예시하면 다음과 같다.

1. 소설·시·논문·강연·연설·각본 그 밖의 어문저작물

2. 음악저작물

3. 연극 및 무용·무언극 그 밖의 연극저작물

4. 회화·서예·조각·판화·공예·응용미술저작물 그 밖의 미술저작물

5. 건축물·건축을 위한 모형 및 설계도서 그 밖의 건축저작물

6. 사진저작물(이와 유사한 방법으로 제작된 것을 포함한다)

7. 영상저작물

8. 지도·도표·설계도·약도·모형 그 밖의 도형저작물

9. 컴퓨터프로그램저작물

저작권법[시행 2017. 3. 21.] [법률 제14634호]
제39조(보호기간의 원칙) ①저작재산권은 이 관에 특별한 규정이 있는 경우를 제외하고는 저작자가 생존하는 동안과 사망한 후 70년간 존속한다.
②공동저작물의 저작재산권은 맨 마지막으로 사망한 저작자가 사망한 후 70년간 존속한다.
제40조(무명 또는 이명 저작물의 보호기간) ①무명 또는 널리 알려지지 아니한 이명이 표시된 저작물의 저작재산권은 공표된 때부터 70년간 존속한다. 다만, 이 기간 내에 저작자가 사망한지 70년이 지났다고 인정할 만한 정당한 사유가 발생한 경우에는 그 저작재산권은 저작자가 사망한 후 70년이 지났다고 인정되는 때에 소멸한 것으로 본다.
(중략)
제41조(업무상저작물의 보호기간) 업무상저작물의 저작재산권은 공표한 때부터 70년간 존속한다. 다만, 창작한 때부터 50년 이내에 공표되지 아니한 경우에는 창작한 때부터 70년간 존속한다.
제44조(보호기간의 기산) 이 관에 규정된 저작재산권의 보호기간을 계산하는 경우에는 저작자가 사망하거나 저작물을 창작 또는 공표한 다음 해부터 기산한다.

저작권은 절대적으로 보호받는 권리가 아니라 공공복리나 사회 정의에 의해 적절히 규제되는 권리이다. 따라서 저작권의 보호기간과 보호대상을 제한하고 있다.

먼저 저작권의 보호기간과 관련해서 우리나라의 경우, 저작자의 생존기간과 사망 후 70년간을 일반적인 보호기간으로 규정하고 있다. 하지만 최근 선진국에서는 저작권의 영구화 현상이 나타나고 있으며, 저작권자의 사후 100~150년까지 연장할 가능성을 보이고 있다.

또한 저작권의 보호대상과 관련해서, 저작물이 저작권법의 보호를 받기 위해서는 '창작성'과 '표현성'의 두 가지 요건을 충족해야 한다. 이때 창작성이란 완전한 의미의 독창성을 말하는 것이 아니며, 단지 어떠한 작품이 남의 것을 단순히 모방한 것이 아니고, 작가 자신의 독자적인 사상 또는 감정의 표현을 담고 있는 정도의 독창성을 의미한다. 이러한 요건을 충족하기 위해서는 저작물에 저작자 나름대로 정신적 노력의 소산이 가시적으로 부여되어 있고, 다른 저작자의 기존 작품과 구별될 수 있을 정도면 충분하다. 즉, 반드시 작품의 수준이 높아야 되는 것이 아니며, 저작권법에 의한 보호를 받을 가치가 있을 정도의 최소한의 창작성이 있다면 충분히 보호받을 수 있다.

또한 저작권법은 창작된 '표현'을 보호하는 것이기 때문에 감정이나 사상 그 자체는 저작권법상 저작물로 인정되지 않는다. 따라서 아이디어나 이론 등 사상 및 감정 자체는 그것이 독창성이 있다고 하더라도 저작권 보호대상이 되지 않는다. 이 때문에 저작권 침해 여부를 판단할 때도 저작물에 나타난 사상이나 감정이 아니라 그 표현 자체를 침해 기준으로 삼는다. 저작권법이 '표현'을 보호하는 요건으로 규정짓는 것은 창작행위의 사상이나 감정, 즉 아이디어는 만인의 공유에 속하기 때문에 독점권을 인정할 수 없다는 것을 의미한다. 예를 들어 《로미오와 줄리엣》의 줄거리를 그대로 유지하고 등장인물이나 말투만 바꾼 경우에는 '표현'을 빌려 쓴 경우라 할 수 있지만, 단순히 서로 적대적인 가문에 속한 남녀의 비극적인 사랑 이야기라는 '아이디어'를 빌려 쓴 경우에는 저작권 침해라고 볼 수 없는 것이다. 따라서 저작권법의 첫 번째 요건인 '창작성'은 창작적 표현에 대한 보호를 통해 보다 풍부한 창작을 유인하기 위함이며, 두 번째 요건인 '표현성'은 창작의 소재가 되는 사상이나 감정에 대한 독점권을 부인하고, 일반인들이 자유롭게 사용할 수 있도록 하여 다양한 창작을 통한 문화 발전에 기여하기 위함이다.

3) 2차적 저작물

2차적 저작물은 이미 존재하는 원저작물에 기반을 두지만 원저작물을 번역·편곡·변형·각색·영상제작하는 등 창작성을 더하여 만들어진 창작물로서 저작권법에 의해 독자적인 저작물로 보호받는다. 2차적 저작물로 인정받기 위해서는 원저작물의 사소한 변화가 아닌, '상당한 변화(substantial variation)'가 있어야 하는데 이때의 '상당한 변화'는 원저작물을 재구성하거나 변형하거나 조정한 것으로, 기존 저작물에 다소의 수정이나 증감만을 가하는 것은 2차적 저작물이 아니라 기존 저작물의 복제로 여겨진다.

반드시 원저작자의 동의를 얻어야만 2차적 저작물이 되는 것은 아니지만 만약 원저작자의 동의를 얻지 않고 2차적 저작물을 만들 경우에는 원저작자의 권리인 2차적 저작물 작성권을 침해하는 결과를 초래한다. 또한 2차적 저작물은 독자적인 저작물로 법적 보호를 받긴 하지만, 그 보호범위는 2차적 저작물 전체가 아니라 원저작물의 내용이나 형식에 대해 2차적 저작자가 따로 추가하거나 변경을 가한 부분에 대해서만 보호를 받는다. 저작권은 일정 기간의 보호기간이 지나면 사라지며, 저작권 보호기간이 지난 저작물은 공공영역(public domain)에 속하게 되므로 누구든지 아무 제한 없이 사용할 수 있다. 다만 이미 공공영역에 속하는 저작물을 기반으로 새로 2차적 저작물을 제작하는 경우에는 원저작자의 저작권은 없지만 2차적 저작권자의 저작권은 법적으로 효력을 갖는다.

4) 저작권 침해소송의 요건

위에서 설명한 바와 같이 저작권 보호대상은 '창작성이 갖추어진 표현물'이기 때문에 소송에서 저작권 침해기 인정되기 위해서는 ① '저작권이 있는 표현물을 이용'한 경우여야 한다. 즉, 침해자가 저작권이 있는 저작물을 무단으로 이용한 사실이 요구되며, 만일 침해자가 이용했다는 기존의 작품이 저작권이 인정되지 않는 경우 또는 기존의 작품이 저작권이 인정되더라도 기존 작품에 '의거'하지 않은 경우에는 저작권 침해가 인정되지 않는다. ② 원저작물과의 '실질적 유사성'이 있는 경우에만 저작권 침해가 인정될 수 있다. 그런데 실질적 유사성에 대한 명확한 기준을 설정한다는 것이 사실상 불가능하기 때문에 구체적인 사례마다 저작물과의 실질적 유사성을 따져보아야 하며, 실제 사건에서도 '실질적 유사성' 여부에 관한 법적 논쟁이 치열하게 벌어지게 된다.

(3) 국내 사례

1) 서울숲 〈군마상〉 사건(2007)

2005년 국립대 교수 A는 조형물 기획자 B와 서울숲 조성 사업을 위해 말을 소재로 한 설치조형물 군마상을 제작하다가 도중에 의견불일치와 시공비 단가가 맞지 않아 그만두었다. 결국 B 혼자 군마상을 제작하였고, 그 제작물에 대해 A는 자신이 그렸던 드로잉 및 랜더링 등을 B가 복제하여 제작한 것이라고 주장하며 저작권 침해 혐의로 B를 고소하였고, 검찰은 B를 저작권법 위반 혐의로 기소하였다. 그러나 서울중앙지방법원은 A가 제작한 드로잉과 랜더링이 저작권법에 의해 보호되는 저작물로 인정되기 위해서는 창작성을 갖춘 표현물이어야 하나, 증거들에 의하면 창작성을 갖춘 표현물이라고 보기 어렵다고 판시하고, "드로잉과 랜더링은 조형물 제작을 위한 첫 단계로서 기초적인 조형물의 형태를 2차원 내지 3차원적

[그림 22] 서울숲 〈군마상〉

으로 구현해본 것에 불과해 이 단계에서 작가가 조형물을 통해 표현하고자 하는 작가 자신의 독자적인 사상이나 감정이 이미 형상화된 것으로 볼 수 없다"며 저작권법 위반 혐의에 대하여 무죄를 선고하였다.

　A는 이후에 민사소송을 제기하여 B를 상대로 저작재산권과 저작인격권 침해에 대한 손해배상 청구소송을 진행하였다. 법원은 이번에는 A의 스케치와 관련해서 "그 사상 등을 구체적으로 표현한 원고의 스케치 등은 원고의 창작적 개성이 충분히 표현"되어 있다는 점을 들어 미술저작물에 해당한다고 보았다. 하지만 B가 A의 저작재산권을 침해하였는지에 대해서는 "원고의 기마상은 경주마 1기의 조형물에 불과하여 피고의 군마상과 같이 서로 다른 질주동작의 경

주마들이 경주하는 조형물과 비교하여 그 표현에서 서로 유사하지 않다"고 하여 실질적 유사성이 없다고 판단하였으며, "A의 스케치, 드로잉 및 모형과 B의 군마상이 모두 기수를 태운 경주마들이 경주를 하는 모양의 그림이나 조형물이기는 하지만, '기수를 태운 경주마들이 경주를 하는 모습'은 사상 또는 감정에 불과하므로 그 부분은 서로 유사할 수밖에 없다"고 판단하여 결국 기존 저작물의 복제나 2차적 저작물에 해당하지 않는다는 판결하에 원고의 청구는 기각되었다.

서울중앙지방법원 2007가합97919(2008. 9. 11. 선고) 판결문 중

가. 원고의 스케치 등이 미술저작물에 해당하는지 여부

저작권법에 의해 보호되는 저작물이라 함은 인간의 사상 또는 감정을 창작적으로 표현한 것으로서 문예, 학술, 미술 또는 음악의 범위에 속하는 것을 말하고, 저작물의 요건인 창작성이 인정되기 위해서는 예술적으로 높은 평가를 받을 수 있는 것이어야 할 필요는 없으며, 저작자의 어떠한 개성이 창작행위에 나타나 있으면 충분하다. (중략) 또 피고 B가 공원에 설치할 말 조형물을 제작해 달라고 요청에 따라 원고가 스케치 등을 그리고 기마상 등을 만들게 되었고, 원고의 스케치·드로잉·렌더링·모형·기마상 등은 피고 B의 요청에 따라 기수를 태운 경주마들이 경주를 하는 모양의 조형물을 구체화하는 과정에서 그려지거나 만들어진 것으로 모두 경주마들이 배치된 수개의 토피어리 사이에 사람들이 지나갈 수 있도록 보행로가 설치된 조형물을 일관하여 표현하고 있는 창작물들이다. (중략) 이러한 사정에 비추어 보면, 피고 B가 원고에 대해 요청한 '기수를 태운 경주마들이 경주를 하는 모양의 조형물'은 단순한 아이디어 또는 사상 내지 감정이라고 할 것이지만, 원고가 그 사상 등을 구체적으로 표현한 원고의 스케치 등은 원고의 창작적 개성이 충분히 표현되어 있으므로 미술저작물에 해당한다고 봄이 상당하다.

나. 피고들이 원고의 저작재산권(복제권, 2차적 저작물 작성권)을 침해하였는지 여부

(1) 피고들이 원고의 스케치 등에 의거하여 피고들의 군마상을 제작하였는지 여부

(중략) 저작권법이 보호하는 복제권이나 2차적 저작물 작성권의 침해가 있다고 하기 위해서는 침해되었다고 주장되는 기존의 저작물과 대비대상이 되는 저작물 사이에 실질적 동일성 내지 실질적 유사성과 함께 대상 저작물이 기존의 저작물에 '의거'하여 유형적으로 작성되었다는 점이 인정되어야 한다. (중략) 하지만 또 원고의 기마상은 실제 크기의 말머리의 조형물과 실제의 1/3 정도 크기의 기수를 태운 경주마 1기의 조형물에 불과하여 피고들의 군마상과 같이 6기의 서로 다른 질주동작의 경주마들이 경주하는 조형물과 서로 표현상의 유사점을 찾기 어렵다. 그리고 원고의 스케치, 드로잉 및 모형과 피고들의 군마상이 모두 기수를 태운 경주마들이 경주를 하는 모양의 그림이나 조형물이기는 하지만, '기수를 태운 경주마들이 경주를 하는 모습'은 작품구상에 관해 요청한 사상 또는 감정에 불과하므로 그 부분은 서로 유사할 수밖에는 없고, 원고의 스케치, 드로잉 및 모형에서 가장 특징적인 표현은 각각의 토피어리 위에 경주마를 배치시키고, 토피어리 사이를 보행로로 만든다는 것인데, 피고들의 군마상은 경주마들이 질주하는 역동성에 초점을 맞추어 토피어리와 관계없이 폭이 좁은 직사각형 모양의 설치공간에 경주마들을 앞·뒤로 배치하는 것이어서 그 부분에 있어 원고의 스케치, 드로잉 및 모형과 피고들의 군마상은 큰 표현의 차이를 보이고 있다. 더구나 원고의 스케치 등은 스타트 조형물에 관한 구상을 표현한 것이기는 하지만 실제로 제작될 스타트 조형물에 대비하여 작품의 구상이 매우 구체화된 정도로 표현된 저작물이라고 보기는 어렵다. 이러한 사정에 비추어 보면, 증거만으로 피고들이 원고의 스케치 등에 나타난 표현에 의거하여 피고들의 군마상을 제작하였다고 단정하기는 부족하고, 달리 이를 인정할 증거가 없다.

(2) 피고들의 군마상이 원고의 스케치 등과 실질적으로 유사한지 여부

저작권법이 보호하는 것은 문학·학술 또는 예술에 관한 사상·감정을 말·문자·음·색 등에 의하여 구체적으로 외부에 표현하는 창작적인 표현형식이고, 그 표현되어있는 내용 즉 아이디어나 이론 등의 사상 및 감정 그 자체는 설사 그것이 창작성이 있다 하더라도 원칙적으로는 저작권법에서 정하는 저작권의 보호대상이 되지 아니하므로 저작권의 침해여부를 가리기위하여 두 저작물 사이에 실질적인 유사성이 있는가의 여부를 판단함에 있어서도 창작적인 표현형식에 해당하는 것만을 가지고 대비하여야 한다. 앞서 본 전제사실과 인정사실에 따르면, 원고의 렌더링은 경주마 1기와 그 경주마 위에 탑승할 기수의 모습을 컴퓨터그래픽으로 자세히 그린 것이고, 원고의 기마상은 실제 크기의 말머리의 조형물과 실제의 1/3 정도 크기의 기수를 태운 경주마 1기의 조형물에 불과하여 피고들의 군마상과 같이 6기의 서로 다른 질주동작의 경주마들이 경주하는 조형물과 비교하여 그 표현에서 서로 유사하지 않다. 그리고 원고의 스케치, 드로잉 및 모형과 피고들의 군마상에서 공통되는 '기수를 태운 경주마들이 경주를 하는 모습'은 피고 B의 사상 또는 감정에 불과하고, 원고의 스케치, 드로잉 및 모형에서 가장 특징적인 표현은 각각의 토피어리 위에 경주마를 배치시키고, 토피어리 사이를 보행로로 만든다는 것이다. 반면에 피고들의 군마상은 경주마들이 질주하는 역동성에 초점을 맞추어 토피어리와 관계없이 직사각형 모양의 설치공간에 경주마들을 앞·뒤로 배치하는 것이어서 그 특징적인 표현 부분이 서로 유사하다고 보기도 어렵다. 따라서 원고의 이 부분 주장도 이유 없다.

[정리]

피고들의 군마상은 기존 저작물인 원고의 스케치 등에 나타난 표현에 의거하여 제작되었다고 단정하기 어렵고, 설령 피고들의 군마상이 기존 저작물에 의거하였다고 하더라도 기존 저작물인 원고의 스케치 등의 수정·증감·변경에 창작성이 인정되고, 또한 기존 저작물의 표현형식의 본질적 특징이 상실되어 표현상 본질적 특징을 직접 느껴서 알 수 없으므로 기존 저작물의 복제나 2차적 저작물에 해당하지 아니한다.

2) 솔섬 사진 사건[76](2013)

2013년 마이클 케나(Michael Kenna, 1953~)의 한국 에이전트인 A갤러리는 B항공의 TV 광고에 사용된 월천리 솔섬의 사진이 케나의 〈소나무들(Pine Trees, Wolcheon, Gangwondo, South Korea)〉(2007)과 너무 유사하다고 주장하며 B항공을 상대로 저작권 침해 소송을 제기하였다. 광고 기획을 맡은 C기획이 케나의 사진에 대해 사용을 요청했지만, 협의가 불발되자 2011년 B항공이 공모를 통해 선정한 아마추어 사진작가 D의 솔섬 사진으로 '솔섬 삼척 편'이라는 TV 광고를 만들었고, 여기에 사용한 사진이 케나의 저작권 침해 논란을 가져온 것이다. 광고가 나가자 A갤러리는 사진저작권에 관한 인식의 변화를 이유로 B항공에게 저작권 침해로 인한 손해배상 청구소송을 제기하였다. 이에 법원은 "동일한 피사체를 촬영하는 경우 이미 존재하고 있는 자연물이나 풍경을 어느 계절의 어느 시간에, 어느 장소에서, 어떠한 앵글로 촬영하느냐의 선택은 일종의 아이디어로서 저작권 보호대상이 될 수 없는 점, 사진이 모두 같은 지점에서 촬영되어 전체적인 콘셉트(concept)나 느낌이 유사하다 하더라도 그 자체만으로는 저작권의 보호대상이 된다고 보기 어려운 점, 그 밖에 카메라 셔터의 속도, 기타 촬영 방법, 현상 및 인화 등의 과정에 유사점을 인정할 만한 자료가 없는 점 등을 들어, 두 사진 간에 실질적 유사성이 없다"고 판단하였다. 또한 "자연 경관은 만인에게 공유되는 창작

---

76) "'솔섬' 사진 저작권 항소심서 B항공 승소", 경향신문, 2014년 12월 4일 참고.

의 소재로서 촬영자가 피사체에 어떠한 변경을 가하는 것이 사실상 불가능하다는 점을 고려할 때 다양한 표현 가능성이 있다고 보기 어려우므로, 전체적인 콘셉트나 느낌에 의하여 저작물로서의 창작성을 인정하는 것은 다른 저작자나 예술가의 창작의 기회 및 자유를 심하게 박탈하는 결과를 초래할 것이다"라며 청구를 기각했다. 케나 측은 다시 항소했지만, 역시 결과는 같았다.

서울중앙지방법원 2013가합527718(2014. 3. 27.선고) 판결문 중

(1) 저작권 침해의 판단 기준

저작권의 보호 대상은 학문과 예술에 관하여 사람의 정신적 노력에 의하여 얻어진 사상 또는 감정을 말·문자·음·색 등에 의하여 구체적으로 외부에 표현한 창작적인 표현형식이고, 표현되어 있는 내용, 즉 아이디어나 이론 등의 사상 및 감정 그 자체는 설사 그것이 독창성·신규성이 있다고 하더라도 원칙적으로 저작권의 보호 대상이 되지 않는 것이므로, 저작권의 침해 여부를 가리기 위하여 두 저작물 사이에 실질적인 유사성이 있는가의 여부를 판단함에 있어서도 창작적인 표현형식에 해당하는 것만을 가지고 대비하여야 하는 바, 사진저작물의 경우 피사체의 선정, 구도의 설정, 빛의 방향과 양의 조절, 카메라 각도의 설정, 셔터의 속도, 셔터찬스의 포착, 기타 촬영방법, 현상과 인화 등의 과정에서 촬영자의 개성과 창조성이 인정되어야만 그러한 저작물에 해당된다고 볼 수 있다. 저작권 침해를 인정하기 위해서는 객관적으로 침해저작물과 피침해저작물 간에 실질적 유사성이 인정되어야 하고, 주관적으로 침해자가 저작물에 의거하여 그것을 이용하였을 것이 요구된다.

(2) 실질적 유사성 여부

원고는 '물에 비친 솔섬을 통하여 물과 하늘과 나무가 조화를 이루고 있는 앵글'이 이 사건 사진저작물의 핵심이고, 이 사건 공모전 사진은 사진저작물의 모든 구성요소 즉 피사체의 선정, 구도의 설정, 빛의 방향과 양의 조절, 카메라 각도의 설정, 셔터의 속도, 셔터찬스의 포착, 기타 촬영 방법, 현상 및 인화 등의 과정에서 이 사건 사진저작물과 유사하다고 주장하는 바, 이 사건 공모전 사진이 이 사건 사진저작물의 표현 중 아이디어의 영역을 넘어서 저작권으로 보호가 되는 구체적으로 표현된 창작적인 표현형식 등을 복제하거나 이용하여 실질적인 유사성이 있는 저작물에 해당하는가에 대하여 살펴본다. 앞서 든 증거들에 각 기재 및 변론 전체의 취지를 보태어 인정할 수 있는 다음과 같은 사정들, 즉 ① 동일한 피사체를 촬영하는 경우 이미 존재하고 있는 자연물이나 풍경을 어느 계절의 어느 시간에 어느 장소에서 어떠한 앵글로 촬영하느냐의 선택은 일종의 아이디어로서 저작권의 보호대상이 될 수 없는 점, ② 비록 이 사건 사진저작물과 이 사건 공모전 사진이 모두 같은 촬영지점에서 '물에 비친 솔섬을 통하여 물과 하늘과 나무가 조화를 이루고 있는 모습'을 표현하고 있어 전체적인 콘셉트 (concept)나 느낌이 유사하다 하더라도 그 자체만으로는 저작권의 보호대상이 된다고 보기 어려운 점 (중략) ⑥ 비록 두 사진 모두 장노출 기법을 사용하기는 하였으나, 이 사건 사진저작물의 경우 솔섬의 정적인 모습을 마치 수묵화와 같이 담담하게 표현한 데 반하여, 이 사건 공모전 사진의 경우 새벽녘 일출 직전의 다양한 빛과 구름의 모습, 그리고 이와 조화를 이루는 솔섬의 모습을 역동적으로 표현하고 있어 위와 같은 촬영방법을 통해 표현하고자 하는 바가 상이한 점, ⑦ 그 밖에 카메라 셔터의 속도, 기타 촬영 방법, 현상 및 인화 등의 과정에 유사점을 인정할 만한 자료가 없는 점 등에 비추어 보면, 원고가 들고 있는 증거만으로는 이 사건 사진저작물과 이 사건 공모전 사진이 실질적으로 유사하다고 보기 어렵고, 달리 이를 인정할 만한 증거가 없다.

(3) 소결

따라서 이 사건 공모전 사진이 이 사건 사진저작물에 의거하여 창작되었는지에 관하여 나아가 살필 필요 없이 이 사건 사진저작물과 이 사건 공모전 사진 사이에 실질적 유사성이 인정됨을 전제로 한 원고의 저작권 침해 주장은 이유 없다.

(4) 실질적 유사성에 대한 판단

지금까지 살펴보았듯이 미술저작물로 인정되는 경우는 때에 따라 다르며, 저작권법 침해의 여부도 상황에 따라 다른 판결을 받았음을 알 수 있다. 이는 실질적 유사성에 대한 판단의 기준을 현실적으로 명확하게 규정하기가 어렵기 때문이다. 특히 미술저작물의 경우 결과물에는 가시적으로 보이지 않는 사회적 상황과 작가의 작업 과정의 부분까지 고려해야 한다는 점에서 판단이 매우 어려운 것이 사실이다. 이 때문에 실질적 유사성의 판결에 대해 법률계와 예술계의 의견 차이가 생기기도 한다.

지난 2014년 A작가는 대구미술관의 'Y artist project'에 선정되어 개인전 'comfortable-Un-comfortable'을 개최하고 수많은 고무줄로 전시실을 채워 사람과 사람 사이의 네트워크가 주는 정신적 불편함을 표현하는 〈disturbing〉(2014)이라는 작품을 선보인 바 있다. 하지만 전시 도중 B작가가 표절 의혹을 주장하며 법원에 전시금지가처분 소송을 제기하였다.[77] 법원은 A작가의 작품과 B작가의 작품이 동일하게 고무줄을 소재로 한 것일 뿐만 아니라, 고무줄로 공간을 메우거나 구성하는 방법에서 실질적 유사성이 있음을 인정하였고, 당시 두 작가의 작품이 2013년부터 2014년까지 경기도미술관에서 같은 시기에 전시되었던 점을 들어 저작권(공표권 및 전시권) 침해에

---

77) 오은실, '법의 결정에 의한 작품 철거에 대한 소고', 〈미술세계〉, 2017년 4월호 제54권 (통권 제389호), pp. 130~135.

따른 전시금지가처분 결정을 내려 결국 작품은 철거되었다.

이 결정을 내린 법원의 판결은 법적으로 일리가 있어 보이기도 한다. 얼핏 보기에도 두 작가의 작품은 유사성이 많다. 하지만, 미술계에서는 A작가의 작품이 발전해온 과정과 작품이 담고 있는 의미를 들어 법원의 판결이 정당하지 않다는 목소리가 나오고 있다. B작가의 작품은 공간 드로잉을 주요 개념으로 하고 있다. 반면 A작가는 관계와 소통을 표현하기 위해 고무줄을 사용해왔으며 이번에 문제가 된 〈disturbing〉은 2013년에 이미 발표한 작품을 보완하여 전시한 것으로 알려져 있다. 또한 고무줄을 사용하여 공간을 채우는 작가는 해외에도 다수 존재한다. 이러한 점으로 미루어 보았을 때, 단지 사진에 드러나는 표면적인 실질적 유사성만으로 저작권 침해를 판단하기는 어렵다는 것을 알 수 있다. 이와 같이 저작권 침해소송에서 가장 중요한 요건인 '실질적 유사성'에 관한 판단에서 법률계와 예술계의 의견 차이가 발생하는 사례는 종종 발생할 것으로 보인다.

2. 공동저작물과 업무상저작물

(1) 공동저작물

공동저작물은 2인 이상이 공동으로 창작한 저작물로서 각자 이바지한 부분을 분리하여 이용할 수 없는 것을 말한다. 따라서 공동저작물로 인정받기 위해서는 ① 2인 이상 창작에 관여해야 하고, ② 창작에 있어 공동관계가 있어야 하며, ③ 최종 창작물에 대한 각자의 기여분이 분리되어 개별적으로 이용되는 것이 불가능해야 한다.

> **저작권법**[시행 2017. 3. 21.] [법률 제14634호]
> 제2조(정의) 이 법에서 사용하는 용어의 뜻은 다음과 같다.
> 21. "공동저작물"은 2인 이상이 공동으로 창작한 저작물로서 각자의 이바지한 부분을 분리하여 이용할 수 없는 것을 말한다.

그런데 공동저작물과 관련해 유사한 개념으로서 집합저작물과 편집저작물이 있다. 하나의 저작물을 만들기 위해 여러 저작자들이 힘을 합쳤다는 점에서 공동저작물은 집합저작물과 외관상 비슷하지만, 집합저작물은 여러 저작자들의 권리가 각각 분리되어 따로 인정되거나 처분될 수 있는 것에 반하여, 공동저작물은 저작자들의 권리가 합쳐져서 하나로 인정되기 때문에 저작자 개개인의 권리를 분리할 수 없다는 차이점이 있다. 따라서 공동저작물의 저작자는 공동으로 창작한 자 전원이 되며, 각각의 저작권자는 전체 저작물에서 분리되는 개별저작권을 갖지 못하고 공동저작권이라는 하나의 커다란 권리를 다른 공동저작자들과 함께 소유하게 된다.

편집저작물의 경우 공동저작물과 혼동되기 쉽지만, 편집저작물은 이미 존재하는 저작물 또는 기타 자료 등을 수집하여 소재의 독창적인 선택이나 배열로 이루어지기 때문에 각각의 개별적인 저작권

저작권법[시행 2017. 3. 21.] [법률 제14634호]

제15조(공동저작물의 저작인격권) ①공동저작물의 저작인격권은 저작자 전원의 합의에 의하지 아니하고는 이를 행사할 수 없다. 이 경우 각 저작자는 신의에 반하여 합의의 성립을 방해할 수 없다.

②공동저작물의 저작자는 그들 중에서 저작인격권을 대표하여 행사할 수 있는 자를 정할 수 있다.

③제2항의 규정에 따라 권리를 대표하여 행사하는 자의 대표권에 가하여진 제한이 있을 때에 그 제한은 선의의 제3자에게 대항할 수 없다.

제48조(공동저작물의 저작재산권의 행사) ①공동저작물의 저작재산권은 그 저작재산권자 전원의 합의에 의하지 아니하고는 이를 행사할 수 없으며, 다른 저작재산권자의 동의가 없으면 그 지분을 양도하거나 질권의 목적으로 할 수 없다. 이 경우 각 저작재산권자는 신의에 반하여 합의의 성립을 방해하거나 동의를 거부할 수 없다.

②공동저작물의 이용에 따른 이익은 공동저작자 간에 특약이 없는 때에는 그 저작물의 창작에 이바지한 정도에 따라 각자에게 배분된다. 이 경우 각자의 이바지한 정도가 명확하지 아니한 때에는 균등한 것으로 추정한다.

③공동저작물의 저작재산권자는 그 공동저작물에 대한 자신의 지분을 포기할 수 있으며, 포기하거나 상속인 없이 사망한 경우에 그 지분은 다른 저작재산권자에게 그 지분의 비율에 따라 배분된다.

④제15조제2항 및 제3항의 규정은 공동저작물의 저작재산권의 행사에 관하여 준용한다.

제129조(공동저작물의 권리침해) 공동저작물의 각 저작자 또는 각 저작재산권자는 다른 저작자 또는 다른 저작재산권자의 동의 없이 제123조의 규정에 따른 청구를 할 수 있으며 그 저작재산권의 침해에 관하여 자신의 지분에 관한 제125조의 규정에 따른 손해배상의 청구를 할 수 있다.

과 동시에 전체로서 하나의 저작권이 인정되는 저작물이다. 따라서 편집저작물의 보호는 편집물에 구현된 편집방법에 대해서 적용되며, 편집물의 부분만을 이용할 때는 해당 저작자에게 허락을 받고 전체를 이용할 때는 모든 저작자에게 허락을 받아야 한다.

공동저작물의 저작인격권과 저작재산권은 '공동저작권자 전원의 합의'에 의해서만 행사될 수 있다. 만약 각각의 공동 저작재산권자가 가지는 지분을 양도하거나 담보의 목적으로 할 경우에는 다른 저작재산권자의 허락을 받아야 한다.

1) 공동저작물에 대한 미국의 판례

미국에서는 공동저작물로 인정받기 위한 요건으로 ① 여러 저작자들 저작물이 각각 분리하여도 저작권을 인정받을 수 있을 것, ② 최종작품을 공동저작물로 만들겠다는 모두의 합의된 의사결정이 있었을 것, ③ 공동저작자가 통제권을 행사하여 제작과정을 감독할 것, ④ 특히, 영화의 경우 모든 저작자들이 저작자의 크레딧을 공유하려는 의사가 있었을 것이라는 네 가지 요건을 제시하고 있다. 작품 제작 당시에 당사자들의 의사가 가장 중요한 요소라고 보고 있는 것이다. 이를 대표적으로 보여주는 사례가 바로 1992년 〈아메리칸 렐릭스〉 사건이다.[78)]

〈아메리칸 렐릭스(American Relics)〉(1987)는 스티브 요한슨(Steve Johannsen)이 그랜트 우드(Grant Wood, 1891~1942)의 〈아메리칸 고딕(American Gothic)〉(1930)을 패러디한 그림이다. 그랜트 우드의 〈아메리

칸 고딕〉은 작가 스스로는 인정하지 않았지만, 보수적인 미국 지역의 모습을 풍자한 그림이라는 평가를 받으며 미국 내에서 수많은 패러디를 낳은 작품이다. 그중에서도 스티브 요한슨의 〈아메리칸 렐릭스〉는 잡지 〈렐릭스(Relix)〉의 커버 일러스트레이션으로 그려져 선풍적인 인기를 끌었다. 잡지의 커버에 그림이 실리고 인기를 끌자 〈렐릭스〉는 그림을 자유롭게 복제·배포하였고, 이를 알게 된 요한슨은 저작권 침해로 관련자들을 상대로 소송을 제기하였다. 하지만 〈렐릭스〉 측은 자신들도 그림의 제작과정에 참여한 공동저작자라고 주장했다. 〈렐릭스〉의 설립자인 키펠(Les Kippel)이 요한슨에게 그랜트 우드의 〈아메리칸 고딕〉을 패러디한 일러스트레이션을 주문하면서 농부와 쇠스랑 대신에 해골과 기타를 그리고, 그림의 제목을 〈아메리칸 렐릭스(미국의 유물)〉로 직접 지어주는 등 구체적인 아이디어를 정해주었고, 그러한 이유로 공동저작자로서의 권리를 행사한 것이라고 주장하였다.

이에 법원은 추상적인 소재를 구체화하여 가시적인 소재, 또는 표현으로 만든 사람만이 저작권자로서 저작권을 행사할 수 있다고 판단하여 〈렐릭스〉 측은 공동저작자가 될 수 없다고 판결을 내렸다. 사상과 감정은 만인의 공유물이기 때문에 저작물로 인정받을 수 없고, 아이디어 역시 표현의 형태를 갖춰야만 저작물로 인정받을

---

78) 〈아메리칸 고딕〉 패러디의 재판에 대해서는 판결문 "Johannsen vs. Brown, 797F. Supp. 835(D. Or.1992)"(https://law.justia.com/cases/federal/district-courts/FSupp/797/835/1447341/) 참고.

수 있는 것이므로, 〈아메리칸 렐릭스〉의 저작자는 오로지 창작을 행한 요한슨에 한정된다고 판결한 것이다.

2) 공동저작물에 대한 국내의 사례

우리나라 역시 공동저작물에 대해 미국과 비슷한 기준을 제시하고 있다. 저작물의 창작에 있어서 2인 이상이 저작물의 작성에 관여한 경우, 그중 창작 표현 자체에 기여한 사람만이 해당 저작물의 저작권자로 인정받을 수 있다. 그러므로 우리나라에서도 역시 제작과정에서 아이디어나 소재 또는 필요한 자료를 제공하는 등의 관여를 했다고 하더라도 그 저작물의 저작자가 될 수 있는 것은 아니다. 즉, 작품을 만들면서 누군가가 작품은 이렇게 만들어야 한다고 아무리 구체적으로 지시했다고 하더라고, 그 사람은 공동저작자가 될 수 없는 것이다.

2004년 발간된 동화책 《구름빵》은 애니메이션과 뮤지컬로 제작되었고 8개국으로 수출되어 약 4천억 원에 달하는 수익을 창출한 콘텐츠로 유명하다. B작가는 3차원 입체 세트에 2차원 캐릭터 인형과 소품을 제작하여 비현실적으로 과장된 사진을 찍어 독창적인 세계관을 만들어 냈지만 A출판사와 처음 계약할 때 받은 1,850만 원 외에는 어떤 댓가도 받지 못해 논란이 되었다. 이후 A출판사는 B작가와 재계약을 체결하기에 앞서 공동저작권자로 표기된 C사진작가와 법적인 문제가 정리되기 전에는 재계약에 합의할 수 없다고 밝혔고, 이에 B작가는 C사진작가에게 단독저작권자 표기에 동의해달라는 내용증명을 보냈지만 C사진작가가 동의하지 않아 소송으로 이어지게 되었다. B작가는 당시 C사진작가의 사진촬영은 보조적인 역할에 불과하므로 공동저작권자가 될 수 없다고 주장했고, 이에 대해서 C사진작가는 제작 과정에서 사진촬영이 차지하는 중요도나 작업에 기여도가 높기 때문에 공동저작권자로 인정받아야 한다고 반박하였다. 하지만 법원은 작품에 삽입된 36장의 사진은 전 과정을 기획하고 담당한 B작가가 저작권자이며, 사진 촬영을 담당한 것에 불과한 A출판사 소속의 C사진작가는 창작에 대한 재량권이 없어 공동저작권자라고 볼 수 없다고 판결하였다.[79]

(2) 업무상저작물

지금까지 살펴본 바와 같이 저작권은 원칙적으로 저작물을 직접 만드는 사람에게 속하게 되어 있지만, 여기에도 예외의 경우가 있는데 바로 '업무상저작물(A Work for Hire)'이다. 업무상저작물은 근로자 등 고용주와 일정한 관계에 있는 자가 그 고용주에 대한 업무로서 작성하는 저작물을 의미한다. 일반적으로 작가에게 작품 제작을 요청하고 작품이 만들어지는 모든 비용을 요청자가 부담했다 하더라도, 독립적인 위치에 있는 작가들이 요청자에게 해당 저작권을 양도했다고 볼만한 증거가 없을 때에는 작품의 제작에 창작적으로 기여한 바가 없는 투자자나 발주자가 저작권을 주장할 수 없다. 또한

---

79) "'구름빵'은 B작가 단독저작 판결", 한국일보, 2016년 1월 21일.

작가들과 계약을 맺고 대량으로 미술작품을 만들어내는 회사의 경우에도 실제로 회사 직원들이 창작 행위를 하는 것이 아니므로 작품에 대한 저작권을 주장할 수 없는 것이 원칙이다. 하지만 이러한 경우에도 예외적으로 고용주와 의뢰인의 권리를 보장하기 위한 것이 바로 업무상저작물에 대한 조항이다. 저작물 창작에 있어서 법인이나 단체 등이 투자한 자본에 대한 권리를 보장해주고, 창작자에게는 보수를 지급받게 함으로써 양자 간의 이해관계를 조정하여 저작물의 창작 및 이용을 활성화하기 위한 제도인 것이다.

> **저작권법**[시행 2017. 3. 21.] [법률 제14634호]
> 제2조(정의) 이 법에서 사용하는 용어의 뜻은 다음과 같다.
> 31. "업무상저작물"은 법인·단체 그 밖의 사용자(이하 "법인 등"이라 한다)의 기획 하에 법인 등의 업무에 종사하는 자가 업무상 작성하는 저작물을 말한다.

1) 업무상저작물에 대한 미국의 판례

미국에서는 1909년까지 업무상저작물의 저작자로 인정되는 고용주를 '상시적인 고용관계를 가지고 있는 사람'으로 규정해왔다. 하지만 1960년대에 들어서면서 업무를 통제(control)하거나 감독(supervise)하는 사람들도 고용주의 범위에 포함시키게 된다. 1976년에 개정된 저작권법에서는 ① 상시적인 고용관계에 있는 고용주뿐만 아니라, ② 일정한 조건을 충족시킨다면 작업을 주문 또는 촉탁한 사람도 업무상저작물의 저작자가 될 수 있도록 하였다. 여기서의 일정한 조건이란 ① 저작물이 위탁자의 비용과 요청에 의해 만들어지고, ② 저작물이 미국 저작권법에서 열거한 아홉 가지 경우 중 하나에 해당하고, ③ 저작물이 업무상저작물에 해당한다는 것을 위탁자와 실제 창작자가 명시적으로 합의해야 한다는 조건을 말한다.[80] 따라서 1976년도 저작권법에 따르면 저작물을 만든 사람이 비록 회사에 속한 직원이 아닐지라도 회사의 지시로 저작물을 만들고 저작물을 실제로 만든 사람과 회사 사이에 맺은 계약 내용 안에 "만들어지는 저작물을 '업무상저작물'로 한다"는 조항이 담겨져 있으면 그 저작물은 업무상저작물로 인정받을 수 있으며, 이에 따라 회사가 저작권자가 된다.

미국의 한 자선단체가 제임스 레이드(James Raid)에게 자선단체의 특징을 상징할 만한 조형물을 만들어달라고 요청하자, 작가는 마리아·요셉·예수의 조각 형상과 아래 기단에 '그리고 여전히 빈 방이 없습니다'라는 문구가 새겨진 〈제3세계인 미국(Third World America)〉(1985)을 완성했다. 하지만 작품이 양육 문제에 대한 논쟁을 다루고 있어 유명세를 타기 시작하자, 작가와 자선단체는 서로 작품의 저작권을 주장하였고, 이 분쟁은 1989년에 미국 대법원까지 올라가게 된다. 만일 이 작품이 단순한 저작물이라면 작가의 저작권이 인정받겠지만, 업무상저작물이 되면 자선단체의 저작권이 인정되기

---

80) 김미현 외, 〈영화창작자 저작권 보호를 위한 기초연구〉, 영화진흥위원회, 2011, p. 14.

때문에 이 사건에서는 작가가 해당 자선단체의 직원이었는지, 도급의 수급인이었는지가 중요한 쟁점이었다. 자선단체는 작가에게 자세한 가이드라인을 제시하며 작품을 의뢰했다고 주장했지만, 미국 대법원은 열두 가지 요건에 따라 판단하였을 때, 이 사건의 작가는 자선단체의 직원이 아니며 수급인으로 보아야 하기 때문에 작품은 업무상저작물이 될 수 없다고 판단하였다.[81]

〈업무상저작물을 판단할 때 고려해야 할 12가지 요건〉
1. 필요한 기술의 정도
2. 장비와 도구를 제공한 사람
3. 작업장의 위치
4. 당사자 간의 관계 지속 여부
5. 고용주가 작가에 대해 추가 업무를 지시할 수 있는지에 대한 여부
6. 작가가 작업을 언제, 혹은 얼마나 오래하는 지에 대해 통제가능한지 여부
7. 보수 지급 방식
8. 작가가 보조 인력을 채용하고 비용을 지급하는 방식
9. 작업이 고용주의 일상적인 업무의 일부인지의 여부
10. 고용주가 영업에 종사하는지 여부
11. 직원 복리후생을 작가가 받았는지 여부
12. 고용주가 세법상 작가의 비용을 어떻게 처리했는지 여부

---

81) 김형진, 《미술법》, 메이문화산업연구원, 2011, pp. 210~211.

2) 업무상저작물에 대한 국내의 사례

일반적으로 작품이 업무상저작물로 인정받을 수 있는가의 여부가 중요하게 작용하는 이유는 작품의 복제와 배포에 대한 권리가 연관되어 있을 뿐 아니라 업무상 저작물에 대해서는 작품을 의뢰한 단체나 기관이 마음대로 수정할 수 있기 때문이다. 우리나라에서 업무상저작물로 인정받기 위해서는 무엇보다 법인 등 사용자와 업무에 종사하는 자 사이의 고용관계가 존재해야 한다. 이때의 고용관계란 사용자와 업무에 종사하는 자 사이에 지휘·감독관계가 있는 것을 의미한다. 대체로 직원으로서의 고용관계가 이에 해당하지만 비록 상시 고용상태가 아니더라도 서로 간에 지휘·감독관계가 있는 모든 관계를 의미한다. 하지만 법률상 위임이나 도급계약에서는 일을 맡기는 사람과 일을 하는 사람 사이에 다소의 지휘·감독관계가 있다고 하더라도 수임인이나 수급인이 업무에 종사하는 자가 아니라고 보기 때문에 이들이 만든 저작물 역시 업무상저작물이 될 수 없다. 즉, 업무상저작물로 인정받기 위해서는 ① 법인 및 단체, 그 밖의 사용자의 기획하에 ② 법인 등의 업무에 종사하는 자가, ③ 업무

저작권법[시행 2017. 3. 21.] [법률 제14634호]
제9조(업무상저작물의 저작자) 법인 등의 명의로 공표되는 업무상저작물의 저작자는 계약 또는 근무규칙 등에 다른 정함이 없는 때에는 그 법인 등이 된다. 다만, 컴퓨터프로그램저작물(이하 "프로그램"이라 한다)의 경우 공표될 것을 요하지 아니한다.

상 작성하는 저작물로서, ④ 계약 또는 근무규칙 등에 다른 정함이 없다는 조건이 충족되어야 하며, 이때 비로소 해당 법인이 업무상 저작권자가 될 수 있는 것이다.

2010년 업무상저작물에 대한 대법원의 판례(대법원 2007두9471, 2010. 5. 27. 선고)에 따르면, "근로자인지를 판단하기 위해서는 고용계약의 형식이 고용계약인지 도급계약인지는 중요하지 않고, 그보다 실질적인 관계에 있어서 근로자가 사업 또는 사업장에 임금을 목적으로 종속적인 관계에서 사용자에게 근로를 제공했는지 여부에 따라 판단해야 한다"고 규정한 바 있다.

미술작품의 업무상저작물에 관련된 사례로는 A기업의 캐릭터 사건이 있다.[82] 놀이공원 개점을 앞두고 A기업에서는 사람들의 관심을 끌 수 있는 캐릭터를 디자인하기 위해 디자이너 열 명을 모집하여 도안 제작을 부탁하고 위촉료를 지급하였다. 그중 사건의 신청인 B의 너구리 도안이 당선작으로 선정되었고 도안 채택료로 상금이 지급되었다. 이후 체결된 캐릭터 제작 계약에는 제작된 도안에 대한 소유권과 저작권 등 모든 권리를 회사가 가지게 되고, 디자이너에게 수정 요구까지 할 수 있다는 내용을 포함하고 있었다. B작가는 A측의 수정 요구에 따라 수차례 보완 작업을 하며 기본 도안과 응용 도안을 완성시켰지만, "너구리보다는 미국의 펠릭스 고양이와 더 흡사하다"는 지적을 받았고, A 측의 재수정 요구에 대해 작가는 "나로

---

82) "롯데 마스코트 '롯티' 사용제품에 販禁딱지", 연합뉴스, 1990년 7월 5일.

서는 수정을 하여도 같은 도안밖에 나오지 않는다"며 더이상의 수정을 거절하였다. 그러자 A는 다른 디자이너를 고용하여 현재의 캐릭터를 완성하게 되고, 상품등록까지 하였다. 이를 알게 된 B작가는 자신이 만든 캐릭터 도안에 대한 저작재산권은 양도하였지만, 자신은 아직 저작인격권을 행사할 권리를 가지고 있으며, A 측이 동일성유지권을 침해했다고 주장하면서 1992년 사용금지 가처분 신청을 하게 된다.

법원은 A놀이공원의 상징 도안인 너구리 도안의 기본 도안과 응용 도안은 그 소재의 선정뿐 아니라 그 제작도 전적으로 제작자인 신청인의 재량과 예술적인 감각 및 기술에 의한 것이므로 위 너구리 도안의 저작자는 제작자인 신청인이라 판단하였다. 또한 작가의 도안을 바탕으로 수정하여 만든 현재의 캐릭터는 원본을 수정하여 변경한 것이 틀림없다고 보았다. 하지만 B작가와 A 측 사이에 도안변경 등을 요구할 수 있는 캐릭터제작 계약을 체결한 점, 순수미술 작품이 아닌 응용미술 작품인 점을 들어 기업 활동을 위해 필요한 경우 원본의 변경이 가능하다고 판단하였다. 또한 작가가 마지막 수정 요구를 거절한 것은 A 측이 원본 도안을 변경하더라도 이의를 제기하지 않겠다는 묵시적 동의를 하였다고 인정한 것으로 보고, 저작권법상의 동일성유지권이 침해되지 않았다고 판단하여 가처분 신청은 이유 없는 것으로 판결하였다.

큰 화제가 되었던 국정교과서 사건 역시 업무상저작물의 인정 여부에 관한 중요한 사례라고 볼 수 있다. 특히 논란이 된 것은 교육

대법원 92다31309(1992. 12. 24. 선고) 판결문 중

1. 상고이유를 본다.

저작권법은 저작물을 창작한 자를 저작자로 하고(제2조 제2호), 저작권은 저작한 때로부터 발생하며 어떠한 절차나 형식의 이행을 필요로 하지 아니하고(제10조 제2항), 저작인격권은 이를 양도할 수 없는 일신 전속적인 권리로(제14조 제1항) 규정하고 있고, 위 규정들은 당사자 사이의 약정에 의하여 변경할 수 없는 강행규정이라고 할 것인바, 비록 신청인이 제작한 너구리도안과 같이 상업성이 강하고 주문자의 의도에 따라 상황에 맞도록 변형되어야 할 필요성이 큰 저작물의 경우에는 재산적 가치가 중요시되는 반면, 인격적 가치는 비교적 가볍게 평가될 것임은 원심이 판시한 바와 같지만, (중략) 이 사건에 있어서와 같이 상업성이 강한 응용미술작품의 경우에도 당사자 사이의 계약에 의하여 실제로 제작하지 아니한 자를 저작자로 할 수는 없다고 할 것이다. (중략)

원심이 확정한 사실에 의하더라도, 신청인이 제작한 A놀이공원의 상징도안(캐릭터)인 너구리 도안의 기본 도안과 응용 도안은 그 소재의 선정뿐 아니라 그 제작에 있어서도 전적으로 제작자인 신청인의 재량과 예술적인 감각 및 기술에 의하였음을 알 수 있으므로 위 너구리 도안의 저작자는 제작자인 신청인이라 할 것이다. (중략)

2. 그런데 원심이 확정한 사실 및 일건기록에 의하면 피신청인측이 신청외 이○○로 하여금 제작하게 하여 현재 사용하고 있는 이 사건 가처분의 대상인 기본 도안과 응용 도안 등은 그 제작과정에 있어서 신청인이 제작한 기본 도안과 응용 도안을 참작하였을 뿐 아니라 도안에 나타난 아이디어의 기본방향, 전체적인 형태와 모양, 이미지 면에 있어서 매우 유사하므로 신청인이 제작한 기본 도안과 응용 도안을 일부 수정하여 변경한 것에 지나지 아니한 것임을 인정할 수 있으나, 다른 한편 피신청인으로부터 A놀이공원의 상징 도안을 제작하도록 의뢰받은 신청외 주식회사 C기획과 신청인 사이에는 제작자인 신청인이 주문자인 피신청인측에서 요구하는 위 상징도안의 제작 목적과 제작의 기본방향, 소재선정의 기준 등에 따라 도안

을 제작하기로 하고, 피신청인측이 제작된 도안에 대한 소유권과 저작권 등 모든 권리를 가짐은 물론 수정 요구까지 할 수 있다는 내용의 캐릭터제작 계약을 체결하였으며, 신청인이 제작한 너구리 도안이 당선작으로 선정된 후에도 수차에 걸친 수정, 보완 끝에 기본 도안이 제작되고, 이에 기하여 35종의 응용 도안까지 제작된 사실, 피신청인측으로부터 위 도안이 미국에서 사용중인 펠릭스 고양이와 유사하고 너구리의 특징이 잘 나타나 있지 아니하다는 이유로 수정 요구를 받은 신청인은, 자기로서는 수정을 하여도 같은 도안밖에 나오지 아니한다는 이유로 더이상의 수정을 거절하였고, 이에 피신청인측이 신청외 이○○로 하여금 신청인이 제작한 도안을 참고로 하여 현재 피신청인이 사용하고 있는 이 사건 가처분의 대상인 기본도안과 응용 도안 등을 제작하게 한 사실을 인정할 수 있는바, (중략), 신청인은 그의 의무인 위 도안의 수정을 거절함으로써 피신청인측이 위 도안을 변경하더라도 이의하지 아니하겠다는 취지의 묵시적인 동의를 하였다고 인정함이 상당하다 할 것이다. 따라서 피신청인측이 신청외 이○○로 하여금 신청인이 제작한 너구리 도안을 일부 변경하게 한 다음 변경된 기본 도안과 응용 도안을 그 기업 목적에 따라 사용하고 있다 하더라도 위 변경은 신청인의 묵시적인 동의에 의한 것이므로 저작권법 제13조 제1항에 규정된 동일성유지권의 침해에는 해당되지 아니한다 할 것이다.

3. 그렇다면 원심판결에는 저작권의 귀속에 관한 법리오해의 위법이 있기는 하나, 저작권법상의 동일성유지권이 침해되었음을 이유로 한 신청인의 이 사건 신청은 결국 이유 없음에 돌아가므로 판결 결과에는 영향이 없다 할 것이다. 그러므로 상고를 기각하고 상고비용은 패소자인 신청인의 부담으로 하기로 관여 법관의 의견이 일치되어 주문과 같이 판결한다.

부가 저작권법 위반을 근거로 하여 검정교과서 검토본에 관한 의견 개진을 경고하는 공문을 발송했다는 점이었다. 교육부는 "국정도서의 저작권은 교육부에 있고, 교과서 내용 중 개인 작품·사진 등은 별도의 저작권자가 있어 복제·전송 시 저작권 침해 우려가 있다"면서 "현장적합성 검토 교사들이 현장검토본의 일부를 복제·배포·전송할 경우 저작권법 저촉 등의 문제가 될 수 있음을 안내한 것"이라고 해명했다.[83] 이때 국가가 집필한 역사교과서를 업무상저작물로 인정하게 된다면, 교과서의 복제와 배포·수정에 대한 권리를 국가가 독점하는 것이 된다. 이에 다양한 관점을 접하고 사실관계를 따져보아야 하는 역사 교육에서 국가가 저작권을 독점하는 것에 대한 많은 비판과 반대가 있었다. 이처럼 저작권의 인정은 단지 저작자와 저작물을 보호하는 것에 그치지 않고, 저작권자에게 막강한 권력을 부여할 수 있다는 점에서 저작권의 사실상 예외규정인 업무상저작물제도가 악용되지 않도록 주의를 기울여야 한다.

3. 사진에서의 저작권

(1) 사라진 아우라

발터 벤야민(Walter Benjamin, 1892~1940)은 《기술복제시대의 예술작품》에서 현대사회가 대량생산과 소비시대에 들어서면서 어떤 것이 진본이고 복제품인지의 경계가 모호해졌고 예술작품의 아우라(Aura)

---

83) "교과서 현장검토 과정서 저작권법 저촉 등 유의사항 안내한 것", 정책브리핑, 2017년 1월 25일.

[그림 23] 사로니, 〈오스카 와일드〉, 1882.

는 사라지게 된다고 말한다.[84] 여기서 '아우라'란 원작을 둘러싼 고유한 분위기로, 세상에 하나밖에 없는 것을 지금 여기서 보는 느낌이자 너무 멀리 있어서 도저히 닿을 수 없을 것만 같았던 어떤 숭고함이 갑자기 가까워지는 일회적인 나타남이다.

특히 사진과 영화가 발달하면서 언제 어디서나 원본을 볼 수 있게 되었고 이것이 아우라의 붕괴를 가져왔다는 것이다. 원본과 복제 사이의 기준은 사진과 영상이 점차 독자적인 예술로 인식되면서 더욱 혼란스러워졌다. 사진은 예술의 범위를 기술적 표현 능력을 가진 전문예술가의 고유 영역으로 제한하지 않고, 누구나 자유롭게

---

84) 발터 벤야민,《기술복제시대의 예술작품》, 최성만 옮김, 길, 2007, pp. 103~106.

표현할 수 있는 대중예술로서의 가능성을 열었다. 이는 예술에 있어서 중요한 것은 기술적 표현과 사실 재현의 완성도가 아니라 작가의 아이디어와 시각이라는 사실을 더욱 강조하는 것이기도 했다. 하지만 이러한 경계의 모호함과 자유가 모두에게 달가운 것은 아니다. 사진과 관련해서 현대사회에서는 더욱 많은 법적 분쟁이 일어났고, 각각의 경우에 대한 객관적인 판단은 항상 어려웠다.

(2) 저작물로서의 사진

사진이 저작권법 보호 대상으로 인식되기 시작한 것은 1884년이다. 석판화 제작업자 버로 자일스(Burrow Giles)가 오스카 와일드를 찍은 사로니(Napoleon Sarony, 1812~1896)의 사진 8,500장을 무단·복제 판매해 발생한 소송에서, 사진은 예술이 아닌 사진기의 기계적 행위에 불과하기 때문에 저작권법상의 보호대상이 아니라는 반박에도 불구하고, 저작권 침해가 인정된 것이다. 미연방대법원은 "사진은 헌법에 명시된 예술에 해당하며, 저작권법의 보호를 받을 수 있는 창의적인 표현을 충분히 내포하고 있다"고 판시하여 사진의 저작물성을 법적으로 처음 인정하였다.[85]

우리나라에서는 1957년 제정된 저작권법에서 처음 사진저작물에 대한 보호가 마련되었고, 일반 저작물의 성립요건을 충족할 경우

---

85) 고영수·김창화·정영미, 《문화예술과 저작권 판례집》, 한국저작권위원회, 2005, pp. 105~107.

동일하게 보호대상으로 취급하고 있다.

(3) 사진은 그림의 모델인가

사진저작물이 미술에 있어서 가장 많은 문제를 제기하는 것은 회화작품과의 관계에 대한 부분이다. 오래전부터 회화작품을 그리기 전에 사진을 찍어서 자연스럽게 연출된 구도를 보고 그림을 그리는 작가가 많았기 때문에, 사진은 예술작품을 제작하기 위한 보조적인 역할로 여겨지기 쉬웠다. 하지만 오늘날 사진 장르 자체가 하나의 예술분야로 인정되면서 개성과 독창성을 확보한 사진작품을 보고 이와 유사한 회화작품을 그려내는 것이 과연 저작권법에 저촉되는지 주목받기 시작했다.

일례로 1984년 사진기자 A가 촬영한 〈지하철의 보통사람들〉(1984)이 〈레이디경향〉에 실리고 같은 해 화가 B가 중앙미술대전에서 사진의 이미지를 그대로 옮겨 그린 그림으로 회화부문 대상을 수상한다. B작가는 수상 소감에서 자신의 부인이 빌려온 책 안에서 발견한 한 장의 사진을 보고 그렸다고 밝히며 사진작가에게 고맙다는 인사말을 전했다. 하지만 이 말이 화제가 되면서 표절 논란으로까지 이어지자, 중앙미술대전의 심사위원이 오히려 사진기자는 자신의 작품이 그림으로 그려져 대상을 탄 것에 대해 영광으로 알아야 한다는 발언을 하여 논란이 더욱 불거졌다.

이 사건은 소송이 제기되거나 작가들 사이의 사과, 혹은 소통조차 없이 흐지부지 일단락되었지만, 1984년 11월 〈경향신문〉에는 이 사건에 대한 기사가 '사진은 그림의 모델인가'라는 제목으로 실렸다. 이 글에서는 A와 B의 표절시비 사건을 자세하게 소개하면서 명백한 표절을 주장하는 사진계의 목소리와, 모든 작가들이 작업을 할 때 어디선가 아이디어를 빌리는데 사진은 단지 그 과정의 일부라는 미술계의 목소리를 모두 담고 있는 기사였다.[86] 당시는 저작권법에 대한 이해가 사회적으로 조금은 생소했기 때문인지 이 사건은 법적 소송으로 이어지지는 않았지만, 기사를 읽은 대중들에게 미술계의 주장에 대한 반감을 일으키기에는 충분했다

비슷한 사건으로 C작가의 〈순간〉에 관련된 논쟁이 있었다.[87] 마크 리부(Mark Riboud, 1923~2016)는 유명한 사진단체 매그넘에 소속된 사진작가로 베트남 전쟁 당시인 1967년 총을 든 군인들 앞에 꽃을 내보이고 있는 여인의 모습을 담은 보도사진을 촬영하여 큰 인기를 끌었다. 그러나 이전에 국내에 소개된 적 없는 마크 리부의 사진 190

---

86) "너무나 닮은 두 作品… 표절醜聞 잇달아", 경향신문, 1984년 11월 9일.

87) "사진 작품을 그림으로 그리면 도용일까 아닐까", 사진마을, 2012년 7월 17일 참고.

점을 전시하는 거대한 사진전의 공식 홈페이지에 눈길을 끄는 글이 올라오면서 논란이 시작되었다. 이는 마크 리부의 사진 〈꽃을 든 여인〉을 염두에 두고 쓴 글이다. 글에서는 "C의 1억2천만 원의 '순간'이라는 작품 이미지를 보냅니다. 작가로서의 양심이 의심됩니다. 마크 리부에게 허락을 받았다면 괜찮겠지만, 이미지가 너무 흡사해서 알아보세요. 이러한 모사작이 1억2천만 원? 광주시립미술관에 기증됨"이라고 적혀있었다. C작가가 그린 〈순간〉은 독일 미하일 슐츠 갤러리 관장이 구매하였는데, 광주민주화운동에 대한 내용을 그린 것이라는 C작가의 말에 따라 슐츠 관장이 작품을 광주에 두는 것이 적합하다고 판단하여 광주시립미술관에 기증한 작품이었다. 이 사건은 소송으로 이어지지는 않았지만, C작가가 리부의 작품을 전에 본 적이 있으며 〈순간〉이 모방작이라는 것을 시인하면서 마무리되었다. 지금까지 검토해본 사례에서 드러나듯이, 그 사진이 보도용이라도 작가의 창작성이나 독창성 없이 원본 사진을 그대로 베끼는 행위는 저작권법에 저촉될 수 있다.

(4) 영상저작물에 관련된 사건

앞서 탐구해본 마이클 케나의 솔섬 사진 사건에서 볼 수 있듯이, 우리나라 법률에서는 사진 저작권에 있어서, 피사체의 선정 자체가 창작적 표현이 될 수 있는가 하는 것이 주요 논쟁이 되어왔다.

이와 비슷한 사례로 2014년에 잠실대교를 피사체로 한 공익광고에 대한 저작권 침해 소송이 제기된 사건이 있었다. 디자인 관련 도서 저술과 음악 편집 등의 활동을 하고 있는 D작가는 2013년 〈우울의 경계(Boundary of melancholy)〉라는 제목의 영상작품을 발표한 바 있다. 이 영상작품은 제10회 서울국제실험영화제를 비롯하여, 오스트리아·미국·캐나다 등의 영화제에서도 상영되었다. 2014년 대한민국 정부는 세월호 참사 극복을 주제로 하는 공익광고를 만들고자 하였고, 광고제작 업체를 통해 D작가에게 일부 장면을 사용하고 싶다고 요청하였으나, 작가가 거절하자 이와 유사한 장면을 제작하여 지상파 TV·지하철·인터넷 광고를 통해 배포하였고, 이에 작가가 손해배상소송을 청구한 것이다. D작가는 허락 없이 모방한 사진을 사용하여 광고를 방영해 저작권 침해를 하였으며, 이로 인한 손해배상금을 지급해야 한다고 주장하였다.

작가에 따르면 〈우울의 경계〉는 촬영을 위해 1년 이상 작가가 적합한 장소를 탐색하고 오랜 기간 촬영하는 등 장소와 구도, 촬영방식에 창작의 노력을 기울인 결과물이며, 따라서 피사체의 특성을 작가의 창작성과 개성에 따라 표현하여 편집하였고, 이러한 노력을 인정받아 각종 영화제에서 상영된 작품이다. D작가는 이와 같이 작품의 존재를 인식했기 때문에 정부와 광고제작 업체가 사용 허락을 받고자 한 것이며, 자신이 거절했음에도 불구하고 사진작품에 근거하여 광고를 제작한 것이 명백하다고 주장했다. 정부와 광고제작 업체는 〈우울의 경계〉는 참고사항 수준이며, 광고 장면은 잠실대교 북단에서 앵글을 반대편으로 하여 촬영한 것으로, 그 증거로 다리에 그림자가 생기는 장면을 볼 수 있고, 다리 밑은 비례미가 뛰어나 사진작가나 영상물을 촬영하는 사람은 누구나 찾아가는 장소이기 때문에 잠실대교를 동일하게 찍었다는 이유로 표절이 될 수 없다고 반박하였다. 양측은 팽팽하게 맞섰지만 조정을 거쳐 D작가에게 피고가 350만 원을 지급하는 것으로 종료되었다.[88]

4. 저작인격권과 저작재산권

(1) 저작인격권

저작권에는 저작인격권과 저작재산권이 있는데, 저작인격권은 저작자가 저작물에 대해 갖는 인격적 이익을 보호할 수 있는 권리이며, 저작재산권은 저작물의 이용으로부터 생기는 경제적 이익을 보호하기 위한 권리이다.

그중 저작인격권은 저작자에게만 주어지는 일신전속권이기 때문에 다른 사람에게 양도가 불가능하다. 따라서 미술작품의 구입자가 저작자로부터 설령 작품에 대한 저작재산권을 양도받게 되더라도 저작인격권이 양도되는 것은 아니다. 저작인격권의 권리에는 공표권·성명표시권·동일성유지권이 있다.

① 공표권: 저작자가 저작물에 대해서 공표할 것인지 어부를 결

---

88) "세월호 관련 공익광고 표절 시비… 저작권 소송 제기", 아시아경제, 2014년 8월 5일.

정할 수 있는 권리로서 공표 여부는 저작자만이 결정할 수 있다. 이때 공표란 저작물을 공연·방송·전시 또는 그 밖의 방법으로 일반 공중에게 공개하는 경우와 저작물을 발행하는 경우를 말한다.

② 성명표시권: 저작자가 자신이 그 저작물의 창작자임을 주장할 수 있는 권리로서, 저작물의 원작품이나 그 복제물 또는 그 저작물을 공표할 때 그의 실명이나 이명을 표시할 수 있는 권리를 말한다. 성명표시권에는 실명이나 이명을 표시할 권리뿐만 아니라 무명으로 할 권리도 포함된다. 다시 말해 다른 사람의 저작물을 이용하는 자는 그 저작자의 특별한 의사표시가 없을 때에는 저작자가 바라는 대로 그의 실명, 또는 이명을 표시해야 한다. 다만 저작물의 성질, 그 이용목적 또는 형태에 비추어 부득이하다고 인정되는 경우에는 예외적으로 인정될 수 있으며, 만약 저작자가 미술작품에 스스로의 이름을 표시하고 싶지 않다면 누구도 그 작가의 이름을 함부로 표시해서는 안 된다. 또한 작가의 이름을 잘못 표기하는 행위도 성명표시권 침해에 해당할 수 있다. 질이 낮거나 잘 알려지지 않은 작가의 작품에 거장의 이름을 붙여 판매하는 행위가 성명표시권 침해 행위에 해당한다.

③ 동일성유지권: 동일성유지권에 따르면 미술작품은 저작자의 사상이나 감정을 표현한 것이므로 저작물을 고치는 것은 저작자만이 할 수 있으며, 저작자는 저작물의 내용, 형식 및 제호의 동일성을 그대로 유지할 권리를 가진다. 따라서 제3자는 작가의 허락 없이 작품을 변경·삭제하거나 수정할 수 없다. 최종적인 미술저작물이 완

저작권법[시행 2017. 3. 21.] [법률 제14634호]

제3절 저작인격권

제11조(공표권) ①저작자는 그의 저작물을 공표하거나 공표하지 아니할 것을 결정할 권리를 가진다.

②저작자가 공표되지 아니한 저작물의 저작재산권을 제45조에 따른 양도, 제46조에 따른 이용허락, 제57조에 따른 배타적발행권의 설정 또는 제63조에 따른 출판권의 설정을 한 경우에는 그 상대방에게 저작물의 공표를 동의한 것으로 추정한다.

③저작자가 공표되지 아니한 미술저작물·건축저작물 또는 사진저작물(이하 "미술저작물등"이라 한다)의 원본을 양도한 경우에는 그 상대방에게 저작물의 원본의 전시방식에 의한 공표를 동의한 것으로 추정한다.

④원저작자의 동의를 얻어 작성된 2차적 저작물 또는 편집저작물이 공표된 경우에는 그 원저작물도 공표된 것으로 본다.

⑤ 공표하지 아니한 저작물을 저작자가 제31조의 도서관등에 기증한 경우 별도의 의사를 표시하지 않는 한 기증한 때에 공표에 동의한 것으로 추정한다.

제12조(성명표시권) ①저작자는 저작물의 원본이나 그 복제물에 또는 저작물의 공표 매체에 그의 실명 또는 이명을 표시할 권리를 가진다.

②저작물을 이용하는 자는 그 저작자의 특별한 의사표시가 없는 때에는 저작자가 그의 실명 또는 이명을 표시한 바에 따라 이를 표시하여야 한다. 다만, 저작물의 성질이나 그 이용의 목적 및 형태 등에 비추어 부득이하다고 인정되는 경우에는 그러하지 아니하다.

제13조(동일성유지권) ①저작자는 그의 저작물의 내용·형식 및 제호의 동일성을 유지할 권리를 가진다.

제14조(저작인격권의 일신전속성) ①저작인격권은 저작자 일신에 전속한다.

②저작자의 사망 후에 그의 저작물을 이용하는 자는 저작자가 생존하였더라면 그 저작인격권의 침해가 될 행위를 하여서는 아니 된다. 다만, 그 행위의 성질 및 정도에 비추어 사회통념상 그 저작자의 명예를 훼손하는 것이 아니라고 인정되는 경우에는 그러하지 아니하다.

성된 이후에 작품을 전시·유통·판매하는 과정에서 변경·삭제·훼손되었다면 이는 저작자의 동일성유지권을 침해하는 행위에 해당한다. 동일성유지권은 저작자의 인격을 보호하기 위한 것이지만, 지나친 보호는 저작물의 활용이 제한될 수 있으므로 동일성유지권에도 적당한 제한을 가하고 있다.

(2) 저작재산권

저작재산권은 일반적으로 저작자 스스로 행사하거나 다른 사람으로 하여금 이를 배타적으로 이용할 수 있도록 허락하고 그로부터 대가를 취득하는 권리이다. 저작재산권은 저작인격권과 달리 혼자서만 누릴 수 있는 일신전속권이 아니므로 다른 사람에게 양도가 가능하다. 저작재산권에는 복제권·배포권·공연권·공중송신권·전시권·대여권·2차적 저작물 작성권이 있다.

① 복제권: 인쇄, 사진촬영, 복사, 녹음, 전자적 저장, 그 밖의 방법에 의해 저작물을 유형물에 고정하거나 유형물로 다시 제작할 수 있는 권리이다. 미술작품의 경우 길거리, 공원, 건축물의 외벽, 그 밖의 일반 공중에게 개방된 장소에 공개되어 있는 작품은 얼마든지 이를 복제하여 이용할 수 있으나 저작권법 제35조에서 제한을 두고 있다.

② 공연권: 저작물을 공연할 수 있는 권리로서 공연은 저작물을 낭독, 상연, 연주, 가창, 방영, 상영, 기계적 재생, 그 밖의 방법으로 일반인에게 공개할 수 있는 권리이다. 공연은 창작자가 직접 할 수

도 있지만 기계적 장치의 도움을 받을 수도 있으므로 극장이나 TV를 통해 상영 또는 방영할 수도 있다.

③ 공중송신권: 저작물 등을 공중이 수신하거나 접근하게 할 목적으로 무선 또는 유선통신의 방법으로 송신하거나 이용에 제공하는 것을 말하는데, 방송과 전송 및 디지털 송신을 포함하는 개념이다. 지상파방송·케이블방송·IP TV·위성방송 등에서 영화를 방영할 수 있는 권리, 온라인 상영관 등과 같은 인터넷을 통해 영화를 제공하는 권리이다.

④ 전시권: 저작자가 미술저작물 등의 원본이나 그 복제물을 전시할 수 있는 권리로서 미술작품 등에만 인정되는 권리이다. 미술작품을 매매하여도 작가가 전시권을 계속 가지기 때문에 미술작품의 원본작품을 가지고 있는 사람은 자신이 소유한 원본작품을 전시할 수는 있지만 그 저작물의 복제물을 전시할 수 있는 권리는 없다.

⑤ 배포권: 복제권에서 비롯된 것으로 저작물의 원본작품이나 그 복제물을 배포할 수 있는 권리를 말하며, 여기서의 배포는 원본작품 또는 그 복제물을 여러 사람에게 대가를 받거나 받지 않고 양도 또는 대여하는 것을 의미한다. 배포권이 여타 권리와 다른 점은 저작권자가 일단 저작물의 원본이나 복제품을 판매의 방법으로 거래한 경우에는 저작권자의 배포권이 없어진다는 것이다. 이를 권리소진의 원칙(First Sale Doctrine)이라 한다.

⑥ 대여권: 상업적인 목적으로 저작물의 복제물을 대여하는 경우 저작권자가 이를 허용할 수 있는 권리이다. 현재 우리나라에서는 미

술작가들에게 대여권이 없으므로 누구든지 작가의 허락 없이 일반인들에게 미술품을 빌려주는 사업을 할 수 있다. 우리나라 저작권법에서 대여권은 음반과 컴퓨터프로그램에 한해서만 인정되고 있다.

ⓖ 2차적 저작물 등의 작성권: 저작자가 원저작물을 활용하여 2차적 저작물 또는 원저작물을 구성부분으로 하는 편집저작물을 작성하여 이용할 권리이다.

만일 어떤 미술작품이 공동저작물이라면, 2차적 저작물을 만들 때에는 모든 공동저작자에게 허락을 받아야 한다. 만약 저작권자의 허락 없이 2차적 저작물을 만들 경우에는 저작자의 권리를 침해하는 행위로 간주된다.

(3) 국내 사례

1) 지하철역 벽화 사건(2006)

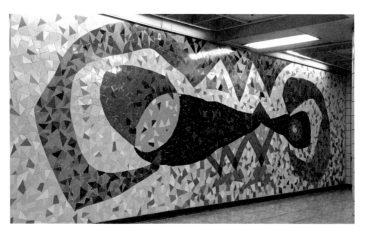

[그림 24] 학동역의 사계절 연작 중 〈가을〉

2006년 서울특별시 도시철도공사가 벽화 저작자의 허락 없이 작품을 원화로 사용하여 지하철역 장식벽화를 제작하였는데, 작품의 작가가 누구인지 표시하지 않은 점, 저작자의 연작 중 일부만을 벽화로 만들어 원작자가 의도하지 않은 방식으로 작품을 제작한 점, 작품의 위아래를 거꾸로 설계하고 시공한 점을 들어 원저작자가 저작인격권 침해에 대한 손해배상 청구소송을 제기하였다. 법원은 원저작자의 연작 작품 중 일부만을 벽화로 제작하고 제작방식이 저작자가 의도하였던 테라코타 방식에서 타일 방식으로 바뀌었으며, 작품의 위아래를 거꾸로 설계하여 작가의 의도를 훼손한 것을 저작인격권의 동일성유지권과 성명표시권의 침해로 인정하였다. 판결에 따라 학동역 장식벽화를 시공한 도시철도공사는 원저작자에게 저작인격권 침해에 대한 손해배상과 위자료를 지급하고 작가명을 표시하도록 선고받았다.

서울중앙지법 2004가합67627(2006. 5. 10. 선고) 판결문 중
저작인격권 침해 여부
(가) 성명표시권
이 사건 벽화 중 약수역과 한강진역에 설치된 각 벽화의 작가란에는 '작가미상'이라고 표시되어 있는 사실, 학동역에 설치된 각 벽화의 경우에는 작가표시란 자체가 존재하지 않은 사실을 인정할 수 있으므로 피고 도시철도공사, 피고 3 주식회사는 원고가 이 사건 원화의 복제물에 자신의 실명 또는 이명을 표시할 수 있는 성명표시권을 침해하였다고 할 것이다.
(나) 동일성유지권
이 사건 벽화는 원고의 연작 작품 중 일부만을 벽화화하였거나 제작방식이 원고가 의도하지 않은 방식으로 되었으며(테라코타 방식에서 타일방식으로), 작품의 위·아래를 거꾸로 설계·시공함으로써 작가의 작품의도를 훼손하여 설치되거나 전시된 사실을 인정할 수 있으므로 피고 도시철도공사, 피고 3 주식회사는 원고의 이 사건 원화에 대한 동일성유지권을 침해하였다고 할 것이다.

(다) 공표권

(전략) 공표권은 미공표의 저작물을 공표할 것인지 여부, 공표를 할 경우 언제 어떠한 형태나 방법으로 할 것인지를 결정하는 권리를 의미하는 것으로 그 성질상 미공표된 저작물에 대하여만 인정된다고 할 것인데, 변론 전체의 취지를 종합하면 이 사건 원화는 이미 원고의 풍속화집 등에 공표된 저작물임을 인정할 수 있어 원고의 공표권 침해 주장은 이유 없다.

판단

(가) 재산적 손해 부분

저작권법 제94조에 의하면 법원은 저작재산권 침해로 인한 손해가 발생한 사실은 인정되나 그 손해액을 산정하기 어려운 때에는 변론의 취지 및 증거조사의 결과를 참작하여 상당한 손해액을 인정할 수 있는바, (중략) 위 프랑스 조형예술 저작권협회의 답신(작품 1점당 1년 사용료를 대략 3,000,000원(사용기간 50개월을 기준으로 하여 계산하면 63,250,000원÷5점÷50개월×12개월=3,036,000원) 정도로 볼 수 있음), 위 국내 기업의 저작권 사용료 사례, 한국 미술저작권협회의 저작권료 산정표, 이 사건 벽화는 공익시설인 지하철역의 미관을 높이기 위해 전시하는 것이므로 기업의 공사현장에 사용되거나 광고·홍보용으로 사용되는 경우보다는 사용료가 상당히 낮을 것으로 보아야 하는 점, 원고의 경력, 이 사건 벽화의 제작경위, 침해된 원고의 작품 수, 이 사건 벽화의 크기 등 이 사건 변론에 나타난 모든 사정을 참작하면 원고가 이 사건 원화를 이 사건 벽화에 사용할 수 있도록 허락하고 통상 받을 수 있는 금액은 1년에 작품 1점당 3,000,000원이라고 봄이 상당하다. 따라서 피고 3 주식회사가 원고에게 배상하여야 할 손해액은 (중략) 합계 71,750,000원(41,250,000원+30,500,000원)이 되고, 피고 도시철도공사가 원고에게 배상하여야 할 손해액은 피고 도시철도공사가 원고의 이 사건 원화에 대한 저작권 침해 사실을 알게 된 날 이후로서 (중략) 35,000,000원(3,000,000원×5점×28개월÷12개월)이 된다고 할 것이다.

(나) 정신적 손해

앞서 인정한 바와 같이 위 피고들이 원고의 동의나 승낙 없이 그 성명을 표시하지 않고 이를 무단 이용함으로써 원고는 이 사건 원화에 대하여 그 저작인격권인 성명표시권, 동일성유지권을 침해당하여 정신적 고통을 받았음이 경험상 명백하므로 피고들은 원고에게 이로 인한 정신적 손해를 배상할 의무가 있다 할 것인데, (중략) 피고 도시철도공사, 피고 3 주식회사가 원고에게 배상하여야 할 위자료 액수는 각 금 10,000,000원이라고 봄이 상당하다.

(중략)

다. 명예회복을 위한 조치

(1) 성명 등 표시 청구 부분

살피건대, 피고 도시철도공사가 원고의 이 사건 원화에 대한 성명표시권을 침해하였음은 앞서 본 바와 같고, 원고로서는 이 사건 원화 또는 그 복제물에 자신의 성명을 표시함으로써 저작물에 주어지는 사회적 평가를 저작자인 원고에게 귀속시킬 권리가 있다고 할 것이므로 피고 도시철도공사는 저작권법 제95조에 의하여 명예회복을 위하여 필요한 조치로서 이 사건 벽화 우측 하단에 원고의 이름, 약력, 벽화 제호를 표시할 의무가 있다. (후략)

2) 미술작품의 보존·수복과 동일성유지권

오래된 미술작품일수록 작품의 보존처리가 과연 원작자의 동일성유지권을 침해하지 않는지 문제가 된다. 국립현대미술관 과천관의 대표작품인 백남준(1932~2006)의 〈다다익선〉(1986)은 다수의 브라운관으로 구성된 설치미술품인데, 현재 브라운관이 오래되어서 영상의 일부가 나오지 않는 등 수리와 교체가 필요한 실정이다. 백남준 작품의 기술 구현을 위해 전담 아트마스터가 있지만 워낙 오래 전에 제작된 작품인지라 당시와 동일한 브라운관을 구하는 것도 쉽지 않아 섣불리 별다른 조치를 취하지 못하고 있는 실정이다.

이처럼 기술적인 문제로 인해 작품의 동일성유지권과 보존·수복 사이에서 고민하고 있는 경우가 있는가 하면, 시간의 흐름에 따라 작품이 훼손되는 것이 작가의 의도이기 때문에 보존·수복이 불가능한 상황도 있다. 제주도의 자연 자체를 작품으로 하여 바람·돌·물 미술관을 건축한 이타미 준(伊丹潤, 1937~)의 돌 미술관은 제주도 자연환경의 특성상 거센 비바람에 그대로 노출되어 있고, 관람객들의 손을 타서 현재 빠르게 부식이 진행 중이다. 하지만 바닷바람에 부식된 돌 박물관의 표면에서 묻어 나오는 녹조차도 아름다움이라고 생각한 이타미 준은 돌 미술관이 부식되어가는 현상 자체도 작품의 일부라고 하여 보존처리를 거부하였다. 이런 경우에는 작품을 보존 처리하는 행위가 동일성유지권을 침해하는 것으로 간주되기 때문에 부식을 막는 어떤 조치도 불가능하다.

5. 패러디

(1) 패러디의 저작권 침해 여부

'패러디(Parody)'란 대중에게 널리 알려진 원작을 흉내 내거나 과장 또는 왜곡시킨 다음 그 결과를 알림으로써 원작이나 사회적 상황에 대하여 풍자하거나 비평을 이끌어내는 것을 일컫는다. 패러디는 오래전부터 풍자와 비평의 역할을 하며 사회 균형을 맞춰왔고, 이미지의 홍수 속에서 살고 있는 지금의 우리에게는 친숙하고 익숙한 것이 되었다. 예를 들면, 최근 신세계그룹의 온라인쇼핑 플랫폼 SSG.COM은 영화 세트장 같은 구성과 색감, 현대적이고 고독한 분위기의 '쓱' 광고로 인기를 끌었는데, 이 광고 역시 에드워드 호퍼 작품의 패러디이다. 이처럼 홍보 분야에서 패러디는 하나의 방법론으로 자리 잡았으며, 그 외에도 다양한 분야에 패러디가 활용되고 있어 이에 따른 저작권 분쟁의 여지도 점점 빈번해지고 있다.

패러디는 크게 두 가지로 구분되는데, 하나는 '직접패러디(direct parody)'로 원작품 자체를 직접 풍자한다. 다른 하나는 '매개패러디(vehicle parody)'로 어떤 사항을 풍자하기 위하여 다른 사람의 저작물을 활용하며 현대 사회에 대한 비평으로 주로 이용된다. 패러디는 풍자와 비평이라는 특성상 원저작권자의 동일성유지권과 필연적으로 충돌하게 되며, 그럴 경우 패러디를 저작권 침해의 예외로서 인정할 수 있는가 하는 문제가 제기된다. 패러디를 저작권법 침해의 예외로서 인정해야 할 이유와 관련해서 제기되는 주장을 살펴보면 다음과 같다.

첫째, 패러디는 기존의 작품에 비평이나 논평·풍자 등 새로운 창작을 덧붙임으로써 인류의 문화유산을 풍부하게 하고 그에 따라 문화의 향상과 발전이라는 저작권의 목적달성에 기여한다.

둘째, 패러디에 그러한 이로운 점이 있음에도 불구하고 대체로 패러디는 엄숙하고 진지한 작품에 대한 풍자·비평 등에서 시작하므로, 원저작자로서는 자신의 저작물에 대해 스스로 패러디를 작성하거나 아니면 다른 사람에게 자신의 저작물에 대한 패러디를 작성하도록 허락해줄 가능성이 적다.

셋째, 패러디는 원작의 시장적 가치를 침해할 가능성이 거의 없다는 측면에서 원작과 전혀 다른 효용가치를 가지는 것이므로 패러디 작품을 감상했다고 해서 원작품에 대한 수요가 감소된다고 생각하기 어렵다.[89]

패러디에 관하여 활발한 논의가 이루어지고 있는 미국에서는 패러디를 일정한 요건이 구비되는 한 '공정이용(fair use)'의 하나로 보고 있으며, 우리나라에서도 미국처럼 공정이용의 하나로 인정해야 한다고 보는 것이 일반적이다.

저작권법상 '공정이용'이란, 공공의 목적 등을 이유로 저작권 침해가 되지 않는 기준과 범위 내의 이용을 의미한다. 앞에서도 설명했듯이 저작권은 제한 없이 보호되는 것이 아니라 공익을 위하여, 또는 저작물의 특성상 일정한 제한을 받는다. 우리나라의 저작권법에서도 일정한 경우 저작권을 제한한다. 즉 공표된 저작물이 저작권자의 허락 없이 복제되거나 사용될 지라도, 저작권 침해가 되지 않는 정당한 이용의 기준과 범위를 규정하고 있다. 공정이용의 기준과 범위는 나라에 따라서, 또는 저작물의 종류와 성격에 따라서 다소 차

---

89) 이상정,《미술과 법》, 세창출판사, 2019, p 299.

이는 있지만, 일반적으로 재판, 입법·행정을 위한 연구, 교육·학술 연구 등의 목적으로 저작권자의 이익을 부당하게 침해하지 않는 범위 내에서 저작물을 복제 사용하거나, 시사보도나 방송, 논평 등의 목적으로 인용하는 것 등을 공정이용으로 규정하고 있다(저작권법 제23~제34조).

이후 2016년에 새롭게 개정된 저작권법 제35조의3에서는 위와 같이 구체적인 공정이용에 해당하는 특정한 경우 외에도 "저작물의 통상적인 이용 방법과 충돌하지 않고 저작자의 정당한 이익을 부당하게 해치지 않는 경우에는 저작물을 이용할 수 있다"는 공정이용의 일반원칙조항을 도입하였다. 저작권법 제35조의3에서 규정하고 있는 공정이용을 판단하는 기준으로서는 "① 저작물 이용의 목

저작권법[시행 2017. 3. 21.] [법률 제14634호]
35조의3(저작물의 공정한 이용) ① 제23조부터 제35조의2까지, 제101조의3부터 제101조의5까지의 경우 외에 저작물의 통상적인 이용 방법과 충돌하지 아니하고 저작자의 정당한 이익을 부당하게 해치지 아니하는 경우에는 저작물을 이용할 수 있다. 〈개정 2016. 3. 22.〉
② 저작물 이용 행위가 제1항에 해당하는지를 판단할 때에는 다음 각 호의 사항등을 고려하여야 한다. 〈개정 2016. 3. 22.〉
1. 이용의 목적 및 성격
2. 저작물의 종류 및 용도
3. 이용된 부분이 저작물 전체에서 차지하는 비중과 그 중요성
4. 저작물의 이용이 그 저작물의 현재 시장 또는 가치나 잠재적인 시장 또는 가치에 미치는 영향[본조신설 2011. 12. 2.]

적 및 성격, ② 저작물의 종류 및 용도, ③ 이용된 부분이 저작물 전체에서 차지하는 비중과 그 중요성, ④ 저작물의 이용이 그 저작물의 현재 시장 또는 가치나 잠재적인 시장 또는 가치에 미치는 영향" 등을 고려하여 공정이용 여부를 판단하도록 하였다. 이로써 패러디가 저작권법 제35조의3의 요건을 충족하는 경우에는 공정이용에 해당하여 저작권법상의 동일성유지권 침해에 해당하지 않는다.

한편 패러디는 2차적 저작물(derivative works)이라고 볼 수 있을까? 2차적 저작물이란 원저작물을 기초로 '실질적인 개변(substantial variation)'이 있는 경우에 성립된다. 예를 들어 미키마우스 만화를 보고 미키마우스 캐릭터인형을 만든 것은 원저작물의 '실질적인 개변'이 있었다고 보기 어렵기 때문에 단순한 복제물로 여겨진다.

정리하자면 원작의 사소한 개변(trivial variation)이 있는 경우에는 원저작물의 복제물이라고 판단하며, 원작의 실질적 개변이 있는 경우에는 원저작물의 2차적 저작물로 인정이 되고, 원작의 실질적 유사성(substantial similarity)이 없는 경우에는 별도의 독립저작물로 취급되는 것이다. 2차적 저작물의 위 정의에 따르면, 결국 패러디는 2차적 저작물에는 해당하나 공정 이용의 범주에 해당하므로 「2차적 저작물 작성권」을 침해하는 것은 아니라고 판단할 수 있다.

(2) 패러디에 관한 사례

1) 제프 쿤스의 〈끈처럼 이어진 강아지〉 사건[90]

제프 쿤스는 작품의 특성 때문에 패러디와 관련하여 가장 많은 논란을 불러일으킨 작가라 할 수 있다. 과거 그의 패러디 작품들 중에는 승소한 사례도 있고 패소한 사례도 있다. 먼저, 제프 쿤스가 패소한 사건을 살펴보자. 제프 쿤스가 사진작가 아트 로저스(Art Rogers)의 작품 '남·녀가 강아지 여덟 마리를 품에 안고 나란히 의자에 앉아 있는 모습'을 찍어 제작한 연하엽서 사진 〈강아지들(Puppies)〉(1985)의 내용을 그대로 모작한 실물 크기의 목제조각품 〈끈처럼 이어진 강아지(String of Puppies)〉(1988) 때문에 저작권 침해 공방이 일었다. 쿤스는 자신의 작품이 로저스의 작품을 바탕으로 한 것은 맞지만 자신의 작품은 현대사회의 대량생산과 소비, 탐욕, 그리고 자기중심적 몰두를 비판하는 패러디이므로 저작권법에서 허용되는 공정이용이라고 주장했다. 더욱이 쿤스의 작품은 로저스의 작품과 서로 다른 장르의 작품이므로 쿤스의 작품이 판매되어도 원작의 판매에 아무런 나쁜 영향을 주지 않을 뿐만 아니라 오히려 로저스의 작품 판매에 도움이 될 것이라고 목소리를 높였다.

그러나 법원은 쿤스가 마음대로 가져다 사용한 분량이 상당하다는 점에 주목하였고 쿤스가 이 작품을 상업적 의도로 제작하였으며 또 작품 네 점 중 세 점은 40만 달러에 매매했을 정도로 작품으로 얻은 이익이 상당하다는 점을 고려하였다. 게다가 이제부터 로저스의 작품을 토대로 2차적 저작물을 만들고자 하는 사람이 감소할 것이므로 쿤스의 작품 발표가 로저스의 수입에 나쁜 영향을 미칠 것

---

90) 김형진, 《미술법》, 메이문화산업연구원, 2011, pp. 312~316 참고.

으로 보았다. 결국 법원은 쿤스의 작품이 로저스의 저작권을 침해했다고 판결하여 쿤스의 작품은 판매금지되었다. 쿤스의 사건에서 법원은 직접적 패러디는 보호받을 수 있으나 매개적 패러디는 원작자에게 비용을 지불하고 사용할 수 있으므로 허락 없이 원작자의 표현을 사용한다면 보호받기 어렵다고 보았다. 이 판례는 오래전의 것임을 감안하였을 때 원저작자의 보호를 위한다는 점에서 어느 정도 납득은 할 수 있으나, 한편에서는 패러디의 미래와 관련해서 이것이 최선의 판결이었을까 하는 우려도 제기되었다.

2) 제프 쿤스의 〈나이아가라〉 사건

이번에는 쿤스의 패러디 작품들 중 승소한 사건을 파악해 보자. 2006년 사진작가 안드레아 블랜치(Andrea Blanch)는 잡지 〈얼루어(Allure)〉에 발표한 자신의 사진작품 〈구찌의 실크 샌들〉(2000) 일부를 제프 쿤스가 〈나이아가라(Niagara)〉(2000)에 사용했다며 소송을 제기하였다. 블랜치는 사진을 촬영할 때 조명, 카메라, 필름의 위치, 구성 및 선택은 물론, 촬영 대상의 구성에도 창의적인 노력을 기울였다고 주장하였고, 이에 대해 쿤스는 자기의 작품은 널리 알려진 이미지들을 창의적으로 재구성한 것이므로 비록 블랜치의 작품을 사용했더라도 공정이용에 해당한다고 주장했다. 그러나 블랜치는 쿤스의 사용은 상업적 이용이므로 공정이용에 해당되지 않는다고 반박하였다.

법원은 결론적으로 제프 쿤스의 손을 들어주었는데, 그 이유는 쿤스의 작품은 원작의 표현을 변환하여 새로운 가치를 부여한 것이며 두 작품의 지향점이 다르다고 보았기 때문이다. 블랜치가 작품을 통해 순간의 성적 매력을 강조하려고 한 데 비해, 쿤스는 관람자들이 미디어의 대상이 되는 개인적 경험과 그러한 경험이 삶을 바꾸는 방법에 대해 인식하게 하는 데 목적이 있었다는 것이다. 특히 쿤스의 작품이 원작의 가치에 별다른 피해를 주지 못하는 등, 법원은 쿤스의 사용이 공정이용에 해당된다고 판결하였고 이 판결은 차용미술의 법적 근거를 마련해주었다고 평가받는다. 특히 현대미술에는 '차용'을 주제로 하여 작업을 하는 작가들이 많이 있다. 제프 쿤스의 경우에는 패러디라는 특수한 상황을 인정받아 법의 보호를 받았지만, 그 반대로 현대미술의 특수한 성격 때문에 보호를 받지 못하는 경우도 있다.

모던 아트와 포스트모던 아트에서 보여주는 미술의 다양성은 저작권 보호에 종종 어려움을 초래한다. 왜냐하면 이들 미술경향은 기존의 전통 미술개념에서 벗어나 있기 때문에 해당 저작물이 저작권법에서 정하고 있는 범위를 벗어난 경우가 종종 발생한다. 예를 들어 독일에서는 모던아트의 산물인 레디메이드를 두고 창작성의 부재를 이유로 저작물로 보호하기를 거부하고 있다. 이는 현재의 저작권법이 현대미술의 다양성을 포괄하고 있지 못함을 보여주는 단면일 것이다. 하지만 전 세계적으로 저작권법은 계속해서 개정되고 있으며 그 보호 대상은 점차 넓어지고, 규제 수준에 대한 고민도 계속되고 있다.

3) 패트릭 카리우와 리처드 프린스 사건[91](2008)

패트릭 카리우(Patrick Cariou, 1963~)는 리처드 프린스(Richard Prince, 1949~)와 가고시안 갤러리, 그리고 리졸리 출판사에 대해 "나의 저작권을 허락없이 침해했다"며 2008년 12월 소송을 제기했다. 카리우는 자신의 사진들이 프린스의 〈운하지대(Canal Zone)〉(2008) 연작에 무단으로 도용되었다고 주장하였다. 프린스가 차용한 사진은 2000년 카리우가 출판한 사진집《예스 라스타(Yes Rasta)》(2000)에 실린 사진들로 6년간 자메이카의 라스타파인들과 생활하며 그들의 모습을 촬영한 것이다. 프린스는《예스 라스타》에서 총 41장의 사진을 차용한 사실을 인정하면서도 "원작을 변형한 정당한 이용"이라고 주장했다. 하지만 재판에서 데브라 배트 판사는 "카리우의 심정을 이해하며, 피고인 프린스는 무단 도용한 사진작품을 돌려주라"고 판결했다. 즉, 아직 팔리지 않은 〈운하지대〉는 물론이고, 책·슬라이드·디스크까지 전부 반환하라고 판시한 것이다. 재판부는 가고시안이 프린스 작품을 1천만 달러어치 이상 팔았고 그중 60퍼센트가 프린스에게 돌아간 사실, 그리고 원저작물의 창작성과 사용한 원작의 양, 중요성 등을 고려할 때 '정당한 이용'이라고 볼 수 없다고 판결하였다. 또한 저작물을 차용할 때는 원작에 대해 어떤 방식으로든 언급해야 하며, 원작의 취지와 분명히 달라야 한다고 적시했다.

미술계에서는 프린스에 대한 비판과 동시에 법적 제도가 예술가

---

91) "리처드 프린스… 패러디와 도용 사이", 헤럴드 경제, 2014년 4월 19일 참고.

의 예술행위를 규제하는 것에 대한 우려 등으로 의견이 교차하였는데 어쩌면 프린스는 이러한 결과를 싫어하지만은 않는 것 같다. 패소한 리차드 프린스는 "예술계는 심판원도 없고 룰도 없다. 그게 바로 예술계의 문제다. 하지만 그건 예술계의 엄청난 이점이기도 하다. 오랫동안 풀어나가야 할 질문을 던지니까"라고 하여 패소하였음에도 불구하고 패러디 작업을 계속할 의사를 밝혔다. 오히려 이러한 법적 공방이 미술작업을 지속할 수 있게 하는 원동력을 주는지도 모를 일이다.

(3) 패러디와 원저작물은 뫼비우스의 띠인가?

미학적인 측면에서 하나의 작품이 패러디로서 인정받고, '독창성'을 획득하기 위한 조건으로는 첫째, 작품이 다루고 있는 주제·문제의식·아이디어가 고유하다든가, 다루고 있는 주제의 해석 방식의 독특함(individuality)을 들 수 있다. 둘째, 문제의식을 전개시키기 위한 착상이나 개념적 구상의 측면에서 창의적인 참신함(imaginative novelty)이나 자발성 혹은 자생성(spontaneity)이라는 성격을 갖추었는가의 여부이다. 셋째, 형식적·기술적 요소로 이루어지는 방법에서의 새로움이다. 여기에는 양식이나 매체의 선택 및 형식 구성에 이르기까지 실행적 측면에서 나타나는 기술적 측면이 포함된다. 이때의 독특함은 개별적인 하나의 작품에만 적용되는 것이 아니라, 그 작가가 만들어낸 예술적 산출물들의 총체성(totality) 속에서 제시되어야 한다. 작가 자신의 양식적 노선, 그가 처한 시대적 배경, 그리고 그가 속한 시대에 통용되는 예술적 움직임이나 분위기 등과의 관계라는 전체적 관점에서 볼 때, 작품의 독창적인 특성들이 일관성을 갖고 제시되는 것이어야 한다.[92]

패러디 저작자가 사회 현상을 비평하기 위해서 특정 작품을 인용하는 것은 우연이 아니다. 특정 작품의 선택 과정에서 공중이 그 작품을 일정 시기에 얼마나 많이 인식하고 있는지의 여부, 기존에 인식하지 못했던 주제들의 신선함·생생함·엉뚱함 등을 고려하여 패러디 목적에 가장 적합하다는 예술적 판단을 한 후 선택한다. 그러므로 원저작물의 선택 문제는 본질적으로 예술가에게 맡겨져야 할 예술적 판단의 문제이지, 법관에 의한 사법적 판단의 문제는 아니라는 견해가 있다. 이 견해는 패러디 저작자는 그 사상의 기초가 되는 원저작물들과 얽혀 있으므로 원저작물들의 이용이 거절된다면, 패러디 저작물의 효과·목적·메시지를 사실상 수정하지 않고서는 다른 저작물들에 그들 사상을 적용시킬 수 없을 것이며, 결과적으로 매개적 패러디라 하여 원저작물의 이용을 못하게 하는 것은 애초에 패러디 저작자의 사상을 담은 저작물을 창작할 수 없게 만드는 것이다. 이는 저작물의 창작을 통해 문화예술의 발전을 촉진시키고자 하는 저작권법상의 목적에 반하는 것이라고 주장한다.[93] 하지만 그렇다고

---

92) 박일호, 〈미술작품의 표절에 관한 미학적 접근〉, 《현대미술학 논문집》, 제8호, pp. 101~103.

93) 김양수, 〈패러디의 지적재산권법상 문제에 관한 연구〉, 서울대학교 박사학위 논문, 2007, p. 60.

패러디를 무분별하게 허용한다면 분명 피해를 입는 원저작자가 생길 것이다. 원저작물의 보호와 창작의 자유에 대한 갈망이 뫼비우스의 띠처럼 엉켜 있는 것이다.

6. 퍼블리시티권과 추급권

(1) 퍼블리시티권

퍼블리시티권(The Right of Publicity)은 개인의 성명·초상 등 그 사람을 식별할 수 있는 신원(identity)을 상업적으로 이용·통제할 수 있는 배타적인 권리이다. 퍼블리시티권은 개인의 성명·초상이 가지는 경제적인 가치의 보호에 중점을 두고 있으며, 다른 성명권·초상권·프라이버시권과 달리 제3자에게 양도하거나 상속될 수 있다는 점이 가장 큰 특징이다. 또한 퍼블리시티권의 침해를 판단하는 데 가장 중요하게 여겨지는 부분은 상업적 이용이 가능한가의 여부이다. 퍼블리시티권은 광고 산업이 발달한 미국에서 보호되기 시작했다.

우리나라에서는 1995년 물리학자 이휘소를 모티브로 한 소설《무궁화꽃이 피었습니다》 사건이 퍼블리시티권 개념을 인정한 최초의 판결이었다.[94] 이휘소를 모델로 한 소설에 대해 유가족이 제기한 출

---

94) 박홍진, '퍼블리시티권의 법적성격에 관한 연구', 〈원광법학〉, vol. 21 No. 1, 2005, pp. 111~112.

판금지 가처분 신청은 기각되었지만, 재판 과정에서 법원은 "퍼블리시티권이라 함은 재산적 가치가 있는 유명인의 성명·초상 등 프라이버시에 속하는 사항을 상업적으로 이용할 권리(right of commercial appropriation)"라고 하여 퍼블리시티권의 존재를 인정하였고, 이휘소의 초상권과 인격권 침해를 인정하였다. 하지만 퍼블리시티권의 상업적 이용이 인정되지 않아 퍼블리시티와 관련된 소송은 기각되었다. 퍼블리시티권이 예술작품에 사용된 경우, 이처럼 그 권리가 인정되기는 하나 실제로 상업적 목적이 인정되지 않는 경우가 있다.

2001년 사진작가 필립 로르카 디코르시아(Philip-Lorca DiCorcia, 1951~)는 뉴욕 타임스퀘어 거리에 카메라를 설치하고 20피트 정도 떨어진 위치에서 지나가는 사람들의 사진을 촬영하여 갤러리에 전시하고 도록을 출간하였다. 또한 열 장의 한정판 사진을 장당 2~3만 달러에 판매했다. 이 사실을 알게 된 사진 속 주인공 중 한명인 에르노 누센즈바이그(Erno Nussenzweig)는 작가가 자신의 개인정보를 침해했다고 주장하며 2005년에 소송을 제기했다. 누센즈바이그는 디코르시아의 행위가 뉴욕민법 제50조와 51조의 '광고 또는 무역의 목적으로 동의 없이 개인의 초상 이미지를 사용한 것'에 해당한다고 주장했고, 디코르시아는 사진의 용도가 상업이 아닌 예술적 표현수단이라고 반박하였다. 원심에서는 사진의 용도가 상업적이지 않다는 이유를 들어 누센즈바이그의 소송을 기각했다. 예술적 표현의 자유를 우선시한 것이다. 뉴욕고등법원은 문제 도록의 출간 1년 이내에 소송을 제기해야 한다는 뉴욕의 개인정보보호 법률에 따라 누센즈바이그의 소송은 시효가 지난 것으로 판단하였고, 결국 소송은 기각되었다.[95] 하지만 법원은 프라이버시권, 퍼블리시티권과 작가의 표현의 자유 권리에 대한 핵심적인 논쟁은 끝내 언급하지 않았다.

우리나라에서는 퍼블리시티권을 법적으로 인정하는 법률이나 대법원 판례는 없다. 그러나 1995년 서울지방법원이 《무궁화꽃이 피었습니다》 사건에서 처음으로 퍼블리시티권의 개념을 정의한 이후, 인터넷과 미디어 기술의 발전에 따라 연예인과 스포츠 스타 등을 중심으로 한 퍼블리시티권 관련 분쟁과 소송이 잇따르고 있는데, 현재까지 일부 하급심 판례가 '실정법상 부재 등을 이유로 인정하지 않아야 한다'는 입장과 '인격권과 별개의 독립된 경제적 가치를 가지고 있다는 이유로 인정해야 한다'는 입장으로 나뉘고 있어 퍼블리시티권에 대한 법리를 둘러싼 논쟁이 계속되고 있는 실정이다.[96]

(2) 추급권

저작권과 관련해서 작가들은 책이 팔릴 때마다 계약에 따른 인세를 지급받고, 작곡가들은 음원이 팔릴 때마다 저작권료를 받을 수 있다. 이같이 책이나 음원처럼 판매될 때마다 일정 비율의 수익을 거두는 창작자들과 달리 미술가들은 미술작품의 가치가 복제품이 아

---

95) 디코르시아와 누센즈바이그의 소송에 대해서는 판결문 "Erno Nussenzweig, Appellant, v. Philip-Lorca diCorcia, et al., Respondents. (2007 NY Slip Op 08783)"(https://www.law.cornell.edu/nyctap/I07_0144.htm) 참고.

96) 이정인, 〈현대미술에서 이미지 차용의 초상권침해 및 명예훼손 연구〉, 《현대미술학 논문집》16(1), 2012. 6, pp. 171~209.

닌 원본에 있다는 특징 때문에 싼 가격에 팔린 무명 시절의 미술품이 시간이 지나면서 명성을 얻고 가치가 올라가더라도 경제적 이득이 작품의 소유자에게만 돌아갈 뿐 작가에게까지 돌아가지 못하는 것은 불합리하다는 주장이 제기되었다. 특히 천재 미술가의 작품은 당대에 또는 첫 판매에서 경제적으로 가치를 인정받는 경우가 드물어 정당한 보상을 받지 못하는 현실을 지적한 것이다.

이런 문제점을 해결하기 위해 도입된 것이 '추급권(Droit de Suite, Artist's Resale Right)'이다. 즉, 추급권은 무명 작가들이 활동 초기에 미술시장에서 작품을 거래할 때 불리한 계약에 동의하게 되고 이후의 권리를 빼앗기는 문제를 해결하기 위해 인정된 권리이다. '재판매권'이라고도 불리며, 미술작품이 전문 중개상이나 갤러리를 통해 재판매될 때마다 작가 또는 상속권자가 판매금액의 일정 부분을 받는다는 것이 주요내용이다. 이때의 로열티는 작가의 사후 70년까지 보장되며 상속권자에게도 그 권리가 동일하게 주어져, 열악한 경제적 환경에 놓인 예술가들과 가족을 보호하기 위한 것이다. 최초 1,200 프랑에 거래된 밀레의 〈만종〉이 작가가 죽은 후 경매에서 1백만 프랑에 거래되었을 때 유족들이 경제적인 어려움에 처해 있는 상황이 보도되면서 추급권 입법에 대한 필요성이 본격적으로 대두되었다. 프랑스 등 유럽에서 추급권의 입법이 추진되었고, 이후 1928년 제정된 '문학 및 미술저작물 보호에 관한 국제협정(베른협약)'에서 추급권에 대한 내용이 승인되었다.

2006년에 EU이사회가 발표한 'EU재판매권 지침(The European

Communities Artist's Resale Right Regulations)'에서 추급권의 금액은 자율적으로 정할 수 있지만, 최소 3,000유로 이상의 작품에는 4퍼센트의 비율이 적용된 금액을 지불해야한다는 규정을 제시하고 있다.[97]

〈양도가액에 따른 추급권 금액 비율〉

미국에서는 그랜트 우드와 로버트 라우센버그를 통해 추급권의

양도가액	양도가액에 대한 추급권 금액의 비율
€50,000 까지	4%
€50,000.01 ~ €200,000	3%
€200,000.01 ~ €350,000	1%
€350,000.01 ~ €500,000	0.5%
€500,000 이상	0.25%

보호에 대한 필요성이 인식되기 시작하였다. 그랜트 우드의 〈혁명의 딸(Daughters of Revolution)〉(1932)의 가격이 단기간에 네 배 이상 상승하자, 작가는 1940년에 다른 작품 주문을 받았을 때 '매도 후 재매매 시에는 이익의 50퍼센트를 작가에게 돌려줄 것'을 주장하였고, 라우센버그는 최초 900달러에 판매한 〈해빙(Thaw)〉(1958)의 가치가 재매매 시 85,000달러로 상승하자 이를 계기로 추급권 도입운동을 적극적으로 추진하였다. 하지만 추급권이 시행되고 있는 국가에서조차 추급권이 인정받은 판례는 지극히 적고, 또 추급권이 가져올 미술시장의 경직에 대한 우려도 있어 한-EU FTA협정에도 불구하고 국내에서는 아직 시행되지 못하고 있는 실정이다. 그럼에도 추급권의 징수체계가 미술품 거래의 투명성을 높여줄 것이라는 목소리가 높아지고 있으며, 예술가들의 기본적인 권리를 보호하기 위해서라도 도입이 필요하다고 보는 견해가 많아지고 있다.[98]

97) 이준형, 〈문화예술 시장과 법적·제도적 규제: 경매 시장과 추급권에 관한 최근 프랑스의 논의를 중심으로〉,《문화정책논총》 20, 한국문화관광연구원, 2008.11. pp. 84~104.

98) 백명선·변용완, 〈한-EU FTA의 추급권(Droit de Suite)에 관한 법적 문제 및 과제〉, 제2회 대학(원)생 지식재산 우수논문공모전, 2007. p. 162.

1. 미술시장 관련법

(1) 미술작품이 상품이 되기까지

피에르 부르디외(Pierre Bourdieu)는 "한 사람의 취향은 그 사람이 속한 계급의 취향"이라고 하였다.[99] 예술의 위계에 소비자들의 사회적 위계가 상응하기 때문에 취향은 '계급'의 지표로 기능할 수 있다는 것이다. 이처럼 예술의 전유 양식이 자신이 속해 있는 계급을 과시하는 수단이었기 때문에 옛부터 동서양을 막론하고 예술품 거래를 주도해온 것은 귀족이었다. 래리 쉬너(Larry Shiner) 역시 예술이 후원제도에서 시장체제로 변화하는 과정을 겪었음을 언급하여 후원의 중심에 귀족이 있었음을 알 수 있다. 〈상인과 미술〉에서도 르네상스

---

99) 피에르 부르디외, 《구별 짓기: 문화와 취향의 사회학》, 최종철 옮김, 새물결, 2006. p. 22.

시기의 문예부흥은 당시 흑사병으로 인한 경제적 불황기였기 때문에 빈부의 격차가 심해져 부유한 귀족들의 예술품 수요가 늘어났던 것이라는 로버트 로페즈의 새로운 학설을 제시해, 미술품의 수요가 귀족들의 과시적 소비, 또는 과시적 추모였음을 보여준다.[100] 이렇듯 초기 미술품의 거래에는 작품을 의뢰하고 돈을 지불하는 귀족과 귀족의 의지대로 작품을 제작하는 장인이 있었다.

그러나 시장경제 체제에 들어서면서 장인은 천재성을 인정받는 예술가의 위치로 거듭나고, 그러한 예술가와 귀족을 중개하는 역할이 생겨나기 시작했다. 특히 미술품 경매의 역사는 18세기 유럽에서 본격적으로 시작되었다. 세계적인 경매회사인 소더비(Sotheby's)와 크리스티(Christie's)가 기반을 세운, 영국에서 시작된 18세기 후반의 초기 경매는 매우 제한된 사람들에게만 기회가 주어졌으며 경매에서 낙찰된 회화 작품의 수준은 고급으로 여겨지지 않았다. 그러나 당시의 경매 과정이 예술품들의 판매를 촉진시키는 기회인 동시에, 무엇보다도 경매 과정에서 작품들에 대한 주요 비평적 지식들을 탄생시켰다는 점에 주목해야 한다. 이와 같은 초기의 미술품 경매는 소규모 개인 컬렉션들을 판매하는 방식으로 시작하여 점차 대중적인 경매로 확장하게 된다.

반면 프랑스에서는 일찍이 공공 경매를 진행하였다. 1254년 루

---

100) 양정무, 〈상인과 미술-서양미술의 갑작스러운 고급화에 관하여〉, 《사회평론》, 2011. pp. 33~70.

이 9세(Louis Ⅸ)의 칙령에서 시작되었으며, 1552년 앙리 2세(Henry Ⅱ)의 칙령에 따라 '마스터 옥셔니어 셀러 (Master Auctioneer Saler)'의 사무실이 문을 열었다. 그 전문적인 활동과 체계는 오늘날까지 이어지고 있다. 특이하게 프랑스의 경매사(Commissaire-priseur)는 공공적인 법정 대리인이자 관리자의 역할을 맡게 되는데, 이들은 모두 지역 활동제도의 규제를 받게 된다. 뿐만 아니라 경매 장소도 지역마다 정해져 있으며, 국가에 소속된 기관이 아님에도 불구하고 법무부의 감사를 받는다.[101] 이처럼 영국과 프랑스에서의 미술경매의 시작은 미술품을 상품(혹은 물건)으로 인식하게 된 중요한 계기였다.

경매는 2차 시장 즉, '중고시장'이다. 미술품이 중고시장에서 거래가 되었다는 것은 미술품의 예술성에 경제적 가치를 매기게 되었다는 것을 의미한다. 이전에는 종교적·국가적·정치적 목적을 달성하기 위해 예술에 돈을 지불했지만, 근대에 들어서자 경매라는 시스템이 도입되면서 미술품의 예술성 그 자체에 돈을 지불하게 된 것이다. 여기서의 예술성은 흥미롭게도 작품의 소장자(컬렉터)의 명성, 작가의 유명세, 진위 여부 등이 포함된다. 그리고 이러한 '예술성'을 따지기 위해 미술적 담론이 생겨나고 전문가가 생겨났다. 급기야 위에서 본 영국의 예처럼 예술성에 어마어마한 액수의 돈을 지불하게 되는 것이다.

우리나라에서는 일제 강점기에 골동상과 경매 시장을 중심으로

---

101) 최병식, 《미술시장과 아트 딜러》, 동문선, 2008, pp. 214~223.

한 고미술품 거래가 미술시장을 압도적으로 주도하다가 1970년대 화랑 체제 속에서 미술시장의 구조적 모순으로 지적되어온 호당 가격제, 이중 가격제[102]를 해결할 수 있는 방법이 경매제도의 도입이라는 점에 대해서 수많은 논의가 있어왔다. 그러던 중 1998년 가나아트센터의 서울옥션을 필두로 2005년 현대 화랑의 K옥션이 설립되어 대표적 2대 미술 경매시장으로 정착하였으며 미술시장이 과열되면서 인터넷 미술경매시장 등이 많이 생겨났다.[103] 최근에는 미술품이 단순한 상품의 단계를 넘어서 투기의 대상으로까지 자본화되어 미술품을 중심으로 한 아트펀드가 등장하고, 미술품이 재테크의 수단으로 이용되기도 한다.

(2) 미술시장 관련법에 대한 논의

1) 진품 보증의 문제

미술시장에서 거래되는 작품의 약 10퍼센트가 위작으로 추정된다고 할 만큼, 미술시장의 확대와 위조의 증가는 불가분의 관계에 있다. 거래되는 위작은 크게 세 가지 경우로 나뉠 수 있는데, 첫째, 다른 작가의 미술품으로 판매하기 위해 의도적으로 제작된 위작, 둘째, 고의 없이 제작된 복제품이 잘못 분류되어 진품으로 판매되는

---

102) 한 작가의 작품 값이 화랑·경매장·작가의 작업실에서 각각 다르게 거래되는 양상을 말한다.

103) 국사편찬위원회, 《근대와 만난 미술과 도시》, 두산동아, 2008, pp. 246~256.

경우, 셋째, 변조된 물품으로 작품 중 일부분이 파편되었거나 미완성된 작품의 완성 등이 있다.

뉴욕 주 대법원의 판례에서는 경매회사가 작품의 진위 여부 문제와 작품의 소장이력을 도록에 허위 표기할 경우 책임지도록 하고 있다.[104] 귀도 오르시(Guido Orsi)는 2001년 뉴욕의 유명 갤러리인 샤프라지 갤러리에서 바스키아의 작품을 구매했는데, 샤프라지 갤러리는 해당 작품을 1990년 크리스티 경매에서 구입하였다. 그러나 2006년 바스키아 위원회에서 이 작품을 위작으로 판단하여 법적 분쟁이 발생했다. 오르시와 샤프라지 갤러리는 크리스티를 상대로 소송을 제기하였고, 크리스티는 현재의 작품 값을 변상하라는 판결을 받았다.[105]

2) 소유권 귀속의 문제

경매에서는 낙찰 받은 자가 낙찰대금을 지급하고 작품을 인도받으면 소유권은 낙찰자에게 귀속된다. 또한 낙찰이 되면 경매회사와 낙찰자 사이에 계약상 의무가 발생하므로, 만약 낙찰자가 구입대금을 지급하지 않으면 이로 인한 채무불이행 책임을 지게 된다. 문제는 부부 중 한 쪽이 경매에 성공하고, 다른 한 쪽이 경매대금을 납부하는 경우, 해당 경매품의 소유권 귀속과 관련된 법적 분쟁이 발생할 수 있다는 것이다. 블로바 린트(Bulova Lindt) 부인은 브란쿠시의

---

104) 이선민, 〈미술품 위작: 미술품 위조근절에 대한 법제도 개선 방안〉, 《콘텐츠재산연구》 2, 2011. 11, p. 52.
105) "크리스티 '위작 경매' 논란", 조선일보, 2009년 2월 24일.

조각작품을 낙찰받았는데, 그 비용은 그녀의 남편이 지급했다. 부부가 별거한 후 남편이 죽자, 그의 유언집행인이 조각작품을 구겐하임 재단에 기증하게 된다. 하지만 법원은 조각작품의 소유권은 부인에게 있다고 판결하였는데, 부인의 응찰을 경매회사가 수락하였을 때 그 작품을 산다는 계약을 한 것은 부인이었기 때문이다.[106] 재판에서 부인이 작품 대금을 지급하기 위해 어디서 자금을 조달하였는지는 중요하게 여겨지지 않았다.

3) 담합 및 독점의 문제

1997년 세계적인 미술품 경매회사 소더비와 크리스티가 수수료를 담합하여 미국의 독점금지법을 위반한 사건이 발생했다. 두 경매회사는 1993년부터 담합하여 수수료를 10퍼센트로 설정하였고, 부당이익을 취한 것이 적발되었다. 크리스티는 미국 법무성이 사건에 개입하고 있다는 사실을 알게 되자, 당시의 CEO가 소더비와의 담합 기록을 수사관에 넘기고 사임하는 것으로 조건부 사면을 얻었다. 하지만 소더비는 계속 혐의를 부인했고 결국 2001년 소더비 CEO가 유죄판결을 받고 벌금형을 받게 되었다.[107]

---

106) 구본진, 〈미술품 거래에 관한 법적 문제: 미국의 Art Law를 중심으로〉, 건국대학교 법학과 석사학위 논문, 2005, p. 40.
107) "경매사와 화랑, 공존하려면", 헤럴드POP, 2006년 7월 19일.

(3) 미술시장과 관련된 법률 규정

갤러리와 작가의 관계는 상법상 크게 두 가지 경우로 나누어 볼 수 있다. 그 중 하나는 갤러리가 작가의 작품을 구매하고 다시 재판매하는 매매계약 형태이며, 둘째는 갤러리가 작가의 작품매매를 위탁받아 매매를 대행해주는 위탁매매 형태이다. 우리나라에서 갤러리와 작가의 관계는 주로 상법상 위탁매매 형태를 띠고 있기 때문에 위탁매매를 다루는 상법 제101조부터 113조에 따라 규율되고 있다.

상법[시행 2016. 3. 2.] [법률 제13523호]

제7장 위탁매매업

제101조(의의) 자기명의로써 타인의 계산으로 물건 또는 유가증권의 매매를 영업으로 하는 자를 위탁매매인이라 한다.

제102조(위탁매매인의 지위) 위탁매매인은 위탁자를 위한 매매로 인하여 상대방에 대하여 직접 권리를 취득하고 의무를 부담한다.

제103조(위탁물의 귀속) 위탁매매인이 위탁자로부터 받은 물건 또는 유가증권이나 위탁매매로 인하여 취득한 물건, 유가증권 또는 채권은 위탁자와 위탁매매인 또는 위탁매매인의 채권자간의 관계에서는 이를 위탁자의 소유 또는 채권으로 본다.

제104조(통지의무, 계산서제출의무) 위탁매매인이 위탁받은 매매를 한 때에는 지체없이 위탁자에 대하여 그 계약의 요령과 상대방의 주소, 성명의 통지를 발송하여야 하며 계산서를 제출하여야 한다.

제105조(위탁매매인의 이행담보책임) 위탁매매인은 위탁자를 위한 매매에 관하여 상대방이 채무를 이행하지 아니하는 경우에는 위탁자에 대하여 이를 이행할 책임이 있다. 그러나 다른 약정이나 관습이 있으면 그러하지 아니하다.

제106조(지정가액준수의무) ①위탁자가 지정한 가액보다 염가로 매도하거나 고가로 매수한 경우에도 위탁매매인이 그 차액을 부담한 때에는 그 매매는 위탁자에 대하여 효력이 있다.

②위탁자가 지정한 가액보다 고가로 매도하거나 염가로 매수한 경우에는 그 차액은 다른 약정이 없으면 위탁자의 이익으로 한다.

제107조(위탁매매인의 개입권) ① 위탁매매인이 거래소의 시세가 있는 물건 또는 유가증권의 매매를 위탁받은 경우에는 직접 그 매도인이나 매수인이 될 수 있다. 이 경우의 매매대가는 위탁매매인이 매매의 통지를 발송할 때의 거래소의 시세에 따른다.

② 제1항의 경우에 위탁매매인은 위탁자에게 보수를 청구할 수 있다.

제108조(위탁물의 훼손, 하자 등의 효과) ①위탁매매인이 위탁매매의 목적물을 인도받은 후에 그 물건의 훼손 또는 하자를 발견하거나 그 물건이 부패할 염려가 있는 때 또는 가격저락의 상황을 안 때에는 지체없이 위탁자에게 그 통지를 발송하여야 한다.

②전항의 경우에 위탁자의 지시를 받을 수 없거나 그 지시가 지연되는 때에는 위탁매매인은 위탁자의 이익을 위하여 적당한 처분을 할 수 있다.

제109조(매수물의 공탁, 경매권) 제67조의 규정은 위탁매매인이 매수의 위탁을 받은 경우에 위탁자가 매수한 물건의 수령을 거부하거나 이를 수령할 수 없는 때에 준용한다.

제110조(매수위탁자가 상인인 경우) 상인인 위탁자가 그 영업에 관하여 물건의 매수를 위탁한 경우에는 위탁자와 위탁매매인간의 관계에는 제68조 내지 제71조의 규정을 준용한다.

제111조(준용규정) 제91조의 규정은 위탁매매인에 준용한다.

제112조(위임에 관한 규정의 적용) 위탁자와 위탁매매인간의 관계에는 본장의 규정외에 위임에 관한 규정을 적용한다.

제113조(준위탁매매인) 본장의 규정은 자기명의로써 타인의 계산으로 매매아닌 행위를 영업으로 하는 자에 준용한다.

갤러리가 위탁매매 관련 규정에 따르는 경우 위탁자는 작가 혹은 수집가가 되며, 위탁매매인은 갤러리스트가 된다. 작품을 위탁받은 갤러리스트는 작품 판매를 위해 작품을 일정 기간 동안 담보할 수 있으며, 더 나아가 담보한 작품의 전시 여부도 결정할 수 있다. 즉, 어떤 전시에 작품을 출품할 것인지, 혹은 누구에게 팔 것인지를 결정할 수 있는 권한이 생기는 것이다.

(4) 국내 사례

경매회사들은 각각 약관과 법률 고문을 전문적으로 두고 있어 법적 분쟁에 대한 철저한 준비를 하고 있다. 그럼에도 갈등은 일어나기 마련이다. 2008년, 앞서 보았던 저작권법과 관련하여 경매회사가 소송에 휘말리는 사건이 있었다. S옥션과 K옥션에서는 위탁받은 작품 사진을 경매 일시에 맞추어 동시에 홈페이지에 공개하고 유료 회원들에게는 작품 정보가 수록된 도록을 제공하고 있다. S옥션은 약 64x100~99x100 픽셀의 작품 사진을, K옥션에서는 47x80~80x80 픽셀의 작품사진을 홈페이지를 통해 공개하였으며, 축소 이미지를 더블클릭하면 400x600~600x800픽셀의 큰 사진까지 볼 수 있는 서비스를 제공하였다. 홈페이지의 이미지들은 경매가 끝난 후에도 지속적으로 올려져있어 회원들이 지난 경매의 작품 정보를 확인할 수 있도록 하고 있다. 하지만 작품 사진이 아무런 보호 없이 공개된 작가들은 경매회사가 공중송신권을 침해한다고 주장하며 소송을 제기하였다. 경매회사는 작품 판매를 의뢰받고 작품 정보를 소비자에게 제공할 목적으로 홈페이지에 사진을 게시한 것이기 때문에 정당한 이용이며, 이때의 작품 사진은 공표된 저작물로서 홈페이지에 작품 소개를 위해 저작물을 게시하는 것은 공정이용에 해당한다고 주장하였다.[108] 하지만 법원은 경매회사들이 경매일이 지난 이후에도 홈페이지에 지속적으로 작품 이미지를 올리는 행위는 저작권자의 공중송신권을 침해한다고 판단하였고, 작가들의 손해배상 청구에 대해 경매회사가 2천여만 원을 배상하라는 판결을 내렸다.

서울중앙지방법원 2008가합21261(2008. 10. 17.선고) 판결문 중

(1) 피고 S이 별지 1 기재 각 작품을, 피고 K이 별지 2 기재 각 작품을 각 홈페이지에 게시한 행위는 앞서 본바와 같이 위 각 작품의 판매를 위한 것으로서 허용된다 할 것이다.

(2) 구체적으로 보건대, 피고들이 홈페이지에 게시한 위 각 작품의 해상도가 단순한 작품 소개의 정도를 넘어 작품 감상의 목적에 제공될 수 있을 정도에 해당하는지에 있어서, 미술저작물의 판매를 위하여 수요자들에게 그 정보를 제공하는 경우에 있어서는 최소한 그 작품의 색채, 심미감 등을 개략적으로 알 수 있을 정도의 해상도를 지원하는 것이 필수적이라 할 것이고, 다만 위에서 살펴본 바와 같이 그와 같은 정도를 넘어 사실상 복제화를 제공하는 정도에 이르렀다면 이는 저작권자의 권리를 지나치게 제한하는 것으로 허용될 수 없을 것인데, 앞서 본 바와 같이 피고 S가 약 6,400 화소 내지 9,900 화소의 해상도를 갖는 축소 이미지를, (중략) 피고 K의 경우 위 축소 이미지를 더블 클릭할 경우 약 24만 화소 내지 48만 화소의 해상도를 갖고, (중략) 작품에 대한 정보제공의 정도를 넘어 복제화를

---

108) 한국저작권위원회,《한국 저작권 판례집》12, 2009, pp. 179~188.

제공하였다고 인정되지 않는다.

(3) 다만, 각 작품은 위 각 별지 기재 각 낙찰일에 이미 판매가 완료되었음에도 (중략) 위 피고들의 홈페이지에 각 게시되어 있었는바, 이 부분은 원고들의 공중송신권을 침해하는 것에 해당하고, 따라서 피고 S, K는 원고들에게 위 각 미술저작물에 관한 공중송신권의 침해로 인하여 원고들이 입은 손해를 배상하여야 하고, 피고 F, G은 각 피고 S, K의 대표이사로서 그 홈페이지의 운영방식 및 위 각 미술저작물의 축소 이미지 게시 등에 관하여 지시 내지 승인하였다고 보이므로, 피고 S, K와 각자 원고들이 입은 손해를 배상할 책임이 있다.

(4) 한편, 피고들은 경매가 종료된 이후에도 홈페이지에 원고들의 저작물을 게시하는 것은 공표된 저작물을 인용한 것으로 저작권법 제28조에 의하여 허용되거나, 구매자에게 저작물의 경로에 대한 정보를 제공한다는 목적의 정당성에 비추어 저작권법 제1조의 공정한 이용에 해당하여 위법하지 않다고 주장하나, 저작권법 제28조는 보도·비평·교육·연구 등을 위하여 공표된 저작물을 인용하는 것에 관한 규정으로 상업적 목적으로 저작물을 인용하는 경우는 이에 해당하지 아니하고, 저작권법 제1조의 '저작물의 공정한 이용'은 일반조항으로서, 그 규정에서 미술저작권자의 공중송신권을 제한할 수 있는 구체적인 권리를 바로 도출하기는 어려우므로 이에 관한 피고들의 주장은 모두 이유 없다.

(5) 미술작품의 상품 가치와 법의 공정성

이제 미술관은 테마파크·쇼핑몰과 비슷하게 변하였고, 사람들은 사회적 위치에 관계없이 도시를 떠도는 여행자가 되었으며, 도시는 그러한 여행객을 맞이하는 관광명소가 되었다. 예술가의 이름은 브랜드가 되고 대형 상업영화처럼 블록버스터 전시가 생겨났다. 아우라가 사라진 예술은 수없이 복제되거나 유명세를 타고 시장에서 '돈'으로 가치가 매겨지게 되었다.

서동진의 '포스트-스펙터클 시대의 미술의 문화적 논리'에 따르면 한 웹사이트에서 미술의 아름다움을 세 가지로 정의했는데 다음과 같다. "첫 번째는 미술품이라는 대상의 시각적 이미지에서 얻을 수 있는 정서적인 감동이고, 두 번째는 그 미술품을 얻는 과정에서 얻을 수 있는 개인적인 기쁨이다. 그리고 마지막으로 미술품이 가진 아름다움은 그것의 재정적 성과이다."[109] 곧 미술의 상품성이 작품의 가치판단에 중요 요소로 자리 잡게 된 것이다. 미술작품의 상품적 가치를 객관적으로 수치화할 수 있다는 점에서 작품의 가치가 제대로 평가되어야 하며, 가격의 공정성 또한 잃지 않아야 한다. 그 공정성을 지켜내기 위한 법적 장치야말로 미술작품의 아우라를 지켜줄 수 있을 것이다.

2. 미술 관련 보험법

(1) 보험의 양면성

현대사회에서 미술품의 경제적 가치가 천정부지로 치솟으면서 미술품의 파괴·도난으로 인한 경제적 손실 또한 막대하게 커지고 있

---

109) 서동진, "포스트-스펙터클 시대의 미술의 문화적 논리: 금융자본주의 혹은 미술의 금융화", 2010(http://podopodo.net/article/critics/detail.asp?seq=39).

는 실정이다. 이런 점을 감안하여 유럽과 미국에서는 일찍부터 미술품을 자산으로 여겨 보험의 필요성이 대두되었다. 처음부터 미술품에 대한 전문적인 보험상품이 개발된 것은 아니지만, 일반적인 가재도구보험이나 화재보험, 손해보험 등 기존에 사용되던 보험을 미술품에 적용하였다. 하지만 미술품을 보호하기 위한 보험은 때로 악용되어 범행의 동기를 제공하기도 한다. 1959년 캐나다의 토론토 아트 갤러리(Art Gallery of Toronto)에서 렘브란트와 르누아르, 루벤스 등 거장들의 그림이 도난당하는 사건이 발생하였다. 범인들은 그림에 64만 달러의 보험금이 걸려 있는 것을 미리 알고, 그림을 재구입하지 않으면 태워버리겠다고 협박했다. 결국 경찰도 손을 쓸 수 없었고, 보험회사가 그림을 되사는 것으로 작품을 되찾았다.[110] 이처럼 보험에 가입되어 있는 작품의 가치가 점점 커지고, 기관 간의 작품 이동 등 미술 관련 관계망이 넓어짐에 따라, 미술품 보험의 필요와 보험으로 인한 갈등이 동시에 많아지고 있다. 작품 훼손에 대한 안전장치가 오히려 장애물이 되기도 하는 격이다.

(2) 미술품 보험에 관련된 논의

2007년 미국 미술품 보험시장에 큰 파장을 불러일으킨 사건이 있었다. 헨리 프리건(Henry Frigon)은 시카고의 러브(R. H. Love) 갤러리로부터 11점의 작품을 구매하고, 위탁동의서에 따라 작품을 전부 러브

---

110) 구치키 유리코,《도둑맞은 베르메르》, 눌와, 2006, pp. 127~130.

갤러리에 위탁판매하였다. 그러나 러브 갤러리는 위탁동의서상의 최소 한도액보다 낮은 가격으로 작품을 판매하였고, 수익금조차 갤러리 운영비로 다 써버려 프리건에게 판매 금액을 보장할 수 없는 지경에 이르렀다. 이에 프리건은 2003년 퍼시픽보증회사에 손상보고서를 제출하였으나 보증회사가 프리건의 손해 보장을 거부하면서 소송으로 이어지게 되었다. 프리건이 가입한 전손보험(All Risk)은 가입된 자산의 모든 물리적 손실을 보장하는 보험이었지만, 퍼시픽보증회사는 작품들의 위탁판매 금액을 단지 갤러리가 원고에게 송금하지 않은 것은 보험정책에 따라 보장되지 않는 사업상의 빚이라고 주장했다. 작품 위탁판매를 실패한 투자로 본 것이다. 하지만 재판부는 프리건이 위탁동의서의 최소 한도액보다 낮은 금액으로 그림을 파는 것에 동의하지 않았다는 점에 주목하여 갤러리의 판매가 프리건의 자산을 빼앗은 행위라고 판단하였다.

결국 퍼시픽보증회사가 프리건의 손실에 대하여 '고가작품 정책 (Masterpiece Policy)'을 적용해 보장해주어야 한다는 판결이 내려졌다.[111] 이 판례로 인해, 이후 예술작품의 전손보험 보장정책에 대해서는 더 높은 보험료율이 부과되거나 위탁판매에 대한 선고지제도 등의 필요성이 인식되었다.

---

111) FRIGON vs. PACIFIC INDEMNITY COMPANY, No. 05 C 6214,(N.D. Ill. Jan. 16, 2007)(http://www.law.harvard.edu/faculty/martin/art_law/Frigon%20memo%20 opinion.pdf).

(3) 미술품 보험 관련법과 국가보상제도[112]

미술품 보험과 관련된 현행법은 주로 상법의 '책임보험'에서 다뤄진다. 대개 운송이나 전시 도중에 작품의 훼손이 일어나는 경우가 많은데, 이때 작품 보험을 보장하는 보험회사가 배상책임을 진다고 규정하고 있다. 책임보험은 피보험자가 보험사고로 인하여 직접 입은 재산상의 손해를 보상하는 것이 아니고, 제3자에 대한 손해배상책임을 짐으로써 입은 간접손해를 보상하는 것이 목적이라는 점에서 일반 손해보험과 다르다.

미술품과 관련된 책임보험의 예로는, '박물관 및 문화재단 종합보험(Commercial Insurance Coverage For Museums and Cultural Institutions)'이 있다. 이 보험은 박물관·미술관 및 각종 전시회장에서 전시되는 고가의 미술작품들의 파손·훼손·오손·절도·강도로 인한 위험은 물론 관람객들의 예기치 않은 사고로 제3자에게 인명피해나 재산피해를 발생시켜 손해배상책임을 부담하는 경우를 포괄적으로 담보하는 보험이며, ① 전시를 위하여 기존 보관 장소에서 전시 장소로 이동 중 발생하는 위험(예: 전시품을 운송하는 과정에서 차량의 추돌로 발생된 전시품의 파손), ② 전시를 위한 형태로 설치하는 과정에서 발생할 수 있는 위험(예: 전시품을 진열하는 과정에서 떨어뜨려 파손되는 경우), ③ 전시 중 위험(예: 관람객이 전시품을 만지다 망가뜨리는 경우), ④ 전시 종료 후

---

112) 이주형·추민희, 〈미술품 국가보상제도 도입에 관한 연구: 미술품 국가보상제도의 비교법적 연구를 중심으로〉, 《문화정책논총》 제25집 제2호, 2011. 9, pp. 65~86 참고.

상법[시행 2016. 3. 2.] [법률 제13523호]
제5절 책임보험
제719조(책임보험자의 책임) 책임보험계약의 보험자는 피보험자가 보험기간 중의 사고로 인하여 제3자에게 배상할 책임을 진 경우에 이를 보상할 책임이 있다.
제724조(보험자와 제3자와의 관계) ①보험자는 피보험자가 책임을 질 사고로 인하여 생긴 손해에 대하여 제3자가 그 배상을 받기 전에는 보험금액의 전부 또는 일부를 피보험자에게 지급하지 못한다.
②제3자는 피보험자가 책임을 질 사고로 입은 손해에 대하여 보험금액의 한도내에서 보험자에게 직접 보상을 청구할 수 있다. 그러나 보험자는 피보험자가 그 사고에 관하여 가지는 항변으로써 제3자에게 대항할 수 있다.
③보험자가 제2항의 규정에 의한 청구를 받은 때에는 지체없이 피보험자에게 이를 통지하여야 한다.
④제2항의 경우에 피보험자는 보험자의 요구가 있을 때에는 필요한 서류·증거의 제출, 증언 또는 증인의 출석에 협조하여야 한다.
제725조(보관자의 책임보험) 임차인 기타 타인의 물건을 보관하는 자가 그 지급할 손해배상을 위하여 그 물건을 보험에 붙인 경우에는 그 물건의 소유자는 보험자에 대하여 직접 그 손해의 보상을 청구할 수 있다.

원소유자의 보관 장소로 이동하여 재설치하는 과정에서 발생할 수 있는 위험 등을 그 예시로 들 수 있다.

반면 미술품 운송에 종종 적용되는 적하보험은 선박에 의해 운송되는 물품이 멸실 또는 손상되는 경우 하주가 손실을 보상받는 해상보험인데, 미술작품 등의 전시에 특화된 박물관 및 문화재단 종합보험과는 달리 미술작품인지 여부를 가리지 않고, 화물의 보관 및 운송 시 발생하는 손해에 대하여 담보하는 것이며, 상대적으로 보험료율은 낮지만 보상 범위 또한 낮다. 또한 화물의 물리적 손해만을 보상하고 작품의 가치 하락으로 인한 부분은 고려하지 않는 특징을 가진다.

해외에서는 국가 간의 대형 미술전시를 지원하기 위해 '미술품 국가보상제도'를 운영하고 있다. 미술품 국가보상제도는 국외 유명 작품의 전시회를 개최하기 위한 보험 비용을 국가가 제공하는 제도로, 국제문화교류를 촉진하고 박물관·미술관의 보험료에 대한 부담과 보험회사의 한계를 보완할 수 있는 제도이다. 우리나라에서는 아직 시행되지 않고 있지만, 1970년대 미국과 스웨덴에서 도입되어 현재 영국·프랑스·독일·일본에서 시행 중이다.

(4) 국내 사례

2011년 제4회 광주 디자인비엔날레에서는 35억 원 가치의 아이웨이웨이(Ai Weiwei, 1957~)의 작품 〈필드(Field)〉가 보험관련 소송에 휘말려 2015년 대법원 최종판결이 나오기까지 오랜 기간 미술계의 이목을 집중시켰다.[113] 아이웨이웨이의 〈필드〉는 도자기 재질의 파이프로 만든 정육면체 구조물 49개를 하나로 연결한 형태로, 전통과 현대의 공존을 의미하는 작품이다. 청화백자 무늬와 도자기 재질은 중국의 전통을, 산업 부품과 같은 파이프 형태의 세부 구조와 기계적인 연

---

113) "광주비엔날레 작품 파손 소송 '희비' 엇갈려", 연합뉴스, 2015년 8월 6일.

[그림 25] 아이웨이웨이, 〈필드〉, 2010. 광주디자인센터 제공.

결은 중국 사회의 산업화와 현대화를 상징한다. 또한 통일된 무늬
의 도자기 파이프들은 실제 전통기술방식의 세심한 실험을 거쳐 생
산된 것으로 제작방법도 간단하지 않다. 2011년 스위스 소재 A갤러
리로부터 〈필드〉를 대여한 광주비엔날레 측은 국내 미술품 관리업
체인 B와 계약을 맺고 작품을 옮겼는데, 전시장에 도착한 작품의 일
부가 조각난 것이 사건의 발단이었다. 총 16개 상자 중에서 14개 상
자에서 파손이 발견되었으며, B는 D보험회사와 보험계약을 체결하
였지만, 보험회사는 운송 전에 이미 〈필드〉가 파손되었을 것으로 보
인다는 이유를 들어 보험금 지급을 거부했다. A갤러리는 작품을 다
시 제작하려면 약 6억8600만 원이 소요된다며 광주비엔날레와 B
를 상대로 손해배상 청구소송을 제기하였다. 하지만 1심은 A갤러리
에 대하여 패소를 선고하였다. 〈필드〉를 운송하기 전 작품의 상태가
온전하다는 것을 입증할 자료가 부족하다는 것이 가장 큰 이유였

다. 특히 A갤러리가 제출한 〈필드〉의 운송 직전 상태보고서(Condition Report)에 사진이 첨부되어 있지 않고 수기로 작성된 그림만 그려져 있어, 상태에 대한 자세한 설명이 부족하고 신뢰할 수 없다는 판단을 하였다. A갤러리는 상소했지만, 서울고등법원과 대법원에서 모두 상소는 기각되었다.

이 사건에서 D보험회사는 〈필드〉의 작품 파손에 대하여 보험이 담보하는 운송 구간 내에서 발생하였음을 입증할 수 없고, 보험계약의 체결 또한 〈필드〉가 운송되기 시작한 날짜를 지나서 이루어졌다는 점을 들어 보험금 지급을 거절했다. 보험계약의 체결을 〈필드〉의 운송 기간과 다르게 체결한 것은 B의 명백한 과실이며, 이로 인해 만일 B의 운송상 주의 의무 위반이 인정된다 하더라도 D보험회사는 〈필드〉의 파손에 관하여 보험금을 지급하지 않아도 될 가능성이 상당히 높을 것이다. 결국 미술품과 관련하여 보험회사와 보험계약을 체결할 때 ① 보험계약의 체결 시기, ② 계약 체결 시점에서의 미술품 상태에 관한 세심한 주의가 필요하다는 점을 시사한다.

서울서부지방법원, 2013가합669(2014. 2. 19. 선고) 판결문 중
운송인의 손해배상책임에 관한 판단
가) 상법 제135조는 '운송인은 자기 또는 운송주선인이나 사용인, 그밖의 운송을 위하여 사용한 자가 운송물의 수령, 인도, 보관 및 운송에 관하여 주의를 게을리하지 아니하였음을 증명하지 아니하면 운송물의 멸실, 훼손 또는 연착으로 인한 손해를 배상할 책임이 있다'고 규정하고 있으므로, 운송인은 자신이 고용하거나 운송을 위임한 이행보조자의 행위에 대해서도

책임을 진다. 다만, 이는 어디까지나 운송물의 멸실, 훼손 또는 연착으로 인한 손해가 운송인의 책임 있는 운송구간 중에 발생한 것을 전제로 하는 것이므로, 이 사건 손해배상책임을 구하는 원고로서는 이 사건 작품에 발생한 손상이 운송인의 책임있는 운송구간 중에 발생한 손해라는 점을 입증하여야 할 것이다.

나) 먼저, 피고 B가 원고에 대해 상법 제135조의 손해배상책임을 부담하는 운송인에 해당하는지에 관하여 살펴보건대, 원고와 피고 B 사이에 체결된 이 사건 대여계약 제2조의 b항, 제4조의 a,b항은 피고 B가 이 사건 작품의 운송을 맡아서 하기로 하여 그 운임을 부담하고 운송 중 사고에 대비한 보험을 가입하기로 약정한 사실, 이에 피고 B는 스위스 바젤에서 대한민국 부산항까지의 운송은 원고가 요청한 업체인 C가, 부산항에서 이 사건 행사장까지의 운송은 피고 B가 맡아서 운송하기로 원고와 협의한 사실, 이에 피고 B가 부산항에서 이 사건 행사장까지의 운송을 피고 E에게 의뢰한 사실은 앞서 인정한 것과 같고, 피고 B는 C 및 피고 E와 이 사건 작품의 운송 전 과정에서 운송계획 및 운임 등을 협의하여 왔고, 실제로 이들에게 운임을 지급한 사실을 인정할 수 있으므로, 이에 따르면 피고 B는 이행보조자인 C, 피고 E를 사용하여 이 사건 작품을 운송한 자로서 상법 제135조에서 정하는 운송인에 해당한다고 할 것이다. (중략)

다) 한편, 원고는 이 사건 대여계약 체결 당시 이 사건 작품에는 손상이 전혀 없는 상태였다고 주장하면서 이에 관한 증거로 이 사건 작품을 보관해오던 C가 발송 당시에 이 작품이 담긴 운송상자를 열어 작품상태가 정상적임을 확인한 다음 작성하였다는 이 사건 작품에 관한 상태 보고서(Condition Report)를 제출하고 있고, 위 상태보고서 외에는 계약 체결 당시 이 사건 작품의 상태를 확인할 수 있는 객관적인 자료는 보유하고 있지 않다고 자인하고 있다. 따라서 이 사건에서 대여계약 체결당시 이 사건 작품의 상태를 확인할 수 있는 자료는 위 상태 보고서가 유일한 증거이므로 위 상태 보고서를 당시 작품상태가 정상적이었음을 확인해주는 객관적 자료로 볼 수 있는지에 관하여 살펴 보건데, (중략) ②그런데 C가 작성한 위 상태 보고서는 각 운송상자 별로 각 A4용지 1장에 운송상자인 정육면체의

그림을 수기로 그린 것에 지나지 않고, 운송상자에 담긴 이 사건 작품의 형태나 재질, 상태 등을 확인해 볼 수 있는 표시가 없을뿐더러 어떠한 사진도 첨부되어 있지 않은 점 (중략) ④이 사건 대여계약 체결 이전에 이미 이 사건 작품을 구성하는 여러 정육면체 구조물을 연결하는 결합 부분에 일부 보수 흔적들이 있었는데, 위 상태 보고서에는 이와 같은 과거의 손상 및 보수에 관해 어떠한 설명이나 표시도 기재되어 있지 않은 점 (중략) ⑥피고 B 역시 이 사건 대여계약 체결 이후나 발송 이전에 C로부터 위 상태 보고서를 제출받은 바 없고, 이 사건 행사장에서 작품 손상이 발견된 이후 피고 B가 보험금 청구를 위해 원고 측에 발송당시 작성한 상태보고서를 제출해달라고 요청하였음에도 원고 측은 여러 차례 응하지 않고 있다가 손상이 발견된 때로부터 약 1년 후인 2012. 11.경에 비로소 이를 제공해 준 점 등을 모두 종합하여 볼 때, C가 작성하였다는 위 상태 보고서를 이 사건 대여계약 체결 당시의 작품 상태를 확인할 수 있는 객관적인 자료로 보기 어렵고, 증인의 증언만으로는 위 인정을 뒤집기에 부족하다.

3. 미술 관련 세법

(1) 세법을 바꾼 피카소

더할 나위 없이 유명하고 고가였던 피카소의 작품이 상속인들에게 달가운 존재만은 아니었다. 워낙 고가의 작품들이라서 상속인들이 상속세를 당장 현금으로 납부하는 건 쉽지 않은 일이기 때문이다. 상속인들은 피카소 본인이 생전에 소유하고 있던 그림에 대한 막대한 상속세 납부의무를 이행하려면 어쩔 수 없이 그림을 팔아야 하고, 특히 그림을 사려는 곳이 주로 해외 미술관들이어서 피카소의 명작들이 해외로 유출될 수 있었다. 프랑스 정부는 이러한 상황을 미리 짐작하고 피카소가 죽기 몇 년 전인 1968년, 급히 세법을 정비하여 미술 상품으로 상속세를 대납해도 된다는 법을 신설하였다. 또한 상속세 부과를 위해 미술 전문가를 파견하여 6년 동안 작품을 분류하고 선별하는 등의 노력을 기울였다. 이렇게 상속세 대신 거둬들인 피카소의 작품은 회화·조각·도자·드로잉·판화 등 약 3,600점에 이르렀다. 프랑스 정부는 이 작품들을 모아서 피카소미술관(Musée Picasso)을 설립했는데, 흥미로운 점은 미술관으로 사용된 건물이 1659년에 세금징수관이었던 피에르 오베르(Piere Aubert)의 집이었다는 사실이 흥미롭다.[114] 어떻게 보면 피카소미술관은 세금 때문에 건립된 셈이다.

(2) 미술품 관련 세법

우리나라의 세금은 크게 국세와 지방세로 구분된다. 국세는 소득세·법인세·상속세·증여세·부가가치세·개별소비세·주세·인지세·증권거래세·교육세·농어촌특별세·종합부동산세로 이루어져 있고, 지방세에는 취득세·등록세·면허세·주민세·재산세·자동차세·주행세·농업소득세·담배소비세·도축세·도시계획세·공동시설세·사업소세·지역개발세·지방교육세가 해당한다. 하지만 미술품을 취득하거나 재산으로 하는 경우는 지방세인 취득세나 재산세가 부과되지 않는다. 국세만이 해당되며, 따라서 소득세·법인세·상속세·증여

---

114) 김민호, 《별난 법학자의 그림 이야기》, 예경, 2004, pp. 36~53.

세·부가가치세가 미술품 취득에 적용될 수 있다.

1) 종합소득세

미술가를 포함해 문예, 학술, 미술, 음악 또는 사진에 속하는 창
작품에 대한 원작자로서 받는 원고료, 저작권 사용료인 인세와 미
술, 음악, 또는 사진에 속하는 창작품에 대해 받는 대가에는 소득세
가 부과된다. 즉 소득세는 개인의 소득을 과세물건으로 하여 소득
의 크기에 따라 부과하는 조세이다. 소득세의 대상 소득은 일정하
고 반복적이며 계속적인 소득에만 한정되는 것은 아니며, 일시적·우
발적·은혜적 소득도 과세대상이 될 수 있다. 전자의 경우에는 소득
세법 제19조상의 사업소득으로 과세되며 후자의 경우에는 소득세법
제21조상의 기타소득으로 과세된다.

소득세 부과의 경우 '사업소득'으로 볼 것인지 '기타소득'으로 볼
것인지 여부가 중요한데 국세청은 기본적으로 '사업소득'으로 파악
한다.[115] 미술 등 예술을 전문으로 하는 사람이 창작활동을 하고 얻
는 소득, 정기간행물 등에 창작물(삽화·만화 등 포함)을 연재하고 받
는 소득, 신문·미술 등에 계속적으로 기고하고 받는 소득 등은 사
업소득에 해당한다. 즉, 직업으로 그 일을 하는 경우에는 사업소득
으로 본다는 의미이다. 반면에 직업으로서가 아니고 일시적인 창작

---

115) 이재경, 〈미술산업 과세의 현안과 개선방안에 관한 연구〉, 서울대학교 법학박사학위
논문, 2013.

활동의 대가, 즉 전문미술가로 보기 어려운 자가 미술 공모전에 응모하여 입상하는 경우에 받는 상금은 기타소득에 해당한다. 따라서 개인이 예술가로서 창작활동을 업으로 하지 않고 일시적으로 창작활동을 하여 받는 대가는 기타소득에 해당하지만, 미술품 매매업을 영위하는 사업자(화랑) 또는 자영 예술가인 화가가 미술품의 판매로 인하여 얻은 소득은 사업소득에 해당한다.

소득세법[시행 2017. 7. 1.] [법률 제14389호]

제19조(사업소득) ① 사업소득은 해당 과세기간에 발생한 다음 각 호의 소득으로 한다.

7. 도매 및 소매업에서 발생하는 소득

10. 출판, 영상, 방송통신 및 정보서비스업에서 발생하는 소득

15. 교육서비스업(대통령령으로 정하는 교육기관은 제외한다. 이하 같다)에서 발생하는 소득

17. 예술, 스포츠 및 여가 관련 서비스업에서 발생하는 소득

제21조(기타소득) ① 기타소득은 이자소득·배당소득·사업소득·근로소득·연금소득·퇴직소득 및 양도소득 외의 소득으로서 다음 각 호에서 규정하는 것으로 한다.

5. 저작자 또는 실연자(實演者)·음반제작자·방송사업자 외의 자가 저작권 또는 저작인접권의 양도 또는 사용의 대가로 받는 금품

6. 다음 각 목의 자산 또는 권리의 양도·대여 또는 사용의 대가로 받는 금품

가. 영화필름

나. 라디오·텔레비전방송용 테이프 또는 필름

다. 그 밖에 가목 및 나목과 유사한 것으로서 대통령령으로 정하는 것

15. 문예·학술·미술·음악 또는 사진에 속하는 창작품(「신문 등의 자유와 기

능보장에 관한 법률」에 따른 정기간행물에 게재하는 삽화 및 만화와 우리나라의 창

작품 또는 고전을 외국어로 번역하거나 국역하는 것을 포함한다)에 대한 원작자

로서 받는 소득으로서 다음 각 목의 어느 하나에 해당하는 것

가. 원고료

나. 저작권사용료인 인세(印稅)

다. 미술·음악 또는 사진에 속하는 창작품에 대하여 받는 대가

25. 대통령령으로 정하는 서화(書畵)·골동품의 양도로 발생하는 소득

2) 양도소득세

미술품의 양도로 인해 발생하는 소득에 대해 과세하는 양도소득세는 소득세법 제21조에서 정하고 있는 '기타소득'으로서, 서화 및 골동품 등의 미술품을 양도할 때 발생하는 소득에 부과되는 세금을 의미한다. 우리나라의 경우 미술품 거래에 따른 양도소득의 과세 여부에 대하여 1990년대 초반 이후 줄곧 논의가 있어왔다. 그러던 중 2008년 서화 및 골동품 등의 양도로 발생하는 소득에 대해서 과세하도록 법률적 근거가 마련되었으나, 미술계를 중심으로 미술품 시장의 위축을 근거로 반대하는 의견이 강하게 제기되는 등 찬반논란으로 그 시행이 미루어져 왔다. 그 후 2013년 양도소득세를 포함한 세법 개정안이 통과되어[116], 2013년부터 미술품의 양도소득에 대한 과세가 시행되

---

116) 이재경, 〈미술품 거래에 대한 양도소득세 및 개선방안〉,《문화·미디어·엔터테인먼트 법》6권 1호, 2012, pp. 106~108.

었다. 즉, 미술품 양도소득에 대하여 건당 6,000만 원 이상 가액의 미술품 거래 시 발생하는 양도차액에 20퍼센트의 양도소득세를 부과하게 된 것이다. 다만 국내 생존 작가의 작품은 양도세 부과대상에서 제외하였다.

3) 부가가치세

부가가치세는 기업 등이 재화나 용역의 생산·유통 과정에서 부가하는 가치에 대해 정부가 부과하는 조세이다. 부가가치세법상 부가가치세가 부과되는 과세객체는 사업자에 의해 국내에서 공급되는 재화 또는 용역과 재화의 수입이며(부가가치세법 제4조), 납세의무자는 영리 목적의 유무에 불구하고 사업상 독립적으로 재화 또는 용역을 공급하는 자이다(부가가치세법 제2조). 여기서 '재화'란 재산 가치가 있는 물건 및 권리를 말하며, '용역'이란 재화 외에 재산 가치가 있는 모든 역무(役務)와 그 밖의 행위를 말한다(부가가치세법 제2조). 하지만, 부가가치세법 제26조에서는 기초생활필수품과 국민의 후생 영역,

문화 관련 재화, 기타 부가가치의 생산요소에 대해서는 납세의 의무를 배제하고 있다. 따라서 미술품은 원칙적으로 부가가치세법 제26조제1항제16호에 따른 예술창작품에 해당되어 부가가치세 면세 대상이다.

부가가치세법[시행 2017. 1. 1.] [법률 제14387호]

제2조(정의) 이 법에서 사용하는 용어의 뜻은 다음과 같다.

1. "재화"란 재산 가치가 있는 물건 및 권리를 말한다. 물건과 권리의 범위에 관하여 필요한 사항은 대통령령으로 정한다.

2. "용역"이란 재화 외에 재산 가치가 있는 모든 역무(役務)와 그 밖의 행위를 말한다. 용역의 범위에 관하여 필요한 사항은 대통령령으로 정한다.

3. "사업자"란 사업 목적이 영리이든 비영리이든 관계없이 사업상 독립적으로 재화 또는 용역을 공급하는 자를 말한다.

제4조(과세대상) 부가가치세는 다음 각 호의 거래에 대하여 과세한다.

1. 사업자가 행하는 재화 또는 용역의 공급

2. 재화의 수입

제26조(재화 또는 용역의 공급에 대한 면세) ① 다음 각 호의 재화 또는 용역의 공급에 대하여는 부가가치세를 면제한다.

8. 도서(도서대여 용역을 포함한다), 신문, 잡지, 관보(官報), 「뉴스통신 진흥에 관한 법률」에 따른 뉴스통신 및 방송으로서 대통령령으로 정하는 것. 다만, 광고는 제외한다.

16. 예술창작품, 예술행사, 문화행사 또는 아마추어 운동경기로서 대통령령으로 정하는 것

17. 도서관, 과학관, 박물관, 미술관, 동물원, 식물원, 그 밖에 대통령령으로 정하는 곳에 입장하게 하는 것

4) 상속세 및 증여세

상속세는 상속, 유증, 사인 증여에 따라 재산을 취득한 경우에 상속인 등이 취득한 재산의 가격을 기준으로 과세하는 국세이며, 증여세는 재산의 수증을 과세물건으로 하여 부과되는 국세이다. 우리나라에서는 '상속세 및 증여세법'이라 하여 같은 법률에서 상속세와 증여세를 함께 다루고 있다. 미술품과 관련해 상속세 및 증여세를 부과하기 위해서는 미술품의 가치를 평가해야 하는 문제가 중요한데 상속세 및 증여세법상 '(1) 시가(처분할 때 취득할 수 있다고 예상되는 가액) 혹은 장부가액(가액이 확정되지 않는 경우) (2) 판매용이 아닌 미술품은 다음 둘 중 큰 금액, 즉 ① 판매용이 아닌 서화 등의 유형자산의 평가는 2인 이상의 전문가의 감정가액의 평균액, 혹은 ② 국세청

상속세 및 증여세법[시행 2017. 7. 26.] [법률 제14839호]

제74조(문화재자료 등에 대한 상속세의 징수유예) ① 납세지 관할세무서장은 상속재산 중 다음 각 호의 어느 하나에 해당하는 재산이 포함되어 있는 경우에는 대통령령으로 정하는 바에 따라 계산한 그 재산가액에 상당하는 상속세액의 징수를 유예한다.

1. 「문화재보호법」 제2조제2항제3호에 따른 문화재자료 및 같은 법 제53조제1항에 따른 등록문화재(이하 이 조에서 "문화재자료등"이라 한다)와 같은 법 제27조제1항에 따른 보호구역에 있는 토지로서 대통령령으로 정하는 토지

2. 「박물관 및 미술관 진흥법」에 따라 등록한 박물관자료 또는 미술관자료로서 같은 법에 따른 박물관 또는 미술관(사립박물관이나 사립미술관의 경우에는 공익법인등에 해당하는 것만을 말한다)에 전시 중이거나 보존 중인 재산(이하 이 조에서 "박물관자료"라 한다)

장이 위촉한 3인 이상의 전문가로 구성된 감정평가심의회의 감정가'로 평가하도록 하고 있다.

그리고 미술품의 경우, 상속세법 제74조와 제75조에서 문화재 자료 등의 징수유예제도를 두고 있으며, 부동산과 유가증권에 한하여 물건으로 대신 납부하는 것을 허용하지만 미술품의 대납은 허용하지 않고 있다. 이에 대하여 앞서 살펴본 피카소 미술관의 경우와 같이 미술품도 물납이 가능하도록 미술품 세금대납제도를 도입해야 한다는 주장은 납득할 만하다.

5) 법인세

법인세는 법인의 소득에 대해서 부과되는 조세이다. 현재 법인세법에서 법인의 각 사업연도의 소득은 그 사업연도에 속하는 익금(益金)의 총액에서 그 사업연도에 속하는 손금(損金)의 총액을 공제한 금액으로 하고 있다. 그러므로 법인의 손금이 많을수록 그만큼 세금을 덜 내게 되는 것이므로, 법인세법은 업무와 관련 없는 비용의 손금불산입을 규정하고 있으며, 이에 따라서 법인의 서화 및 골동품의 취득은 손금으로 인정되지 않고 있다. 다만 장식, 환경미화 등의 목적으로 사무실 및 복도 등 여러 사람이 볼 수 있는 공간에 상시 비치하는 것은 제외하도록 되어 있다. 이 경우 취득가액이 거래단위별로 5백만 원 이하인 것으로 한정한다. 또한, 법인세법 제24조와 시행규칙 18조에서는,「박물관 및 미술관 진흥법」에 의하여 등록한 박물관과 미술관에 낸 기부금은 손금산입한도액의 범위에서 이를 손

법인세법[시행 2017. 1. 1.] [법률 제14386호]

제24조(기부금의 손금불산입) ① 내국법인이 각 사업연도에 지출한 기부금 중 사회복지·문화·예술·교육·종교·자선·학술 등 공익성을 고려하여 대통령령으로 정하는 기부금(이하 "지정기부금"이라 한다) 중 제1호의 금액에서 제2호의 금액을 뺀 금액에 100분의 10을 곱하여 산출한 금액(이하 이 조에서 "손금산입한도액"이라 한다)을 초과하는 금액과 지정기부금 외의 기부금은 해당 사업연도의 소득금액을 계산할 때 손금에 산입하지 아니한다.

1. 해당 사업연도의 소득금액(제44조, 제46조 및 제46조의5에 따른 양도손익은 제외하고 제2항에 따른 기부금과 지정기부금을 손금에 산입하기 전의 소득금액을 말한다. 이하 이 조에서 같다)

2. 제2항에 따라 손금에 산입되는 기부금과 제13조제1호에 따른 결손금의 합계액

법인세법 시행령[시행 2017. 7. 26.] [대통령령 제28211호]

제19조(손비의 범위) 법 제19조제1항에 따른 손비는 법 및 이 영에서 달리 정하는 것을 제외하고는 다음 각 호에 규정하는 것으로 한다.

17. 장식·환경미화 등의 목적으로 사무실·복도 등 여러 사람이 볼 수 있는 공간에 항상 전시하는 미술품의 취득가액을 그 취득한 날이 속하는 사업연도의 손금으로 계상한 경우에는 그 취득가액(취득가액이 거래단위별로 5백만원 이하인 것으로 한정한다)

법인세법 시행규칙[시행 2017. 4. 28.] [기획재정부령 제620호]

제18조(지정기부금단체등의 범위) ① 영 제36조제1항제1호아목에서 "기획재정부령이 정하는 지정기부금단체등"이란 별표 6의2에 따른 비영리법인 및 단체를 말한다.

② 영 제36조제1항제2호다목에서 "기획재정부령이 정하는 기부금"이란 별표 6의3에 따른 기부금을 말한다.

금으로 인정하고 있다. 이는 세제를 통해 간접적으로 미술관을 지원하고 있는 형태라 볼 수 있다.

6) 관세

관세는 국가가 관세영역을 출입하는 물품에 대하여 법률이나 조약에 따라 반대급부 없이 강제적으로 징수하는 세금이다. 제1장 김수자의 〈바늘여인〉 판례를 통해 자세히 살펴보았듯이 예술품·수집품·골동품에 대한 관세율은 면세 대상으로 되어있다.

1. 전쟁과 문화재 약탈

전쟁으로 인해 미술작품은 파괴되거나 훼손되기도 하지만, 약탈되어 타국의 미술관에 보관되고 전시되기도 한다. 영국은 과거 나이지리아를 침략하여 상당한 문화재를 약탈하였고, 그중 일부는 시카고 미술관에 소장되어 있는데, 나이지리아 정부의 요청에도 불구하고 반환하지 않고 있다. 프랑스는 나폴레옹이 아프리카와 중동에서 약탈한 미술품을 모아 루브르박물관을 세웠고, 그 미술품들을 아직까지도 반환하지 않고 있다. 어떤 경우이든 미술품이 본래의 모습을 잃게 되기 때문에, 가장 좋은 조치는 작품을 본래의 문화적 맥락 속으로 되돌려놓는 것이다. 하지만 전쟁이 끝나고 오랜 세월이 지난 뒤에, 작품의 소유권을 법적으로 규정하기란 쉽지 않다.

앞서 다루었던 클림트의 〈아델레 블로흐-바우어의 초상〉 사건에서도 드러나듯이, 나치 정권은 유럽 전역에서 유대인들이 소장한 미술품을 대규모로 압수하였다. 특히 로젠버그 특임대(Reichsleiter Rosenberg)는 나치의 미술품 압수 조직으로 프랑스를 시작으로 유럽 전역에서 유대인 소유의 작품을 압수하였다. 이처럼 나치 점령 시기에 유대인들이 빼앗긴 미술작품을 '홀로코스트 미술(holocaust art)'이라 한다. 홀로코스트 미술이 여타 전쟁에서의 약탈품과 다른 점은 제2차 세계대전이 발발하기 전에 미술품의 소유권이 바뀐 경우가 대부분이라는 것이다. 1920년대부터 1940년대에 걸쳐 독일에 거주하던 유대인들이 소장하던 미술작품을 경제적 어려움이나 위협에 의해 헐값에 팔거나 기증하는 경우가 많았기 때문이다. 따라서 이 경우에는 억울하게 홀로코스트 미술품을 빼앗겼으므로 되찾고자 하는 원소유자와 정당하게 작품을 구입했다고 주장하며 작품을 내어줄 수 없다는 현 소유자 간의 갈등이 발생한다.

1) 루카스 크라나흐의 〈풍경 속의 성모자〉[117]

루카스 크라나흐(Lucas Cranach the Elder, 1472~1553)의 〈풍경 속의 성모자(Madonna and Child in a Landscape)〉는 독일 르네상스를 대표하는 종교화로 미국 노스캐롤라이나 주립 미술관 소장품이었다. 하지만 유대인 아트컬렉터 필립 폰 곰퍼츠(Philipp von Gomperz)가 원 소장자

---

117) Alessandro Chechi, Raphael Contel, Marc-André Renold, "Case Madonna and Child in a Landscape‐Philipp von Gomperz Heirs and North Carolina Museum of Art," Platform ArThemis(http://unige.ch/art‐adr), Art Law Centre, University of Geneva 참고.

임을 주장하면서 반환 문제가 제기되었다. 이 그림은 제2차 세계대전 중 나치에 강탈된 그의 컬렉션 중 하나로, 이후 경매를 통해 마리안 쿠너(Marian Khuner)가 구입하였고, 그녀가 사망하면서 노스캐롤라이나 주립 미술관에 기증한 것이었다. 놀라운 사실은 미술관이 이 그림이 나치의 수탈품임을 확인한 즉시 곰퍼츠 후손의 소유권을 인정하고, 작품의 재구매 의사를 밝힌 것이다. 이례적으로 이 작품은 법적 중재 없이 양자 합의를 통해 곰퍼츠 후손들이 작품의 평가액 일부만 받고 그림을 미술관에 기증하는 것으로 마침표를 찍었다.

2) 얀 반 스코렐의 〈장미를 든 성모〉[118]

얀 반 스코렐(Jan van Scorel)의 〈장미를 든 성모(Madonna and Child with Roses)〉는 위의 사례와는 달리 법정 공방 끝에 박물관이 소유권을 가지게 된 사례이다. 유대인 사업가 리차드 젬멜(Richard Semmel)은 나치의 박해를 피해 네덜란드로 이주한 후 미국으로 망명하기 위해 컬렉션 대부분을 경매로 헐값에 처분해야 했다. 그중에 〈장미를 든 성모〉가 포함되어 있었고, 작품은 시간이 흐른 후 다른 경매에서 위트레흐트 박물관(Centraal Museum Utrecht)이 구입하게 된다. 하지만 박물관에 전시된 작품을 보고 후손들이 소유권 주장에 나섰

---

118) 네덜란드 환수위원회의 의견서 "Binding opinion regarding the dispute about the return of the painting Madonna and Child with Wild Roses by Jan van Scorel from the collection of Richard Semmel, currently in the possession of Utrecht City Council" (http://www.restitutiecommissie.nl/en/recommendations/recommendation_rc_3131.html) 참고.

고, 네덜란드환수위원회(Dutch Restitutions Committee)가 소유권 분쟁의 조정을 맡았다. 위원회는 세 가지의 근거를 들어 박물관의 소유권을 인정해주었는데 ① 젬멜과 그 후손이 미국 망명 이후 컬렉션 복구에 노력을 기울이지 않았으며, 그림의 매도 당시 양자가 인정하는 합당한 대가를 받고 작품을 판매한 점, ② 젬멜이 후계자로 지목한 그의 친구의 후손들은 젬멜과 혈연이 아니며 인간적 교류도 없었기 때문에 젬멜 재산의 상속자로 보기 어려운 점, ③ 이 그림이 박물관에 전시될 때 대중에게 더 많은 혜택을 줄 수 있다는 점이 그 이유였다.

2. 국제협약과 문화재보호법[119]

1) 1954년 헤이그 협약

헤이그 협약(전시문화재보호협약 혹은 무력분쟁 중 문화재보호협약: Convention for the Protection of Cultural Property in the Event of Armed Conflict)은 제2차 세계대전 동안 벌어진 대규모 문화유산 파괴를 겪은 후 1954년 네덜란드 헤이그에서 채택된 협약이다. 이 협약은 세계적으로 가치가 있는 문화재가 무력 분쟁 시의 파괴행위로부터 보호받고 손상되지 않도록 예방하기 위하여 필요한 모든 조치를 취할

---

119) 이학수, 〈전시문화재보호에 관한 연구〉, 《한국사회와 행정연구》 제20권 제4호, 2010. 2, pp. 293~319 참고.

수 있도록 마련되었다. 헤이그 협약에 따라, 체결국가는 등록부에 기재된 특수 문화재에 대해 어떠한 적대행위도 취하지 않아야 하고 불가침성을 보장해야 하며(제9조), 문화재 식별을 용이하게 하기 위하여 특수 표식을 부착한 특수 보호 문화재 수송에 대하여 어떠한 적대행위도 해서는 안된다고 규정하고 있다(제12조). 또한, '민족 고유의 문화재'에 대비되는 '인류의 문화유산'이라는 보편적인 개념을 전제로 하고 있으며, 협약 위반에 대한 개인의 국제법적 책임을 수용하고 있다는 특징이 있다. 하지만 127개 가입국 중 44개국만이 비준한 점 등으로 보아 일반적으로 승인된 국제법규로 보기 어렵다는 시각도 있다.

2) 1970년 유네스코 협약

유네스코 협약(문화재 불법 반출입 및 소유권 양도금지와 예방수단에 관한 협약: Convention on the Means of Prohibiting and Preventing the Illicit Import, Export and Transfer of Ownership of Cultural Property, 1970)은 유네스코 총회에서 채택된 협약이다. 이 협약에서는 당사국이 본 협약상의 규정에 위반하여 문화재를 반입, 반출 또는 소유권을 양도하는 것은 불법이라고 명시적으로 선언하고(제3조), 외국 군대에 의한 일국의 점령으로부터 직접 혹은 간접적으로 발생하는 강제적인 문화재의 반출과 소유권의 양도 역시 불법으로 간주한다(제11조). 또한 문화재의 반출을 통제하는 수단으로 반출증명서 제도를 도입하여 규제하고 있다(제6조). 이 협약의 특징은 헤이그 협약과 달리 전시와 평시의 구분을 두지 않고 있으며, 협약 발효 이전에 원소유국을 이탈한 문화재에 대해서는 적용되지 않는다는 점이다.

3) 1995년 유니드로와 협약

1995년 유네스코는 사법통일국제연구소(UNIDROIT)에 유네스코 협약의 보완을 요청하였고, 비교법적 검토를 거쳐 문화재의 무조건 반환과 적절한 보상을 내용으로 하는 유니드로와(UNIDROIT) 협약(도난 및 불법 반출 문화재에 관한 협약: Unidroit Convention on Stolen or Illegally Exported Cultural Objects)을 채택하였다. 이 협약에 따르면 도난 문화재의 점유자는 이를 반환하여야 하고, 다만 그 문화재가 도난당한 것임을 몰랐을 경우에는 그 물건을 구입할 당시에 상당한 주의를 다하였다는 것이 증명되면 반환 시에 공정하고 상당한 보상을 받을 권리가 있다는 점을 명시하고 있다. 특히, 국가가 아닌 개인 소장가에게도 문화재 반환 및 원상 회복을 요구할 수 있도록 허용하고 있는 점과 선의의 점유자 보호에 대해 명시하고 있는 점이 특징이지만, 여전히 프랑스 등 문화재 반환 지위에 있는 국가는 가입되어 있지 않고, 반환 대상 문화재도 도난당한 지 50년 이내라는 한계를 가지고 있다.

4) 문화재보호법

우리나라는 문화재보호법 제20조에서 대한민국이 가입한 문화재보호에 대한 국제조약에 따를 것을 명시하고 있다. 특히 국내로 반

문화재보호법[시행 2017. 9. 22.] [법률 제14640호]

제20조(외국문화재의 보호) ① 인류의 문화유산을 보존하고 국가 간의 우의를 증진하기 위하여 대한민국이 가입한 문화재 보호에 관한 국제조약(이하 "조약"이라 한다)에 가입된 외국의 법령에 따라 문화재로 지정·보호되는 문화재(이하 "외국문화재"라 한다)는 조약과 이 법에서 정하는 바에 따라 보호되어야 한다.

② 문화재청장은 국내로 반입하려 하거나 이미 반입된 외국문화재가 해당 반출국으로부터 불법반출된 것으로 인정할 만한 상당한 이유가 있으면 그 문화재를 유치할 수 있다.

제39조(수출 등의 금지) ① 국보, 보물, 천연기념물 또는 국가민속문화재는 국외로 수출하거나 반출할 수 없다. 다만, 문화재의 국외 전시 등 국제적 문화교류를 목적으로 반출하되, 그 반출한 날부터 2년 이내에 다시 반입할 것을 조건으로 문화재청장의 허가를 받으면 그러하지 아니하다.

② 제1항 단서에 따라 문화재의 국외 반출을 허가받으려는 자는 반출 예정일 5개월 전에 문화체육관광부령으로 정하는 바에 따라 반출허가신청서를 문화재청장에게 제출하여야 한다.

제69조(국외소재문화재 보호 및 환수 활동의 지원) ①문화재청장 또는 지방자치단체의 장은 국외소재문화재 보호 및 환수를 위하여 필요하면 관련 기관 또는 단체를 지원·육성할 수 있다.

② 제1항에 따라 지방자치단체의 장이 지원·육성하는 기관 또는 단체의 선정 및 재정지원 등에 필요한 사항은 해당 지방자치단체의 조례로 정한다.

입하려 하거나 이미 반입된 외국문화재가 해당 반출국으로부터 불법반출된 것으로 인정될 때에는 그 문화재를 유치할 수 있지만, 반출국으로부터 적법하게 반출된 것임이 확인되면 지체 없이 소유자나 점유자에게 반환해야 함을 명시하고 있다. 또한 문화재보호법에는 문화재의 유통 및 해외반출에 대한 내용도 포함되어 있다. 국내 문화재는 일체 해외반출이 불가능하다는 점을 명시하고 있으며, 국외소재 문화재에 대한 내용 또한 언급하고 있어 다양한 각도에서 문화재 보호에 힘을 기울이고 있다.

3. 국제사회에서의 문화재 반환

(1) 엘긴 마블스 사례[120)]

문화재 약탈의 대표적인 사례로 영국 엘긴 경(Lord Elgin)의 그리스 파르테논 신전 대리석 약탈 사건이 있다. 런던 영국박물관에서 가장 유명한 곳이 바로 엘긴 경의 아테네 파르테논 신전의 대리석 조각을 전시한 파르테논 갤러리이다. 이 조각들은 18세기 말 터키 주재 영국 대사였던 엘긴 백작이 가져온 것으로, 일명 '엘긴 마블스(Elgin Mables)'라고 불린다. 엘긴 백작은 당시 오스만 투르크의 영토였던 아테네에서 정권을 쥐고 있던 통치자에게 접근해 대리석 조각의 반출 허가를 받아 27년의 긴 세월에 걸쳐 대리석 조각들을 배로 운반했다고 한다. 엘긴 백작은 원래 자신의 저택을 꾸밀 생각으로 대리석 조각을 가져왔지만, 생각을 바꾸어 영국 정부에 구매를 제안했

---

120) 유네스코한국위원회, 〈불법문화재 반환 국제사례 및 추진전략 연구〉, 2007, pp. 55~57 참고.

고, 영국 정부는 1816년 엘긴 마블스를 구입하여 영국박물관에 보관하게 된 것이다.

하지만 1829년 터키에서 독립한 그리스는 엘긴이 파르테논 신전의 대리석 조각을 약탈해 갔다고 주장하며, 그리스의 유명 여배우 멜리나 메르쿠리를 중심으로 반환 운동에 나선다. 멜리나 메르쿠리는 1967년 그리스에서 군사 쿠데타가 일어나자 반독재투쟁에 가담하였고, 1974년 군사정권이 무너진 후 국회의원을 거쳐 1981년 문화부장관에 임명되어 1983년 정식으로 그리스 유물의 반환을 요구하였지만 영국 정부는 정식으로 이를 거절하였다. 거절 사유는 엘긴 마블스가 런던에 있는 것이 더 많은 사람들에게 관람의 기회를 줄수 있으며, 그리스는 문화재를 적절히 보존하지 못해왔다는 것이 그 이유였다. 결국 멜리나 메르쿠리는 뜻을 이루지 못한 채 세상을 떠났지만, 멜리나 메르쿠리 재단이 설립되어 그녀의 유지를 이어 나갔고, 엘긴 마블스를 되찾으려는 그리스 국민과 정부의 노력은 문화재 반환운동의 국제적 본보기로 알려지게 되었다.

이처럼 문화재 반환운동과 세계 유수 박물관의 대립이 문화재 반환에 가장 큰 문제가 된다. 비유럽 지역의 대표적인 문화재를 대거 소장하고 있는 세계적인 박물관들은 유럽의 제국주의와 식민통치 시대의 최대 수혜자로서 국제 사회의 문화재 반환운동을 반대하는 강력한 세력을 구축하고 있다. 심지어 2002년 18개 세계 박물관이 모여 '인류 보편의 박물관 선언문(Declation on the Importance and Value of Universal Museum)'을 발표하였는데, 이는 그동안 문화재 반환 요청에 대한 공공연한 대응을 자제해오다가 문화재 반환을 반대하는 적극적인 성명을 집단적으로 발표한 것이었다.

(2) 외규장각 사례[121]

조선왕조 의궤는 국가나 왕실의 중요한 의식과 행사를 개최하고 나서 그 전 과정을 그림과 글로 기록한 종합보고서로, 조선시대 국가의 통치 철학과 운영체계를 보여주는 의미 있는 기록물이며, 2007년 유네스코 세계기록유산으로 지정되기도 하였다. 이렇게 국가적으로 중요한 문화재인 외규장각 의궤는 프랑스군에 의해 약탈되어 프랑스 국립도서관에서 100년이 넘도록 묻혀 있다가 1975년 프랑스 국립도서관에서 근무하던 재불학자 박병선 박사에 의해 그 존재가 세상에 다시 알려지게 되었다.

1991년 서울대학교는 정부에 외규장각 의궤 297권의 반환 추진을 요청하였고, 정부가 그 목록을 프랑스에 전달하면서 본격적으로 반환이 추진되었다. 그러나 1993년 한불 정상회담에서 미테랑 대통령이 외규장각 반환 의지를 밝혔음에도 불구하고 의궤는 반환되지 않았고, 반환 방식에 대한 견해 차이 등으로 협상에 난항을 겪게 된다. 하지만 국내에서는 학계와 시민단체가 주축이 되어 정부와 협력하며 꾸준히 반환운동을 펼쳤고, 그 후 20여년의 세월이 지난 2001

---

121) 국립중앙박물관의 외규장각 의궤의 반환 내용
(http://uigwe.museum.go.kr/intro/intro;jsessionid=WGNPXx4V35yrpMdk9mwTsGc7LNJN434HhFRLGMRTJd28dCq2JybG!-1882982091?introType=2_4) 참고.

년 4월부터 5월까지 4차에 걸쳐 외규장각 의궤 297권이 프랑스 국립도서관에서 고국으로 돌아오게 된다.

이때 주목해야 할 부분은 외규장각 의궤의 반환 방식이다. 소유권을 인도하는 완전한 법적 의미의 소유권 양도가 아니라, 프랑스로부터 5년 단위 갱신에 의한 임대 형식으로 대여하는 법적 형식이었기 때문이다. 이를 두고 법적 소유권을 되찾아 온 것이 아니라 프랑스로부터 대여 형식을 취한 것은 여전히 소유권은 프랑스에 있다는 의미이고, 5년 단위로 갱신하는 형식은 법적으로 대여기간 연장이 확실한 것이 아니므로 불확실한 협상이었다는 비판을 받았다. 하지만 국제사회의 입장은 달랐다. 프랑스와 협상 과정에서 우리나라 국민들이 외규장각 자료의 소중함보다 민족적인 자존심의 손상을 우선시해서는 안 된다고 보았다. 우리의 것을 약탈해 갔으니 이제라도 조건없이 돌려주는 것이 당연하다는 식의 감정적인 대응으로는 결코 문화재 반환 문제를 해결하기 어려울 것이라는 의견이었다.

외규장각 자료는 프랑스의 입장에서는 문화재이며 공물이다. 프랑스에서는 국유공물의 처분이 원칙적으로 금지되어 있기 때문에 이러한 프랑스 내부의 법적 논리와 싸우기보다는 그들의 논리를 앞세우면서 영구 임대 형식으로라도 일단은 우리 문화재를 찾아오는 것이 현명한 처사라고 볼 수 있다. 국제적으로 문화재 문제를 해결할 때 감정에 치우쳐 사실을 직시하지 못하고 각국이 자신의 입장에서만 문제를 해결하려 한다면 평행선을 달릴 뿐이다. 따라서 국제적인 협상에서는 명분보다는 실리를 찾는 방법을 모색해야 할 것이다.

(3) 동조여래입상 사례[122]

2012년 국내 절도범들이 일본 쓰시마 가이진 신사 지붕을 뚫고 들어가 9세기 통일신라 동조여래입상과 14세기 고려 후기 금동관음보살좌상을 훔쳐낸 사건이 있었다. 이 두 불상은 모두 일본 국가 지정 중요문화재였는데, 일본 경찰과 한국 경찰의 협조 수사로 절도범들은 검거되고, 불상은 대전국립문화재연구소 고고실 수장고에 보관되었다. 문제는 고려와 신라시대의 불상이면서 일본의 국가 문화재인 이 불상들의 법적 소유권이었다. 특히 문화재 영역에 한정된 일이 아니라, 한·일 간에 오랜 감정의 앙금이 쌓인 외교 문제였기에 접근하기가 더욱 어려웠다. 도난문화재이니 돌려주어야 한다는 의견과 일제강점기에 약탈당한 문화재이니 돌려주지 않아도 된다는 의견이 팽팽하게 맞섰다. 결국 대검찰청의 법률적 판단에 따라 동조여래입상은 일본으로 돌아가게 되었다. 검찰은 입상이 일본으로 반출된 정확한 경로가 확인되지 않는다는 문화재청 감정 결과와 국내에서 소유권을 주장하는 사찰이나 단체가 없는 점을 고려하여 형사소송법 제484조에 따라 입상의 점유자였던 일본 측 권리자에게 소유권을 넘겨주었다. 다만 금동관음보살좌상은 충남 부석사가 소유권을 주장하여 법원의 점유이전금지 가처분 결정에 따라 반환 대상에서 제외되었다.

---

122) "정부 '동조여래입상 日 인도 결정, 법률적 판단'", 뉴시스, 2015년 7월 16일.

예술이 나아갈 길

이 책에서 미술과 관련된 각종 법률과 수많은 판례를 다루기에 앞서 가장 먼저 짚어본 것은 '무엇이 미술작품으로 인정받을 수 있는가'라는 질문이었다. 어떤 창작물이 사회적으로 문제를 일으켜 법적 위배 여부를 가리게 되었을 때, 그것이 미술작품이 아니라면 법을 어기는 것이 되고, 미술작품이라면 법에서 정하고 있는 다양한 특별 면책조항에 따라 보호받기 때문이다. 그렇다면, 예술이라는 이름으로 면죄를 받는 것이 타당한 것일까?

마르셀 뒤샹의 마지막 작품으로 알려진 〈주어진 것들(1. 폭포수, 2. 점등용 가스: 가 주어졌다고 할 때)Étant donnés(Given: 1 The Waterfall, 2. The Illuminating Gas)〉은 작가의 유언에 따라 그가 죽은 후에 필라델피아 미술관에서 처음으로 공개되었다. 전시실에 들어선 관객은 낡은 나무로 된 문을 마주하게 되는데, 이 문의 부서진 틈 사이로 작은 구멍이 나 있다. 관객은 자연스러운 호기심과 함께 구멍을 들여다보게 되고, 나체로 누워서 등불을 들고 있는 여자의 음부가 시야에 들어온다. 가히 충격적이라 할 수 있는 이 작품은 문이 달린 가벽 뒤에 풀밭과 여성의 모형을 놓은 무대장치와 같은 것인데, 여성의 나체는 돼지 피부로 만들어 생동감을 더했다. 물론, 이 작품은 숨겨진 뒤샹의 마지막 작품이라는 명성과 함께, 엿보려는 개인의 은밀한 감정을 미술관이라는 공적인 장소로 가져온 작품이자 최초의 관객 참여 작품이라는 찬사를 받았다. 하지만 만약 장소가 미술관이 아니었다면 그리고 저 세트장이 〈주어진 것들〉이라는 미술작품이 아니었다면 사회는 엿보기를 허용하지 않았을 것이다.

반면, 예술이 죄악이 되었던 때도 있었다. 누구나 자유롭게 색을 사용할 수 있는 지금과 달리, 고대에는 계층별로 사용 가능한 색이 정해져 있었으며, '금지된 색'이 존재했다. 특히 푸른색과 붉은색은 구하기 어렵고 염료가 비쌌기 때문에 그리스도나 마리아, 왕족 그림에만 사용할 수 있는 색이었다. 심지어 고대 로마의 네로 황제는 보라색을 황제의 색으로 정하고, 그 색을 사용하는 자는 사형에 처한다는 법령을 반포하기도 했다. 황제 이외의 모든 사람들에게 보라색은 사용 자체만으로 죄가 되었다. 어쩌면 지금까지 우리가 이 책에서 보아온 많은 사례와 판례들은 먼 훗날 돌이켜 보면 한때 금지되었던 보라색과 같이 보일지도 모르겠다. 이처럼 사회변화에 따라 요동치듯 가치관도 달라지고 있으며, 동시에 예술의 가치와 지향점도 변화하고 있다. 그럼에도 불구하고 수많은 구성원으로 이루어진 우리 사회의 존립을 위해 구성원 각자의 미학을 지키기 위한 보편적

정의가 필요하다.

지금까지 이 책에서 다룬 수많은 현대미술 작품이 타인의 혐오감이나 불이익을 주제로 하고 있다. 어떤 것은 예술작품이 되지만, 불행히도 어떤 것은 범죄행위가 된다. 하지만 확실한 것은 예술은 면죄부가 아니라는 사실이다. 다만 예술이기 때문에 불편함을 감수하더라도 해야만 하는 것이 있다. 사회적 부패를 수면 위로 드러내 보여주고, 억압된 소수의 목소리를 대신하며, 생각의 전환을 선도하는 작품을 만들어내는 것이다. 모두가 무모한 짓이라고 생각하겠지만, 그래도 누군가를 위해 꼭 해야 하는 일! 예술이 '인간'을 향할 때에 비로소 빛을 발할 것이기 때문이다.

법 또한, 세상에 존재하는 다양한 미의 기준이자 약속으로서 예술을 더욱 적극적으로 품어주어야 할 것이고, 한 걸음 더 나아가 법의 품을 떠나 위대하게 비상할 수 있기를 지지한다.

국내 단행본

· 국사편찬위원회,《근대와 만난 미술과 도시》, 두산동아, 2008
· 김민호,《별난 법학자의 그림이야기》, 예경, 2004
· 김준호,《민법강의》, 법문사, 2008
· 김형진,《미술법》, 메이문화, 2011
· E. H. 곰브리치,《서양미술사》, 백승길·이종숭 옮김, 예경, 2003
· 리사 필립스,《The American Century》, 송미숙 옮김, 지안출판사, 2011
· 발터 벤야민,《기술복제시대의 예술작품》, 최성만 옮김, 길, 2007
· 샌디 네언,《미술품 잔혹사-도난과 추적, 회수, 그리고 끝내 사라진 그림들》, 최규은
  옮김, 미래의창, 2014
· 수잔 레이시 외,《새로운 장르 공공미술: 지형그리기》, 이영욱 옮김, 문화과학사,
  2010
· 양정무,《상인과 미술-서양미술의 갑작스러운 고급화에 관하여》, 사회평론, 2011
· 오승종·이해완,《저작권법》, 박영사, 2009
· 이상정,《미술과 법》, 세창출판사, 2010
· 이연식,《위작과 도난의 미술사》, 한길아트, 2008
· 이재상,《형법총론》, 박영사, 2004
· 이재상,《형사소송법》, 박영사, 2004
· 진중권,《미학에세이》, 씨네21북스, 2013
· 최병식,《미술시장과 아트 딜러》, 동문선, 2008
· 피에르 부르디외,《구별 짓기: 문화와 취향의 사회학》, 최종철 옮김, 새물결, 2006

해외 단행본

· Merrill, L., "Pot of Paint: Aesthetics on Trial", Smithsonian, 1899
· Margit Rowell, 〈Brancusi vs. United States, the Historic Trial, 1928〉, Paris Adam Biro,
  1999

국내 판결문

- 대법원 70도1879(1970. 10. 30. 선고)
- 대법원 90도1586(1990. 9. 25. 선고)
- 대법원 92다31309(1992. 12. 24. 선고)
- 서울형사지법 93노7620(1994. 11. 16. 선고)
- 대법원 96다53642(1997. 3. 11. 선고)
- 대법원 96다26657(1997. 8. 22. 선고)
- 대법원 95도117(1998. 13. 선고)
- 대법원 2002도2889(2002. 8. 23. 선고)
- 관세심사위원회, 〈제2002-33호 결정서〉, 2002. 8. 27.
- 서울행정법원 2002구합39200(2004. 1. 30 선고)
- 대법원 2003도2911(2005. 7. 22. 선고)
- 서울중앙지법 2004가합67627(2006. 5. 10. 선고)
- 서울중앙지방법원 2007가합97919(2008. 9. 11. 선고)
- 서울중앙지방법원 2008가합21261(2008. 10. 17. 선고)
- 서울중앙지방법원 2008가합7265(2009. 11. 4. 선고)
- 서울중앙지방법원 2011고단313(2011. 5. 13. 선고)
- 대법원 2005도320(2011. 10. 13. 선고)
- 대법원 2012도1993(2013. 4. 26. 선고)
- 서울서부지방법원, 2013가합669(2014. 2. 19. 선고)
- 서울중앙지방법원 2013가합527718(2014. 3. 27. 선고)
- 대법원 2012다204587(2015. 8. 27. 선고)

해외 판결문

- Menzel v. List, 49 Misc.2d 300(1966)
  (https://www.leagle.com/decision/196634949misc2d3001263)
- Hustler Magazine, Inc. vs. Falwell, 485 U.S. 46 (1988) (https://www.law.cornell.edu/supremecourt/text/485/46#ZC-485_US_46n1ref)
- Johannsen vs . Brown, 797F. Supp. 835(D. Or.1992) (https://law.justia.com/cases/federal/district-courts/FSupp/797/835/1447341/)
- SEFICK vs. GARDNER, 990 F.Supp. 587(1998) (https://www.leagle.com/decision/1

9981577990fsupp58711495)

· ALTBACH vs. KULON, 302 A.D.2d 655(2003), 754 N.Y.S.2d 70 (https://www.leagle.com/decision/2003957302ad2d6552396)

· Erno Nussenzweig, Appellant v. Philip-Lorca diCorcia, et al., Respondents (2007 NY Slip Op 08783) (https://www.law.cornell.edu/nyctap/I07_0144.htm)

· FRIGON vs. PACIFIC INDEMNITY COMPANY, No.05 C6214.(N.D. Ill. Jan. 16, 2007)

(http://www.law.harvard.edu/faculty/martin/art_law/Frigon%20memo%20opinion.pdf)

국내 저널

· 구본진, 〈미술품 거래에 관한 법적 문 : 미국의 Art Law를 중심으로〉, 건국대학교 법학과 석사학위 논문, 2005

· 곽차섭, 〈고결한 주제, 음란한 언어: 미켈란젤로의 〈최후의 심판〉에 대한 아레티노의 비평〉, 〈역사와 경계〉 제78집, 2011. 3

· 김미현 외, 〈영화창작자 저작권 보호를 위한 기초연구〉, 영화진흥위원회. 2011

· 김양수, 〈패러디의 지적재산권법상 문제에 관한 연구〉, 서울대학교 박사학위 논문, 2007

· 미술세계 편집부, '빨래터의 빨랫감은 누구?-박수근〈빨래터〉를 둘러싼 진위 공방게임, 사건요약일지', 〈미술세계〉 279, 2008.1, (pp. 244~245)

· 미술세계 편집부, ISSUE& PEOPLE, 한국미술시장정보시스템 오픈, 〈미술세계〉 2017.3

· 박일호, 〈미술작품의 표절에 관한 미학적 접근〉, 《현대미술학 논문집》, 제8호, 2004.12. pp. 79~106)

· 박홍진, 〈퍼블리시티권의 법적성격에 관한 연구〉, 《원광법학》, Vol.21 No.1, 2005

· 백명선·변용완, 〈한-EU FTA의 추급권(Droit de Suite)에 관한 법적 문제 및 과제〉, 제2회 대학(원)생 지식재산 우수논문공모전, 2007

· 서동진, "포스트-스펙터클 시대의 미술의 문화적 논리: 금융자본주의 혹은 미술의 금융화", 2010(http://podopodo.net/article/critics/detail.asp?seq=39)

· 송혜영, 〈나치와 현대미술-뮌헨의 퇴폐미술전(1937)〉, 〈서양미술사학회 논문집〉 제13집, 2000.6, pp. 113~144

- 오은실, '법의 결정에 의한 작품 철거에 대한 소고', 〈미술세계〉 2017년 4월호 제54권(통권 제389호), 2017.4, pp. 130~135
- 이선민, 〈미술품 위작: 미술품 위조근절에 대한 법제도 개선 방안〉, 《콘텐츠재산연구》 2, 2011.11. pp. 43~61
- 이정인, 〈현대미술에서 이미지 차용의 초상권침해 및 명예훼손 연구〉, 《현대미술학 논문집》16(1), 2012.6, pp. 171~209
- 이재경, 〈미술품 거래에 대한 양도소득세 및 개선방안〉, 《문화·미디어·엔터테인먼트 법》6권1호, 2012
- 이재경, 〈미술산업 과세의 현안과 개선방안에 관한 연구〉, 《서울대학교 대학원 법학박사학위논문》, 2013.2.
- 이주형·추민희, 〈미술품 국가보상제도 도입에 관한 연구: 미술품 국가보상제도의 비교법적 연구를 중심으로〉, 《문화정책논총》 제25집 제2호, 2011.9, pp. 65~86
- 이준형, 〈문화예술 시장과 법적·제도적 규제: 경매 시장과 추급권에 관한 최근 프랑스의 논의를 중심으로〉, 《문화정책논총》 20, 한국문화관광연구원, 2008.11, pp. 84~104
- 이지은, 〈배설과 전복: 권위와 가치에 대한 도전으로 보는 현대미술에서의 배설〉, 《미술이론과 현장》, 제13호, 2012, pp. 133~156
- 이학수, 〈전시문화재보호에 관한 연구〉, 《한국사회와 행정연구》 제20권 제4호, 2010.2, pp. 293~319
- 임성훈, 〈미술과 공공성: 공공미술에 대한 미학적 고찰〉, 《현대미술학 논문집》12권, 현대미술학회, 2008
- 정수경, 〈크리스 버든과 비토 아콘치의 1970년대 신체미술에 대한 고찰: 마조히즘과 주체구성 문제를 중심으로〉, 《현대미술학 논문집》 15권 1호, 2011, pp. 211~268
- 정영목, 〈피카소와 한국전쟁〉, 《서양미술사학회논문집》 Vol. 8, 1996
- 함순용, 〈고야 판화연작에 나타난 그로테스크 미학 연구〉, 성균관대학교 일반대학원 박사학위 논문, 2010

해외 저널
- Alessandro Chechi, Raphael Contel, Marc-André Renold, "Case Madonna and Child in a Landscape - Philipp von Gomperz Heirs and North Carolina Museum of Art", Platform ArThemis (http://unige.ch/art-adr), Art Law Centre, University of Geneva.

2012

"Binding opinion regarding the dispute about the return of the painting Madonna and Child with Wild Roses by Jan van Scorel from the collection of Richard Semmel, currently in the possession of Utrecht City Council"

(http://www.restitutiecommissie.nl/en/recommendations/recommendation_rc_3131. html)

국내 보고서

· 문화재청,《문화재 반환 분쟁해결 국제사례 연구》, 2011
· 문화체육관광부,〈2015 예술인 실태조사〉, 2015
· 유네스코한국위원회,〈불법문화재 반환 국제사례 및 추진전략 연구〉, 2007
· 양혜원,《문화예술분야 저작권 관련 주요 쟁점과 정책개선방안 연구》, 한국문화관광연구원, 2014
· 한국문화관광연구원,〈문화예술 지원정책의 진단과 방향 정립〉, 2015
· 한국저작권위원회,《문화예술과 저작권 판례집》, 2005
· 한국저작권위원회,《한국 저작권 판례집》12, 2009

국내 기사

· 동아일보(1970.10.30.), "성냥갑 나체名畵 大法서 有罪확정"
(http://newslibrary.naver.com/viewer/index.nhn?articleId=1970103000209207023&edtNo=2&printCount=1&publishDate=1970-10-30&officeId=00020&pageNo=7&printNo=15096&publishType=00020)
· 경향신문(1984.11.09.), "너무나 닮은 두作品… 표절醜聞 잇달아"
(http://newslibrary.naver.com/viewer/index.nhn?articleId=1984110900329207001&edtNo=2&printCount=1&publishDate=1984-11-09&officeId=00032&pageNo=7&printNo=12038&publishType=00020)
· 동아일보(1985.07.22.), "李文公 '鬪爭道具化발언' 후 처음 〈20代의 힘〉美展 작품 강제철거"
(http://newslibrary.naver.com/viewer/index.nhn?articleId=1985072200209211009&edtNo=2&printCount=1&publishDate=1985-07-22&officeId=00020&pageNo=11&printNo=19631&publishType=00020)

· 연합뉴스(1990.07.05.), "롯데 마스코트 '롯티'사용제품에 販禁딱지"
(http://news.naver.com/main/read.nhn?mode=LSD&mid=sec&sid1=102&oid=001&a
id=0003391495)

· 연합뉴스(1991.07.18.), "음란사진 실은 '미술시평' 발행인 입건"
(http://news.naver.com/main/read.nhn?mode=LSD&mid=sec&sid1=102&oid=001&a
id=0003478355)

· 경향신문(1996.02.16.), "미술비평서《에로스…》음란도서 논란"
(http://newslibrary.naver.com/viewer/index.nhn?articleId=1996021600329113013&ed
tNo=40&printCount=1&publishDate=1996-02-16&officeId=00032&pageNo=13&pr
intNo=15685&publishType=00010)

· 동아일보(1999.07.08.), "천경자 화백〈미인도〉내가 그린 가짜"
(http://newslibrary.naver.com/viewer/index.nhn?articleId=1999070800209123003&ed
tNo=45&printCount=1&publishDate=1999-07-08&officeId=00020&pageNo=23&pr
intNo=24242&publishType=00010)

· 문화일보(2003.02.03.), "'날라리 여고생' 통해 바라본 세상"
(http://news.naver.com/main/read.nhn?mode=LSD&mid=sec&sid1=103&oid=021&a
id=0000018187)

· 경향신문(2004.09.07.), "유엔은 92년부터 보안법 폐지 권고"
(http://news.khan.co.kr/kh_news/khan_art_view.html?artid=200409071812411&co
de=910100)

· YTN(2004.04.18.), "UN, '모내기' 이적표현물 판결 취소 요구"
(http://www.ytn.co.kr/_ln/0103_200404181757011112)

· 헤럴드POP(2006.07.19.), "경매사와 화랑, 공존하려면"
(http://news.naver.com/main/read.nhn?mode=LSD&mid=sec&sid1=103&oid=112&a
id=0000044207)

· 서울경제(2007.08.31.), "다이아몬드로 만든 허스트 작품 1억弗에 팔려"
(http://news.naver.com/main/read.nhn?mode=LSD&mid=sec&sid1=101&oid=011&a
id=0000197184)

· 조선일보(2008.01.16.) "'오줌 예수'… 신성모독인가, 표현의 자유인가"
(http://news.chosun.com/site/data/html_dir/2008/01/16/2008011601177.html)

· 오마이뉴스(2008.02.01.), "드디어 세상으로 나온〈행복한 눈물〉, 서미갤러리는 무

슨 돈으로 이걸 샀나"
(http://www.ohmynews.com/NWS_Web/view/at_pg.aspx?CNTN_
CD=A0000825929)

· 오마이뉴스(2008.02.02.), "검찰은 징역 10년, 법원은 무죄… 왜?"
(http://www.ohmynews.com/NWS_Web/view/at_pg.aspx?CNTN_
CD=A0000826220)

· 조선일보(2009.02.24.), "크리스티 '위작 경매' 논란"
(http://news.chosun.com/site/data/html_dir/2009/02/23/2009022302089.
html?rsMobile=false)

· 오마이뉴스(2010.8.20.), "도라산역 벽화 철거와 디에고 리베라"
(http://www.ohmynews.com/NWS_Web/View/at_pg.aspx?CNTN_
CD=A0001433551)

YTN(2011.01.26.), "'국립미술관 유화 도난' 미술관 직원 소행"
(http://www.ytn.co.kr/_ln/0103_201101261146592228)

· 주간경향(2011.01.27.), "'엽기'는 현대예술의 특권인가"
(http://weekly.khan.co.kr/khnm.html?mode=view&artid=201101271407071&co
de=117)

· 동아일보(2011.02.08.) "'남는 밥좀 주오." 시나리오 작가, 생활고로 요절'
(http://news.donga.com/Main/3/all/20110208/34654335/1)

· 해럴드 경제(2011.4.19.), "리처드 프린스… 패러디와 도용 사이"
(http://biz.heraldcorp.com/view.php?ud=20110419000197)

· 연합뉴스(2011.05.13.), "'G20 포스터 쥐그림' 강사 벌금 200만 원"
(http://news.khan.co.kr/kh_news/khan_art_view.html?artid=201105131122291&co
de)

· 중앙선데이(2011.07.02.), "잘 하면 예술 지원, 잘 못하면 횡령… 한국엔 뚜렷한 기
준 없어"
(http://news.joins.com/article/5727114)

· 연합뉴스(2011.11.24.), "서미갤러리, 홍라희씨 상대 50억 소송 취하"
(http://www.yonhapnews.co.kr/bulletin/2011/11/24/0200000000A
KR20111124195700004.HTML?did=1640m)

· 동아일보(2012.05.12.), "김찬경이 담보 맡긴 그림 美 경매서 71억 원에 낙찰"

(http://news.donga.com/Economy/3/01/20120512/46186721/1)
· 사진마을(2012.07.17.), "사진 작품을 그림으로 그리면 도용일까 아닐까"
(http://photovil.hani.co.kr/special/224839)
· 아시아경제(2014.08.05.), "세월호 관련 공익광고 표절 시비… 저작권 소송 제기"
(http://www.asiae.co.kr/news/view.htm?idxno=2014080508060855626)
· 머니투데이(2012.11.20.), "박근혜 출산 그림 논란 '풍자일뿐 vs. 여성 비하적'"
(http://ncws.mt.co.kr/mtview.php?no=2012112009384209240)
· 한국일보(2014.06.12.), "'백설공주 박근혜' 팝아티스트, 무죄 확정"
(http://hankookilbo.com/v/e5940ee9dff5417980eb30200da3d26e)
· 서울신문(2015.03.22.), "살아있는 돼지에게 '루이뷔통' 문신 새기는 예술가"
(http://nownews.seoul.co.kr/news/newsView.php?id=20150322601013)
· 뉴시스(2015.07.16.), "정부 '동조여래입상 日 인도 결정, 법률적 판단'"
(http://www.newsis.com/ar_detail/view.html/?ar_id=NISX20150716_0013796387&cI
D=10301&pID=10300)
· 연합뉴스(2015.08.06.), "광주비엔날레 작품 파손 소송 '희비' 엇갈려"
(http://www.yonhapnews.co.kr/bulletin/2015/08/06/0200000000A
KR20150806060200054.HTML)
· 연합뉴스(2015.08.27.), "대법 '도라산역 벽화 일방 철거는 예술가 인격권 침해'"
(http://www.yonhapnews.co.kr/bulletin/2015/08/27/0200000000A
KR20150827068351004.HTML)
· 한겨레(2015.11.10.), "모딜리아니 〈누워있는 나부〉 1972억 원 낙찰… 역대 2위"
(http://www.hani.co.kr/arti/international/international_general/716787.html)
· 한국일보(2016.01.21.), "《구름빵》은 백희나 단독저작 판결"
(http://www.hankookilbo.com/v/e8adfe75fe2c47d29aa2ec19da4941ac)
· 조선비즈(2016.08.01.), "잭슨 폴록·마크 로스코… 세기의 미술품 위작 사건 전모"
(http://biz.chosun.com/site/data/html_dir/2016/08/01/2016080100554.html)
· 중도일보(2016.08.17.), "문제적 작가, 사생활을 예술로 끌어올리다"
(http://www.joongdo.co.kr/main/view.php?key=201608170060)
· 문화저널21(2016.10.12.일자 기사), "휴지조각 된 헌법22조…'블랙리스트'는 실존
했다"
(http://www.mhj21.com/sub_read.html?uid=101273&section=sc118&section2=%C1

%A4%C4%A1%C7%C1%B7%B9%C0%D3)

- 국제신문(2016.11.03.), "프랑스 감정팀 '천경자 〈미인도〉 가짜'" (http://www.kookje.co.kr/news2011/asp/newsbody.asp?code=0500&key=20161103.99002213320)
- 정책브리핑(2017.01.25.), "교과서 현장검토 과정서 저작권법 저촉 등 유의사항 안내한 것" (http://www.korea.kr/policy/actuallyView.do?newsId=148828142&call_from=naver_news)
- 레디앙(2017.03.20.), "Mirth and Girth: "시카고 일대, 혼란에 빠져" (http://www.redian.org/archive/108920)
- 중앙일보(2017.03.28.), "'세월오월' 3년 만에 재전시" (http://news.joins.com/article/21414404)
- 헤럴드경제(2017.05.30.), "'흉물 논란' 슈즈트리, 결국 9일 만에 철거" (http://news.heraldcorp.com/view.php?ud=20170530000851)
- 한국일보(2017.06.14.) "교황청 금서목록" (http://www.hankookilbo.com/v/f33ba68e31f14e00a89f3e3f5dfa8716)
- 시사포커스(2017.07.19.), "오리온, '이화경 부회장' 검찰 기소… 수억 원 미술품 횡령" (http://www.sisafocus.co.kr/news/articleView.html?idxno=163829)
- 뉴스1(2017.07.28.), "미술판 희대의 사기… '이중섭·박수근 위작사건' 12년의 기록" (http://news1.kr/articles/?3060486)

해외 기사

- 뉴욕타임스(1982.12.12.), "APPEALS COURT UPSETS VERDICT THAT A PAINTING WAS LIBELOUS" (http://www.nytimes.com/1982/12/12/nyregion/appeals-court-upsets-verdict-that-a-painting-was-libelous.html)
- New York Times(1998.06.03.), "Sara Lee Is Donating Impressionist Art to 20 U.S. Museums" (http://www.nytimes.com/1998/06/03/arts/sara-lee-is-donating-impressionist-art-to-20-us-museums.html)
- The Gardian(2010.12.20.), "Call that art? No, Dan Flavin's work is just simple light

fittings, say EU experts"

(https://www.theguardian.com/artanddesign/2010/dec/20/art-dan-flavin-light-eu)

· Artnet(2015.04.10.), "Voyeuristic Photographer Arne Svenson Wins New York Appellate Court Case"

(https://news.artnet.com/market/arne-svenson-neighbors-photographs-supreme-court-286916)

· Artnet(2017.04.13.), "How Many Animals Have Died for Damien Hirst's Art to Live? We Counted."

(https://news.artnet.com/art-world/damien-whats-your-beef-916097)

웹사이트

· 국립중앙박물관의 외규장각 의궤의 반환 내용

(http://uigwe.museum.go.kr/intro/intro;jsessionid=WGNPXx4V35yrpMdk9mwTsGc7LNJN434HhFRLGMRTJd28dCq2JybG!-1882982091?introType=2_4)

· 예술인 대책위원회 카페(http://cafe.naver.com/gubonjuartright.cafe)

· 예술인 경력정보시스템(www.kawfartist.kr)

· 월간미술 〈세계미술용어사전〉(http://monthlyart.com/encyclopedia/퇴폐미술전)

· 전승보, "5월 화가 홍성담과 '민족해방운동사'", 2008.(http://blog.naver.com/kdemo0610/20058904793)

· FBI Top Ten Art Crimes

(https://www.fbi.gov/investigate/violent-crime/art-theft/fbi-top-ten-art-crimes)

법, 미술을 품다

첫판 1쇄 펴낸날 2019년 2월 25일

지은이 | 김영철
펴낸이 | 박남희

종이 | 화인페이퍼
인쇄·제본 | 한영문화사

펴낸곳 | (주)뮤진트리
출판등록 | 2007년 11월 28일 제2015-000059호
주소 | 서울시 마포구 토정로 135 (상수동) M빌딩
전화 | (02)2676-7117 팩스 | (02)2676-5261
전자우편 | geist6@hanmail.net
홈페이지 | www.mujintree.com

ⓒ 뮤진트리, 2019

ISBN 979-11-6111-035-6 03360

* 책값은 뒤표지에 있습니다.